デジタル時代の博物館

リトアニアにおけるデジタル化の受容と実践の現場から

木村文
Kimura Aya

花伝社

デジタル時代の博物館——リトアニアにおけるデジタル化の受容と実践の現場から◆目次

第Ⅲ部　インタビュー調査——国立博物館における持続的なデジタル化

序章

デジタル技術の普及に伴い、博物館のあり方は変わりつつある。博物館がオンラインで収蔵資料の情報を発信・提供するようになって、一般の人が博物館やその収蔵資料にアクセスする敷居が大きく下がった。インターネット上の大小さまざまな規模のデジタルアーカイブ[1]にアクセスすれば、検索窓にキーワードを入力して「検索」や虫めがねのアイコンをクリックするだけで、探している情報に辿りつくことができる。たとえ一動作でお目当てのものが見つからないとしても、複数のキーワードの組み合わせで見つけられる可能性は高い。かつて、分厚い電話帳を手繰って電話で確認をして、時には遠方まで出向いてもなお空振りになっていた頃に比べると、博物館の外からその資料を参照しようとする一般の利用者のアクセス性は格段に向上したといえる。

しかし、この利便性とアクセス性の高さは、空から降ってきたわけでも、地面から湧いて出てきたわけでもない。博物館やその他の資料を扱う機関のバックヤードでの労力の賜物である。つまり、利用者が特定の資料を探し求めて果てしない冒険に出る代わりに、資料を扱う機関の専門家が多大な時間と手間を費やして膨大な資料をデジタルデータ化して、いつどこの誰がどの資料を探しに来てもいいようにオンラインの扉を開いているのである。インターネットの普及以降、そのための多くの試みが行われ、体系的な手法の共有が試みられてきた。[2]

他方、これまでの博物館学においては、デジタル化がもたらす恩恵は博物館にとってのプラス・アルファの領域のものとしてみなされてきた。来館者研究においては、インターネットでデジタル化した資料を閲覧する人は、実際の博物館の建物に足を運ぶ来館者とはまったく異なる存在として扱われていた。[3]そもそも、デジタル技術によって博物館にもたらされるものは、従来の博物館とは一線を画したものとして扱われる傾向にあった。[4]ピーコックは博物館によるデジタル技術の活用はただの技術的な実践に留まらないとして、次のように論じている。

情報管理の実践は技術の変化のみによって突き動かされているわけではない。それら〔の実践〕は技術的な実践であると同じく社会的な実践である。それらは人々の関係性やアイディアの組織的な文脈のなかで起こっているのだ。[5]（原文は英語・筆者が翻訳）

コンピュータを介することで、収蔵資料についての情報は一と〇に還元されていくが、そのための各博物館における実践は一と〇に還元できるほど単純とは限らない。

本書は、博物館の実践における「単純とは限らない」博物館とデジタル技術の関係について、一つの事例に着目して調査した結果から示すものである。その事例とは、以降に述べるリトアニア共和国の博物館である。この国の博物館におけるパソコンやインターネットの登場は、ちょうど歴史の転換点である、ソ連からの独立の回復と奇しくも重なっている。そして、いくつかの重要な政令等の公文書、欧州連合の助

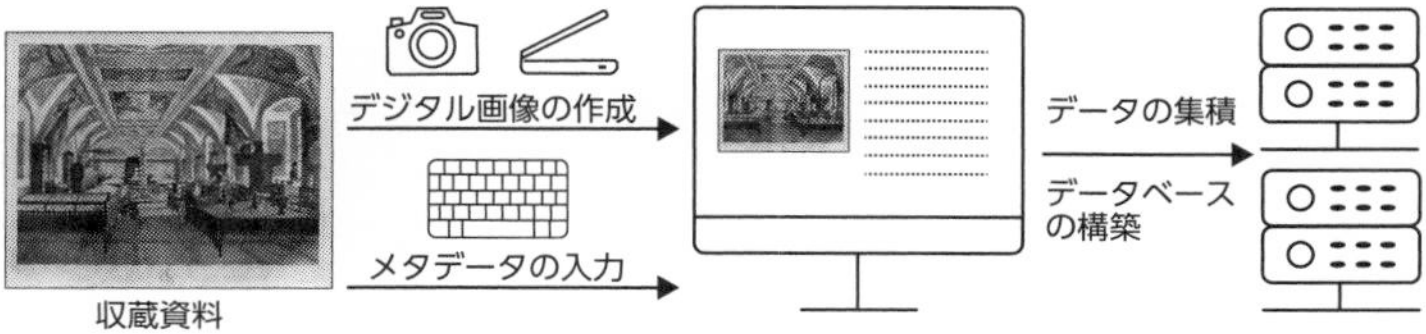

図1　デジタル化の定義（筆者作成）。

成金、そして、各博物館の貢献によって、デジタル化の普及は広く及んでおり、その普及率は世界的に見ても高い水準にある。このうち各博物館の貢献の部分が、本書の注目するところである。

デジタル化の定義

本書は前述の通り、博物館におけるデジタル化の実践についての、リトアニア共和国の博物館を対象としたフィールド調査とその記録を主眼としている。そこでまず、「デジタル化」を定義するところから始めたい。本書では「デジタル化」を次のように定義する。

「デジタル化」は、博物館の現物資料をデジタルデータの形式に変換する一連のプロセスである。具体的には、まず資料それぞれをデジタルカメラによって撮影し、もしくはスキャナーを用いてスキャンをし、画像データを作成する。そして同時に資料に付随する情報（メタデータ）を入力し、画像と対応するように管理を行う。さらに、作成された各収蔵資料の画像イメージとメタデータ（付随する情報）の蓄積によりデータベースを構築する。

この定義をわかりやすく図化したものを図1に示した。以降においては、リトアニア語の„Skaitmeninimas"（名詞）に対応する訳語を「デジタル化」、„Skaitmeninti"（動詞）に対応する訳語を「デジタル化を行う」とする。

デジタル化の実践を調査することの意義

本書刊行の少し前、日本では二〇二三年四月一日に「博物館法の一部を改正する法律（令和四年法律第二四号）」が施行された。この法改正においては、法律の目的及び博物館事業の見直し、博物館登録制度の見直し、その他規定の整備がなされた。[6] このうち、博物館事業の見直しとして、第三条第三項に「博物館資料に係る電磁的資料を作成し、公開すること」が「博物館の事業」の一つとして定められることになった。[7]

法改正についての文化庁の資料によると、博物館事業の見直しにおける「新型コロナウィルス感染症の影響で顕在化した課題への対応」として、博物館資料のデジタルアーカイブ化を明確化したとある。[8] この「デジタルアーカイブ化」という語は、条文内の「博物館資料に係る電磁的資料を作成し、公開すること」に対応するものであり、前述した本書の扱う「デジタル化」の定義と重なる部分が大きい。

本書の内容は、この法改正に伴って注目が集まるであろう日本におけるデジタル化の実践を理解することに役立つだろう。もちろん、日本の博物館と本書が対象とするリトアニアの博物館は法律上の扱いが異なるものであり（例えば日本における博物館は社会教育施設であるが、リトアニアにおいては文化施設）、辿ってきた歴史的経緯が異なるため、調査結果から明らかになったことを日本に移植することは現実的ではない。しかし、ガイドラインやノウハウ集からはみ出ているデジタル化の、いわば「社会的な実践」のうち、世界中のどこの博物館でもありうるものが、調査の結果の分析のなかに読み取れる。本書が、これからの博物館のデジタル化の実践をする当事者と、それを取り巻く人々の橋渡しになる一冊となることを願っている。

フィールド調査

本書では、博物館におけるデジタル化の実践について調査するにあたって、博物館を対象としたフィールド調査を行うこととした。具体的な手法としては、アンケート調査とインタビュー調査を行った。また、今回は前述したようにリトアニアの博物館を対象としており、国内の博物館数は一〇〇館程度である。そこで、母集団（研究対象となる博物館）のすべてを対象とした悉皆調査（全数調査）を行うこととした。対象地域における博物館数が多い場合（例えば日本やアメリカ等数千館から数万館規模の場合）、コスト面から見ても標本調査（母集団の一部をランダムに選んで調査対象とする方法）のほうが適しているが、規模が小さければ国内の博物館すべてを見ることができるのである。

調査をもとに論じる各章（第三章から第六章）では、それぞれ調査の手法を詳述している。これは、調査の手順を示すことで結果を担保するためである。読み飛ばしても支障なく内容は理解できるので、先を急ぐ方にはスキップしていただきたい。また、博物館における同様の趣旨のフィールド調査を行いたいと考える読者にとって、本書の記述が、調査の手法やその記述方法の参考になればと思う。

対象事例：リトアニア共和国

本書におけるフィールド調査の対象は、リトアニア共和国の博物館である。二〇一〇年以降、リトアニアの博物館はＬＩＭＩＳ（リトアニア博物館情報統合システム）を中心とした、収蔵資料のデジタル化とデータの公開を行っている。[9] 個々の博物館は、直接ＬＩＭＩＳにデータを提供し、データの管理が集中的に行われ、一般利用者はワンストップでそのデータを検索・閲覧できるようになっている。現在、国内の博物館に収蔵されているうちの約一四〇万点の資料がＬＩＭＩＳに登録され、そのうちの約六七万点がＬＩＭＩＳポータルで一般公開されている（二〇二三年二月現在）。ＬＩＭＩＳポータルについては、付録のデジタルミュージアムガイドを参照いただきたい。

地理的な位置関係としては、リトアニア共和国はヨーロッパ北部に位置している。北にはラトヴィア、南東にはベラルーシ、南西にはポーランドとロシア連邦の飛び地カリーニングラード州、西にはバルト海に面している（図2参照）。いわゆるバルト三国の一番南の国であり、一九三九年から一九九〇年まではソヴィエト連邦の占領下にあった。人口は約二八〇万人（広島県と同程度）であり、公用語はリトアニア語である。

リトアニアの首都はヴィリニュス（Vilnius）である。リトアニアの主要な国立博物館四館のうちの三館はヴィリニュス市内に位置している。ヴィリニュス市のなかでも、特にヴィリニュス旧市街はさまざまな様式の建築の建ち並ぶ旧い街並みが保存されており、ユネスコ世界遺産に指定されている。[10] 本書で扱うリトアニアのデジタル化の中心的なシステムであるＬＩＭＩＳの運営を行っているＬＩＭＩＳセンターもヴィリニュス旧市街に立地しているほか、この地区には多くの博物館がある（巻末ヴィリニュスミュージアムマップ参照）。

リトアニアの二番目の都市はカウナス（Kaunas）である。第一次世界大戦と第二次世界大戦の間の期間、カウナスはリトアニアの臨時首都であった。リトアニアの主要な国立博物館のうちの一館、国立M・K・チュルリョーニス美術館はカウナスの中心部にある。カウナスの旧市街は二〇世紀前半のモダニズム建築の残る街並みであり、マイローニス文学博物館やスポーツ博物館等、多数の博物館がある（巻末カウナスミュージアムマップ参照）。ヴィリニュス、カウナスをはじめとする各都市にあるリトアニアの博物館については、付録のミュージアムガイドを参照されたい。

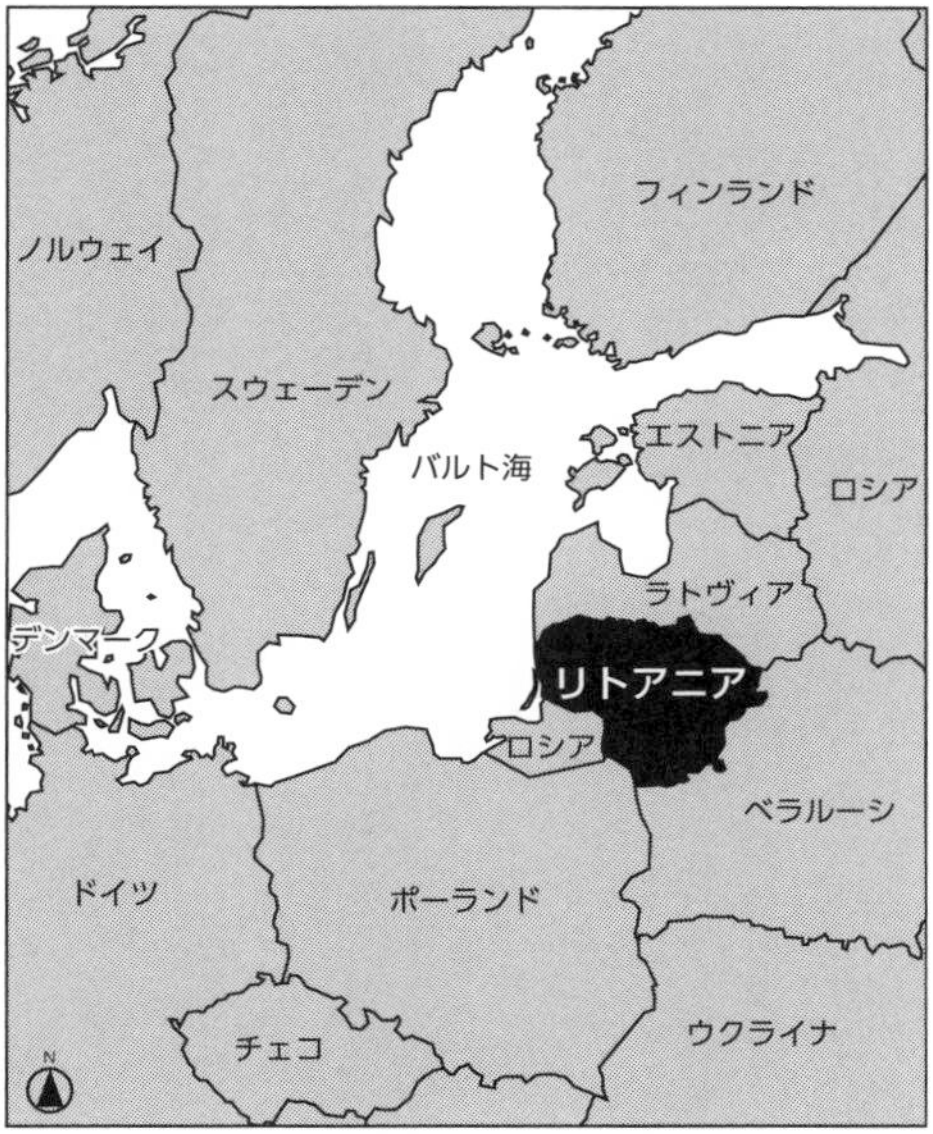

図2　リトアニアの地理的な位置関係（筆者作成）。

日本は一九二二年に国交を樹立し、一時は国交が途切れたものの、一九九一年に国交を回復した。一九三九年に杉原千畝領事代理が当時の臨時首都カウナスの領事館に領事代理として赴任し、ユダヤ系難民にいわゆる「命のビザ」を発行したことは有名であり、リトアニア国内の複数の博物館において杉原千畝についての展示がある。日本とリトアニアの博物館同士の交流はまだあまり活発ではないものの、一九九二年にセゾン美術館において、リトアニアを代表する画家、作曲家のM・K・チュルリョーニスの大規模な回顧展が行われ、国立M・K・チュルリョーニス美術館から多くの作品が貸し出された。[11] リトアニアの博物館においては日本のアーティストの展覧会が度々開催されており、二〇二二年はカウナス絵画ギャラリーにおいてオノ・ヨーコの回顧展、シュラペーリス夫妻記念博物館において永井朋生とリトアニア人アーティストのレナータ・ヴァルチクによる「Shadow of Notes」展が開催された。

なぜリトアニアか?

博物館のデジタル化についての調査を計画するにあたり、最初にリトアニア共和国を思い浮かべる人はあまり多くはないだろう。控えめに言っても、リトアニアの博物館は博物館学の対象地域として有名ではない。それどころか、グローバルに展開する情報通信技術(ICT)の活用なら地球上のどこでも調査できるし、ましてや世界中の九万五〇〇〇館の博物館[12]のうちの約五七〇〇館[13]は日本にあるのだから、近所の博物館に行けばそこに調査のためのフィールドは広がっている。

それでもリトアニアをフィールドとすることの意義の一つとして、同国内の博物館におけるデジタル化の普及率が世界的に見てトップレベルにあることが挙げられる。統計データを見る限り、二〇一七年の時点において公立博物館におけるデジタル化の普及はすでに一〇〇%に到達しており、それ以外の博物館を含めても普及率は八割を超えている。すでにデジタル化が一律に導入されている地域の博物館を対象に博物館とデジタル技術の関係を分析することによって、特にデジタル化に力を入れている事例に偏ることなく博物館全般についての知見を得ることが期待される。

また、リトアニアでは博物館の統計情報を文化省が毎年公表している。館ごとのデータがまとめられた詳細な統計データは二〇〇八年以降のものが文化省のウェブサイトで入手可能であり、いくつかの代表的な指標についてはより古いものも含めリトアニア政府の統計ポータルにおいて入手可能である（付録のデジタルミュージアムガイド（35）頁を参照のこと）。それらの統計情報には各博物館がデジタル化を行った資料点数も含まれており、これによって前年までの大まかな傾向を把握した上で調査を遂行することができ、調査年のデータを後から参照することもできる。

これら二点の理由より、特に一定の地域内の博物館すべてを対象にデジタル化について調査するにあたって、リトアニアの事例は最適であると考えた。もちろん、リトアニア以外の国にも適した事例はあるかもしれない。しかし現状では一元化された国際的な統計データからそれを計り知ることは難しく（「コラム　デジタル化の統計データと国際比較」１２４頁参照）、各地の研究者が各地で見つける度に調査していくことでしかそのデータは蓄積されない。その皮切りの一つとして、リトアニアの事例を捉えていただきたい。

地域研究の文脈において、リトアニアについて知るためにも、そのデジタル化を調査することは大きな意義がある。冒頭で述べたように、リトアニアにおける博物館とパソコンやインターネットの登場は、ちょうど歴史の転換点であるソ連からの独立の回復と奇しくも重なっている。ソ連において文化セクターはコンピュータを使うことができず、博物館がパソコンを使うようになったのは独立回復後のことだった。[14]また、文化財のデジタル化について定めるリトアニアの公文書には、ヨーロッパ文化への言及が見られる。したがって大まかな傾向として、デジタル化を進めるということは、リトアニアの文化をソ連やロシアの文化の文脈から脱却させ、EUやヨーロッパの文脈へと組み込むという、政治的・社会的な流れの一部であると見られる。リトアニアの博物館におけるデジタル化の実践を調査することによって、最終的には、博物館が外交や政策においてどのような役割を担ってきたのか、そしてそれは現場レベルではどのように捉えられていたのか、明らかにする一端となるのである。

本書の構成

本書の構成は次のとおりである。

第I部「リトアニアの博物館制度とデジタル化」では、リトアニアの博物館におけるフィールド調査に向けた背景として、リトアニアの博物館の歴史および現行のリトアニアの博物館制度とデジタル文化財政策についてまとめる。

第II部「アンケート調査――デジタル化の取り組みの全体的な傾向」では、アンケート調査による、リトアニアの博物館におけるデジタル化の全体像を理解することを目指す。

第III部「インタビュー調査――国立博物館におけるデジタル化」では、インタビュー調査による、リトアニアの博物館におけるデジタル化の具体像に焦点を当てた分析を行う。第II部においてリトアニアの全体像を明らかにしたが、ここでは各館の取り組みをさらに具体的な理解を試みる。

これらのリトアニアの現地で実施した四つのフィールド調査によって、リトアニアの博物館におけるデジタル化を全体的な傾向から国立博物館の具体的な手順に至るまでさまざまな尺度によって明らかにする。

注

1 博物館や美術館の収蔵資料を閲覧できるウェブサイト（いわゆるデジタルアーカイブ）は、個々の博物館ごとに公開しているものと、それらのデータを集約して複数館の資料を横断的に取り扱っているものがある。特に複数の博物館を横断するものとしては、博物館のみならず図書館や文書館等の資料も扱っていることが多い。その最大規模の例としては、Europeana. "Discover Europe's Digital Cultural Heritage", The Internet Archive. "Internet Archive: Digital Library of Free of Borrowable Books, Movies, Music & Wayback Machine.", Google. "Google Arts & Culture." がある。

2 例えば日本においては、まず資料の性質ごとに専門特化したガイドラインとして、平面資料のデジタル複製の手引きを示した「国立国会図書館資料デジタル化の手引2017年版」（国立国会図書館関西館電子図書館課 2017）、音声資料のデジタル複製について示した「国立国会図書館資料デジタル化の手引　録音資料編（カセットテープ、ソノシート）」（国立国会図書館関西館電子図書館課 2018）、文書館における公文書のデジタル・アーカイブシステムの構築の方法を示した「公文書館等におけるデジタルアーカイブ・システムの標準仕様書」（独立行政法人 国立公文書館 2018）等がある。博物館の資料のデジタル化に特化したガイドラインはないものの、「転写資料記述のための概念モデル―アナログ資料とデジタル資料の連続した管理と利用のために―」（人間文化研究機構国立歴史民俗博物館 2011）は既にデジタル化したデータの管理方法について示すものである。他方、多様な文化資源のデジタル化の方法論を体系化したものとしては、「文化資源のデジタル化に関するハンドブック」（研谷 *et al.*, 2011）が、デジタル化のための標準的な企画と手法を紹介している。また、文化財を直接扱う機関以外が発行したものとしては、「デジタルアーカイブの構築・活用・共有ガイドライン」（デジタルアーカイブの連携に関する関係省庁等連絡会、実務者協議会 2017）がある。

3 例えば、博物館体験の観点から来館者研究を行った Falk and Dierking（2012）は、オンラインのアクセスを来館の情報収集をする人、ネットサーフィンをする人、研究のために特定の情報を探す人と特徴づけられる人々によるとして、研究の対象から切り離している。

4 博物館とデジタル技術の関係については、博物館のデジタル的転回（digital turn）の提唱 Parry（2004）をはじめとして、その理論化が試みられてきた。学問分野として博物館情報学を展開した Marty（2008）のほかに、サイバー博物館学を提唱したLeshchenko（2015）はその二つの方向性（独自の進化か、横断的な展開か）を見通した。近年では、Meehan（2022）が博物館においてデジタルのモノについてのコンセンサスがないことを指摘し、物質性、真正、アウラの三つの観点から博物館のデジタルのモノを考察した。

5 Peacock 2008: 60.
6 文化庁「博物館法の一部を改正する法律の概要」
7 文化庁「博物館法の一部を改正する法律　新旧対応表」
8 文化庁「令和4年度博物館法改正の背景」
9 Lietuvos nacionalinis dailės muziejus. "Informational System - LIMIS."
10 UNESCO World Heritage Centre. "Vilnius Historic Centre - UNESCO World Heritage Centre."
11 セゾン美術館 1992.
12 UNESCO 2020.
13 政府統計の総合窓口「社会教育調査 令和3年度（中間報告）総括表 1総括表」
14 Kapleris 2013: 16-17.

図3　ヴィリニュス古代博物館（Janas Bulhakas. *Vilniaus senienų muziejaus ekspozicija universiteto P. Smuglevičiaus salėje. Dail Albertas Žametas, 1857 m. Litografija.* Early 20th century. The National Museum of Lithuania. LNM Ft 8702. https://www.limis.lt/api/valuables/e/805191/489742052/share?lang=lt）

図4　ヴィリニュス大学図書館（ヴィリニュス大学の特別の許可を得て撮影）。

第Ⅰ部では、リトアニア共和国の博物館におけるデジタル化についてのフィールド調査について論じるに先立ち、その背景を説明する。特に、同国の博物館がこれまでに辿って来た歴史と現在の博物館制度について述べる。

歴史や現行制度を理解することは、その国や地域で行われているデジタル化について理解することと不可分である。例えば博物館情報学の世界的な流れにおいては、博物館に最初期に導入されたコンピュータとして一九六〇年代のメインフレームや一九七〇年代のミニコンピュータが言及されるが、リトアニアにおいては事情が異なっている。同時期のリトアニアはソ連の占領下にあり、その頃の博物館はコンピュータとは縁がなく、独立を回復した一九九〇年頃からようやくパソコンが導入されるようになった。こうしたデジタル化を始めるまでのリトアニアの博物館におけるパソコンや情報通信技術の導入状況についての理解を補うために、この章では一九世紀半ばまで遡り、最初の博物館「ヴィリニュス古代博物館」(図3)から現在に至るまでの歴史的な経緯を辿り、その上で現在はどのような制度が整備されているのかを整理する。

読者のうち歴史や制度よりもまずはフィールド調査の結果を読みたいという方は、第Ⅰ部はいったん読み飛ばしていただいて、次の第Ⅱ部「アンケート調査――デジタル化の取り組みの全体的な傾向」に取り掛かっていただければと思う。第Ⅰ部を読まなくても理解できるように、第Ⅱ部以降では随所で関連する箇所を参照しているので、気になったら後で戻って読んでいただきたい。

第一章　リトアニアの博物館の歴史

（1）リトアニアの博物館の黎明期

リトアニアの博物館の歴史を辿るにあたり、まずはリトアニアという国の成り立ちについて、関連する博物館の展示とともに概観するところから始める。あくまでも博物館の歴史を辿るための前史であるため、簡略化した概要的な説明をする。[1]その上で、一九世紀半ばの最初の博物館の開館から第一次世界大戦までの期間について、博物館の歴史を国の歩みとともに辿っていく。

博物館が設立される前のリトアニアの歴史を物語っているのは、リトアニアでもっとも新しい国立博物館のリトアニア大公宮殿博物館（図5）である。この博物館の開館式典は、二〇〇九年七月六日に十五の国と地域の元首が出席して執り行われた。[2]リトアニア大公宮殿博物館が開館した二〇〇九年という年は、リトアニアにとって記念すべき年であった。そのちょうど一〇〇〇年前の一〇〇九年、『クヴェードリンブルク年代記』内で、書物において初めて「リトアニア」が言及されたのだ。そして式典の行われた七月六日はミンダウガスが戴冠した日であり、この日はリトアニアにとって重要な祝日である。ミンダウガス

図5　大公宮殿博物館外観（2022年筆者撮影）。

図6　リトアニア国立博物館新武器庫（2023年筆者撮影）。

はリトアニアの最初の統治者であり、ローマ・カトリックの洗礼を受け、一二五三年に王として戴冠した。以降、リトアニアの統治者のうち王として戴冠した者はほかにおらず、ミンダウガスはリトアニア唯一の王である。リトアニア国立博物館（新武器庫）の前にはその像がある（図6）。

　リトアニア大公宮殿博物館の建物は、ミンダウガスを継承しリトアニア大公国を統治した大公が代々拠点とした城や宮殿を、遺跡発掘調査をもとに復元したものである。復元工事は二〇〇二年五月一〇日に始まった。[3] 博物館の展示室の一階では保存されている遺構を見ることができる。大公宮殿は一五世紀から一六世紀の間にまず城として建設され、一六世紀から一七世紀にかけてルネサンス様式および初期バロック様式の宮殿として増築が進められ、一七世紀後半に破壊された。

　築城の直前の一四世紀後半、リトアニア大公国はポーランド王国と王朝連合を結んだ。一三八六年にクレヴォの合意文書によりリトアニア大公のヴワディスワフ二世ヤギェウォが自領のリトアニアとルーシをポーランドに編入したが、一三九二年のオストルフの合同によってリトアニア大公ヴィタウタスにリトアニアの総督権が与えられた。[4] 一五六九年にルブリン議会で両国の制度的合同が成立すると、ポーランドとリトアニアは共通の選挙で君主を選んで議会を合同で開き統一した外交政策をとるようになり、これをきっかけにリトアニア人エリートの文化的ポーランド化が進んだ。[5]

一七九五年、ポーランド＝リトアニア共和国はロシアとオーストリア、プロイセンの三国により分割され、リトアニア大公国の領土の大半がロシア帝国の属州となり、南西部はプロイセンが得て、一八〇七年にナポレオンが創設したワルシャワ公国に割譲された。[6] リトアニアの大半がロシア帝国の一部となり世界地図からその国名が消えている間の一八五五年、リトアニア最初の博物館であるヴィリニュス古代博物館（Vilniaus senienų muziejus）（図３）が設立された。設立したのは、貴族で考古学者のエウスタヒ・ティシュキエヴィチ（Eustachy Tyszkiewicz）だった。[7] ヴィリニュス古代博物館は私人の寄付による完全な民間の博物館であったものの、設置には帝政による許可が必要であり、ティシュキエヴィチは二度の博物館設立の提議をしたのちにようやく認められた。[8] このヴィリニュス古代博物館のコレクションは、現在のリトアニア国立博物館の基礎となっている。[9] その最初の展示室は、現在ヴィリニュス大学博物館の一部として一般に公開されている（図４）。

しかし、ヴィリニュス古代博物館が長く存続することはなかった。一八六三年、リトアニア全土で帝国政府に対抗する蜂起が起こるとロシア軍により鎮圧され、その後はリトアニアの全面的なロシア化が進められた。これを受けて、ヴィリニュス古代博物館の収蔵品は当局の検閲及び略奪を受け、博物館としては実質的な機能停止に陥った。[10]

国外に亡命した知識人たちの間では、一八八〇年代頃より国立博物館設置の構想が持ち上がっていた。この構想は、リトアニア民族再生運動の流れの一つとして位置づけられる。しかし彼らは、ヴィリニュス古代博物館を国立博物館の候補とみなすどころか軽視していた。原因は、設立をしたのがリトアニア語を話さないポーランド系の貴族であったこと、および彼らがロシア帝国の権威に協力したことにより裏切り者とみなされていたことにあった。[11]

一九〇五年、第一次ロシア革命が起こると市民による結社に対する規制が緩められた。これにより、新しく結成した組織が博物館を設立するようになった。特に国立博物館に関連した動向としては、一九〇七年に組織されたリトアニア人科学協会（Lietuvių mokslo draugija）が、図書館や博物館を含む複合文化施設の設置を構想したものの、実現することはなかった。[12] 同年にはリトアニア人芸術協会（Lietuvių dailės draugija）により、現在のリトアニア国立美術館（Lietuvos nacionalinis dailės muziejus）の端緒となる公共の美術館の設立が試みられた。[13]

第一次世界大戦中、リトアニアはドイツ軍に侵攻された。一九一七年、ヴィリニュスに参集したリトアニア人代表はアンターナス・スメトナを議長とするリトアニア評議会の議員を選出し、一九一八年二月一六日にリトアニア評議会がリトアニアの国家回復を宣言した。このとき国家回復宣言の署名の舞台となった建物は、リトアニア国立博物館の分館の「署名者の家博物館（Signatarų namai）」としてリトアニアの国家回復に至る歴史的資料を展示している[14]（図7）。第一次世界大戦終結後、ドイツ占領当局からリトアニアの臨時政府に権力が移譲された。[15]

戦間期の独立政府は、国立博物館の設置を国家建設の優先事項とは見なしていなかった。したがって一九一八年から一九四〇年の間、リトアニア政府によって統合的な博物館制度が作られることはなかった。[16] 博物館は政府の助成対象であったものの、新しい文化関連組織はボトムアップで作られた。その設立を担ったのは、一九世紀から活動が根づいた市民団体であった。

　戦間期リトアニアの文化活動を支えた組織としては、前述したリトアニア科学協会、一九二〇年に組織されたリトアニア美術創作者協会（Lietuvių meno kūrėjų draugija）、一九三〇年に組織された独立芸術家協会（Nepriklausomųjų dailininkų draugija）等が挙げられる。リトアニア芸術創作者協会は様々な分野の芸術家によって組織され、絵画教室、オペラ、演劇の芝居小屋、演劇教室、音楽学校等を創設した。しかし協会ではそれらを経済的に支え続けることは困難であったので、政府の助成を受けるための様々な試みがなされた。政府は芸術の必要性は認めていたものの、同協会に対して美術館等の恒久的な施設設置のための支援をすることはなかった。[17]

図７　署名者の家（2022 年筆者撮影）。

　一九一八年一一月、リトアニア共産党のボリシェヴィキは、ドイツ軍を追撃してリトアニアに侵攻してきたソヴィエト・ロシアの赤軍の援護のもとに、ヴィリニュスで政権を樹立し、すべての施設の国有化を宣言した。そのため、リトアニア政府は臨時で首都をヴィリニュスからカウナスに避難させた。[18] 一九二〇年八月にヴィリニュ

図８　ヴィタウタス大公戦争博物館（2022年筆者撮影）。

図９　M.K. チュルリョーニス美術館（2022年筆者撮影）。

スはソヴィエト軍から返還されたものの、一〇月にポーランド部隊がヴィリニュスを奪取し、中央リトアニア共和国の建国を宣言した。[19] ヴィリニュスは一九三九年までリトアニアに返還されることはなく、戦間期はカウナスが臨時の首都として機能した。[20]

このような経緯から、リトアニアにとって最初期に開館した主要な二つの博物館、M・K・チュルリョーニス美術館（図９）とヴィタウタス大公戦争博物館（図８）は、現在の首都であるヴィリニュスではなく、当時の首都であったカウナスに所在している。

M・K・チュルリョーニス美術館は、一九二一年一二月一四日に正式に設立された。主な目的は美術家・作曲家のM・K・チュルリョーニス（M. K. Čiurlionis）の作品を収集して保存することにあった。パリのエコール・デュ・ルーヴルで博物館教育を学んだ美術家ポウリウス・ガラウネが主導し、一九二五年一二月一三日にM・K・チュルリョーニス・ギャラリーが開館した。一九三六年、建物の竣工による移転に伴って、カウナス市博物館等と統合されて、ヴィタウタス大公文化博物館として再編された。[21]

リトアニア軍事博物館(現・ヴィタウタス大公戦争博物館)は、医師で考古学者のヴラダス・ナゲヴィチウス(Vladas Nagevičius)大佐の発案によって設立された。一九二一年二月一六日の独立記念日に、古いロシア正教の教会とかつての馬術場において開会式が行われた。リトアニア軍事博物館は名称どおりリトアニアの軍事関係の収蔵品を扱っており、最初の展示は独立戦争の戦利品であった。一九三六年、竣工したばかりの建物に移転した。[22]なお、これら二館が一九三六年に移転した先の建物は同一のものである。北側がM・K・チュルリョーニス美術館、南側がヴィタウタス大公戦争博物館となっているが、来館者は中で行き来できないようになっている。

この時点では国家主導の博物館制度は整っておらず、後の博物館制度の中心となっていくような博物館の設立が見られただけであった。ただし、これら二つの博物館は、設立時において「国立博物館」の名を冠してはいなかったものの、戦間期には実質的に国立博物館のように機能していたと考えられている。[23]

(2)占領と博物館制度の構築(一九四〇年〜一九八九年)

一九一八年に回復したリトアニアの独立は、長くは続かず、一九三九年にリトアニアはソヴィエト連邦(ソ連)に併合された。ソ連占領下においてリトアニア国内の博物館は集約され、博物館制度が整備され、新たに博物館が設立された。本節も前節と同様に、歴史的な経緯とともに博物館の歴史を辿ることとする。

一九三九年一〇月、リトアニアはソ連との友好的相互援助条約に調印してヴィリニュスを取り戻し、代わりにソ連軍二万人の国内駐留を受諾した。しかし一九四〇年六月一五日、スターリンは速やかな駐留赤軍の増員と「友好的」政権の即時樹立を要求する最後通牒をリトアニア政府に突きつけ、翌日には一五万人の赤軍が進駐、リトアニアを事実上占拠した。六月二一日、社会主義リトアニア共和国が成立、リトアニアは八月三日にソ連に編入された。[24] リトアニアに日本の在外公館が初めて設置されたのはこの時期であり、領事代理として赴任したのが杉原千畝だった。

ソヴィエトによる最初の支配は一年しか続かなかった。一九四一年六月二二日、ドイツ軍はソ連に開戦し、リトアニアに進駐した。リトアニア人はドイツ軍を好意的に迎え、直ちに反ボリシェヴィキの臨時政府をつくったものの、ナチスの軍隊に制圧された。[25] この期間、博物館政策および文化政策に関連した大きな動きはなかったとされている。それは、後述するように一九四〇年に形成された博物館の枠組みが、一九五三年の文化省設立まで維持されたことからも裏づけられる。博物館や文化施設関連の大きな変化はなかったが、この間、特に一九四一年の六月から一二月の間に、リトアニア国内においてもナチスによるユダヤ人の大量虐殺が行われた。[26] 二〇二二年現在、ジェノサイドの資料を主に扱うリトアニアの博物館としては、国立博物館のヴィリニュス・ガオン・ユダヤ歴史博物館とカウナス第九要塞博物館がある。

一九四四年にリトアニアは再び赤軍による侵攻を受け、国家安全人民委員会、内務部人民委員会、全ソ連共産党中央委員会リトアニア支局が設けられた。リトアニアのソヴィエト化が組織的に行われ、国家の指導者、知識人、聖職者らが粛清された。[27]

ソ連への併合により、統一的な博物館制度のないままに点在していたリトアニア国内の博物館が集約化されるようになった。リトアニア国内の博物館のいくつかは、教育省の下部組織として新設された国家中央博物館の下部組織となった。その他の博物館は、リトアニア科学協会を前身とするＬＳＳＲ科学アカデミー（Lietuvos TSR mokslų akademija）の傘下に入った。集権化された博物館は、地理的条件・来館者数・収蔵品数をもとに複層的なヒエラルキーのあるネットワークのなかに組み込まれた。[28]

ソ連においては、重要性がもっとも高いとみなされた博物館は政府が直接所掌した。スターリン没年の一九五三年、ソ連邦文化省の設立と同時に設置されたＬＳＳＲ文化省は、ＬＳＳＲ内の最重要の博物館の所掌を担った。文化省の設立とともに、それまでＬＳＳＲ科学アカデミーのもとにあった博物館を含めて、ＬＳＳＲ国内のほとんどの博物館が文化省に移管された。他方、重要度のあまり高くない博物館の管理は、地方政府に任せられた。ＬＳＳＲ時代に重要度がもっとも高いとされた博物館は、カウナス文化博物館（チュルリョーニス美術館から改称）、軍事歴史博物館（旧ヴィタウタス大公軍事博物館）、ヴィリニュス美術館であった。都市の大規模な博物館が経済的に優遇されるというソ連の博物館制度は、図らずも戦間期設立の博物館を温存することとなった。なお、ＬＳＳＲ文化大臣は政策決定に対しての影響力がほとんどなかった。[29]

文化省設立前年の一九五二年、博物館学者で歴史学者のヴィンツァス・ジレナス（Vincas Žilėnas）が歴史・民俗学博物館を設立した。これが、現在のリトアニア国立博物館のコレクションの基盤となった。一九四一年、ヴィリニュス大学に保管されていたヴィリニュス古代博物館の収蔵品がＬＳＳＲ科学アカデミーに移管され、それを含むコレクションをもとにこの博物館は設立された。[30] 歴史・民俗博物館は、設立から一〇年後の一九六三年にＬＳＳＲ科学アカデミーから文化省に移管された。[31]

一九五三年、ニキータ・フルシチョフがソ連共産党第一書記に選出された。フルシチョフの「雪解け」

年	館数	年	館数	年	館数
1940	15	1968	33	1980	39
1945	25	1969	32	1981	39
1950	43	1970	33	1982	39
1958	35	1971	33	1983	39
1960	38	1972	33	1984	39
1961	39	1973	34	1985	41
1962	37	1974	34	1986	41
1963	36	1975	37	1987	40
1964	36	1976	38	1988	42
1965	34	1977	38	1989	46
1966	34	1978	38	1990	49
1967	34	1979	39		

表1　LSSR期の博物館数の推移（1950年～1990年）（リトアニア統計局が公表しているデータより筆者作成）。

を受けて、一九五〇年代後半から一九六〇年代にかけて、新しい博物館がいくつか設置された。[32] この時期に新設された博物館には、一九六三年に歴史・民俗学博物館の分館として設立された琥珀博物館（図11）や、一九六五年に設立が決定されたＬＳＳＲ日常生活の民俗博物館（リトアニア野外博物館、図10）等、現存する比較的規模の大きなものも含まれている。とはいえ、表1の通り、統計上では一九六一年の博物館数39館をピークにその後十年間にわたって減少傾向にあった。これは、博物館の新設が既存の博物館の分館として行われたことが一因として考えられる。博物館の減少が組織の統合によるものであるのか、廃止されたことによるものであるのかについては、当時の資料に基づいたより詳細な検証が必要であろう。

ソ連における博物館は、当時の西側諸国にとっての博物館と同じように、モノ・出来事・時代に対して一定の価値を付与するという重要な役割を担う機関であった。しかし、イデオロギーやプロパガンダの伝播のために重要視されたのは、博物館のような研究や教育を主とした文化施設よりも、比較的娯楽寄りの文化活動であった。例えば一九五〇年代には、博物館よりも映画の重要性のほうが高かった。[33] 一九九〇年のＬＳＳＲ文化省最後の年間計画の優先事項に博物館はなく、音楽・劇場・映画祭が挙がっていた。博物館には職員の給与と管理維持の費用のみが与えられていた。そのような当時の状況では、新しい展示の製作どころか、収蔵品の保全や建物の維持管理でさえ十分にできなかった。[34] また、博物館に限らず文化関連の就業者の給与水準は平均よりも二、三割低く、最低水準とさえ言われた。ソ連における文化部門のこのような悲惨な状態は公然の秘密であった。[35]

一九八五年、ミハイル・ゴルバチョフがソ連共産党書記長に就任した。ペレストロイカが始まり、一九八七年以降はリトアニアの知識人の活動が顕著になっていった。一九八七年八月二三日には、反体制派の集会がヴィリニュス市内の広場で開かれ、ソ連併合への不当性について公然と意見が述べられた。そして一九八八年六月には、「運動」を意味するサーユディス（Sajūdis）が約五〇〇〇人の知識人の代表らによって組織された。[36] 彼らはリトアニアの文化、言語、アイデ

図 10　リトアニア野外博物館（2016 年筆者撮影）。

図 11　パランガ琥珀博物館（2018 年筆者撮影）。

ンティティの保護やリトアニアの自治を求めて活動を開始した。この活動は後に独立運動へとつながっていった。[37]

国内の博物館における、新しい動きとして、一九八九年四月、リトアニア博物館職員連盟の創設のための会議が開催された。これは、ソ連の博物館の改革およびソ連による占領がリトアニアに与えた損害からの回復を目標としたものであった。[38] 同時期の一九八〇年代後半以降、LSSR内の博物館数が急激な増加傾向を示していた（表1参照）。

（3）独立回復とコンピュータの出現（一九九〇年〜）

一九九〇年三月一一日、リトアニア共和国は独立回復を宣言した。そして一九九二年一〇月二五日、国民投票の結果、リトアニア共和国憲法が承認された。

独立回復とともに、博物館政策の面では二点の大きな変化が見られた。一点目は、表現の自由が保障されるようになったことである。これにより、収蔵されているにもかかわらず規制により展示できなかったものが展示できるようになった。二点目は、運営が分権化されたことである。これにより、博物館はより自律的な意思決定を行えるようになり、国立の博物館は文化省を通じて予算措置が講ぜられることが保障された。[39] ただし予算措置を受けても、当時の博物館の財政状況は芳しくはなかった。一九九三年の文化関連予算は国家予算の三％を占めたが、実質的な金額は微々たるものであった。例えば、当時の博物館職員の平均月収は一〇三リタス（約三千円）であったとの記録が残っている。[40]

一九九五年、リトアニア共和国博物館法（Lietuvos Respublikos muziejų įstatymas）が公布された。これは、リトアニアにおいて初めて制定された、博物館に関する規定をした法律である。この法律の制定によって、最初に国立博物館が構想されてから一世紀以上の年月を経て、リトアニアにおいて初めて公式の「国立博物館（Nacionalinis muziejus）」が定義された。この法律の詳しい内容は、次章に述べる。

また、独立の共和国となってからの約一〇年の間に、博物館法のほかに文化財や文化施設に関連する法整備が進められた。一九九四年一二月二二日に不動産文化財保護法（Lietuvos Respublikos nekilnojamojo kultūros paveldo apsaugos įstatymas）、一九九六年一月二三日に動産文化財保護法（Lietuvos Respublikos kilnojamųjų kultūros vertybių apsaugos įstatymas）、および、一九九九年五月一八日に著作権及び関連権法（Lietuvos Respublikos autorių teisių ir gretutinių teisių įstatymas）が制定された。

博物館法の制定とともに、一九九六年にはリトアニア国立博物館、リトアニア美術館（現在のリトアニア国立美術館）、M・K・チュルリョーニス美術館の三つの博物館に「国立博物館」の名称と地位が付与された。これらのうち、リトアニア美術館とM・K・チュルリョーニス美術館は、ソ連においてリトアニアの最重要博物館とみなされていた。いっぽうヴィタウタス大公戦争博物館はソ連時代の最重要博物館であったにもかかわらず、独立後は「国立博物館」にはならず、二〇〇六年に防衛省に移管された。[41] 博物館法における博物館の分類については、第二章（1）に後述する。

独立後、リトアニア国内の博物館数は、二〇〇三年まで右肩上がりで急増していった（図12参照）。以降、博物館数は概ね百十館弱で大幅な増減はなく推移している。

リトアニアの博物館におけるデジタル技術の活用は、独立回復とほぼ同時に始まった。米国ではすでに

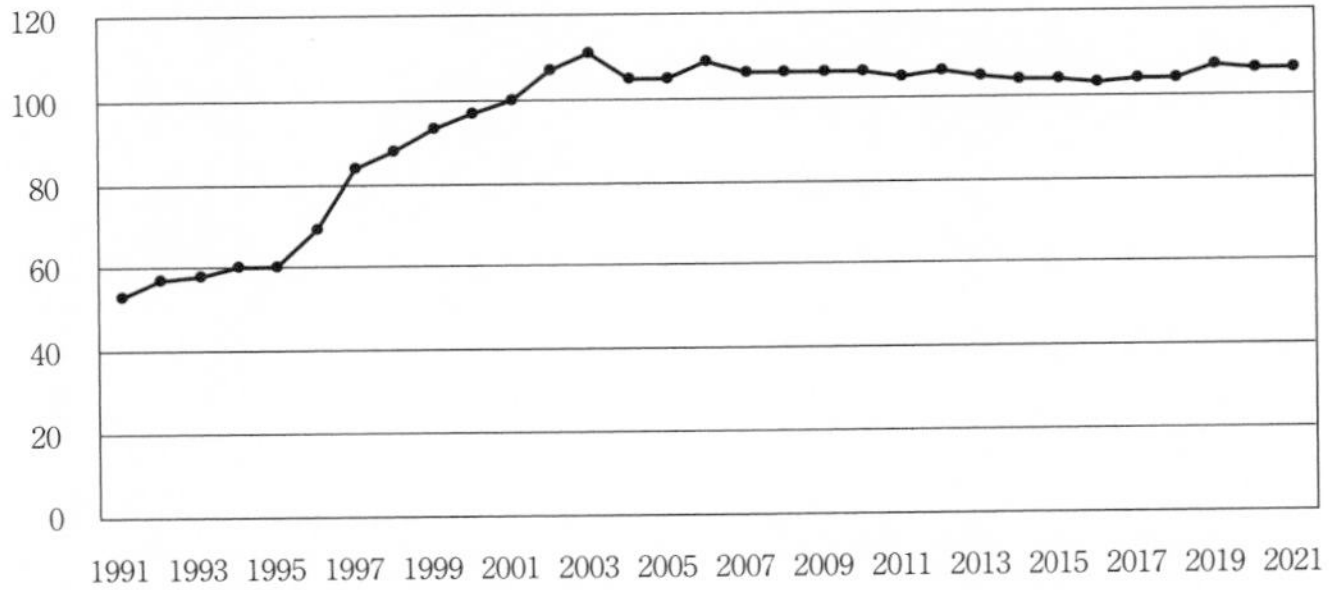

図12 リトアニア共和国の博物館数の推移（1990年～2015年）（リトアニア統計局が公表しているデータより筆者作成）。

一九六〇年代から博物館におけるコンピュータの活用がなされていたが、ソ連においてはコンピュータが文化施設に用いられることはなかった。[42] したがって、リトアニアの博物館におけるデジタル化の歴史はリトアニアの独立回復とともに始まったといえる。

独立前夜の一九八九年、リトアニア国立美術館にＩＢＭ ＰＣ／ＸＴが国内の博物館で最初のパソコンとして導入された。また、一九九一年には同美術館は電子所蔵品管理システムの運用を開始した。一九九七年、独立したドメインによる博物館のウェブサイドが公開され始め、リトアニア国立博物館、リトアニア国立美術館、航空博物館がその草分け的存在であった。[43] 一九九九年オープン・ソサエティ財団リトアニア（Atviros Lietuvos fondas）がリトアニアの博物館のポータルを作るための助成の公募を行い、リトアニア国立美術館による „Lietuvos muziejai（リトアニアの博物館）“が選ばれて一万米ドルが助成されたほか、同年、博物館のウェブページの作成助成のコンペも行われた。コンペの結果、リトアニア演劇・音楽・映画博物館等の四館にそれぞれ三千五二八米ドルから五千米ドルの助成がされた。

国内では同時期、図書館の電子システムの整備が進められた。一九九四年にリトアニア図書館情報統合システムの運用が開始され、一九九八年にはそのサブシステムの運用が開始した。[44]

リトアニアの博物館におけるデジタル技術の普及は、二一世紀に入るとともに加速した。特に二〇〇一年には、その後の国内の博物館の収蔵品のデジタル化に関して重要と思われる三つの主な出来事があった。二〇〇一年五月一四日、リトアニア政府によって文化政策規定（Lietuvos kultūros politikos nuostatai）が採択された。これはリトアニアにおける最初の文化政策に関する政府による規定であり、博物館と図書館における情報技術の導入についても定められている。また、二〇〇一年三月二七日、文化大臣が博物館の収蔵品を電子化するための構想とモデルを構築するためのワーキンググループを設置した。これをリトアニアにおける文化遺産のデジタル化の開始点とする見方もある。[45] さらに同年、国内の博物館のポータルサイトである„Lietuvos muziejai“（リトアニアの博物館）の運用が開始された。[46] このウェブサイトは、多くの博物館が自館のウェブサイトを持っていなかった開設当時、ウェブ上で各館の情報を見られるように公開されたものである。

二〇〇四年、リトアニア国立美術館は民間会社ＡＬＮＡと共同でＲＩＳ（Rinkinių informacinė sistema、コレクション情報システム）の構築を始めた。ＲＩＳのデータを検索できるようにしたＩＲＩＳ（Internetinė rinkinių informacinė sistema、インターネット上のコレクション情報システム）も公開された。[47]

リトアニア国外では二〇〇一年四月四日、スウェーデンのルンド市において、欧州のデジタル化の専門家による会議が行われた。この会議では、同年三月一三日に策定されたｅＥｕｒｏｐｅ２００２行動計画に基づき、ＥＵ加盟国間でデジタル化プログラムの協力関係を構築する目的で「ルンド原則（Lund Principle）」および「ルンド行動計画（Lund Action Plan）」が策定された。この行動計画を実施するための加盟国代表団が結成され、具体的に実行するためのミネルバ・プロジェクト（Minerva project）が開始された。二〇〇二年三月一日には、ミネルバ・ネットワークが欧州七か国の文化省及び関連省庁によって始動した。リトアニアは活動二年目である二〇〇三年から加盟国となり、以後二〇〇七年まで年次活動報告書を公表した。[48]

そして二〇〇四年、リトアニア共和国は欧州連合と北大西洋条約機構に加盟した。リトアニアのデジタル文化財政策の制定が始まるのはその翌年の二〇〇五年であるが、それは次章に述べるように欧州連合の制度に大きく影響を受けたものとなっていく。

注

1 リトアニアの歴史については、次の書籍に詳しい。
・アルフォンサス・エイディンタス、アルフレダス・ブンブラウスカス、アンタナス・クラカウスカス＆ミンダウガス・タモシャイティス（2018）『リトアニアの歴史』梶さやか・重松尚訳、明石書店。
・アンドレス・カセカンプ（2014）『バルト三国の歴史――エストニア・ラトヴィア・リトアニア 石器時代から現代まで』小森宏美・重松尚訳、明石書店。

2 National Museum – Palace of the Grand Dukes of Lithuania. (n.d.). *Important dates —Nacionalinis muziejus Lietuvos Didžiosios Kunigaikštystės valdovų rūmai*. Retrieved September 1, 2022, from https://www.valdovurumai.lt/en/palace-history/important-dates

3 *ibid.*

4 カセカンプ 2014: 51, 77-79.

5 *ibid*. p. 81.
6 アルフォンサス・エイディンタス *et al*., 2018: 154.
7 National Museum of Lithuania. “About the museum—Lietuvos nacionalinis muziejus.”
8 Rindzevičiūtė 2011: 538.
9 National Museum of Lithuania. “About the museum—Lietuvos nacionalinis muziejus.”
10 *ibid*.
11 Rindzevičiūtė 2011: 526.
12 *ibid*.
13 Lietuvos nacionalinis dailės muziejus. “Istorija | Lietuvos nacionalinis dailės muziejus.”
14 National Museum of Lithuania. “The House of Signatories—Lietuvos nacionalinis muziejus.”
15 カセカンプ 2014: 162-169.
16 Rindzevičiūtė 2011: 527.
17 Rindzeviciute 2008: 58-59.
18 中井 *et al*., 1998: 278.
19 カセカンプ 2014 pp. 175-176.
20 中井 *et al*., 1998: 278.
21 Nacionalinis M. K. Čiurlionio dailės muziejus. “History of the Museum.”
22 Vytauto Didžiojo karo muziejus. “History.”
23 Rindzevičiūtė 2011: 541.
24 中井 *et al*., 1998: 342.
25 *ibid*.
26 カセカンプ 2014: 221-222.

27 中井 *et al.*, 1998: 343.
28 Rindzevičiūtė 2011: 529.
29 *ibid*. p. 528.
30 Lietuvos nacionalinis dailės muziejus. "Istorija | Lietuvos nacionalinis dailės muziejus."
31 Rindzevičiūtė 2010: 672.
32 Rindzevičiūtė 2011: 531; Rindzevičiūtė 2010: 678.
33 Rindzevičiūtė 2011: 531.
34 *ibid*. p. 532.
35 *ibid*.
36 中井 *et al.*, 1998: 423.
37 カセカンプ 2014: 272.
38 Rindzevičiūtė 2011: 534.
39 Rindzevičiūtė 2011: 535.
40 *ibid*.
41 Vytauto Didžiojo karo muziejus. "History."
42 Mukienė, 2011.
43 *ibid*, 127.
44 Kapleris 2013: 20-21.
45 Mukienė, 2010: 136.
46 Kapleris 2013: 23.
47 Lietuvos dailės muziejus. "IRIS Web."
48 ミネルバ・グループの参加国についての情報をまとめた資料は存在しない。しかし、毎年の活動報告の目次を見ることによって、どこの国が参加していたのか確認することができる。目次によると、二〇〇三年は新規加盟国として（Minerva Project 2003）、二〇〇四年から二〇〇七年は加盟国としてリトアニア共和国がミネルバ・グループに属していたことがわかる（Minerva Project 2004; Minerva Project 2006; Minerva Project 2007）。ただし、二〇〇五年のリトアニアの年間レポートは公開されていない（Minerva Project 2005）。

第二章　博物館とデジタル化の政策

本章では、現在のリトアニアの博物館制度とデジタル化に関連する政策について整理する。リトアニアの博物館や文化財に関わる法令は一九九〇年代半ばに制定され、デジタル化に関する文書は二一世紀に入ってから整備され始めた。博物館におけるデジタル化の実施に関連する法令等のリストを表2に示す。このリストは、本章（4）で詳述するLIMISを運営するリトアニア国立美術館LIMISセンターが公表しているリストより、リトアニア国内の文書をまとめたものである。[1]以降では、法令等の文章に言及する場合は表1に示した題名仮訳と表番号のみを記すこととする。なお、一九九〇年の独立回復後のリトアニアの法令は、リトアニア共和国議会の文書検索のポータルサイトにおいて検索・閲覧することができる。[2]

以降では、表に示した法令等の文書のうち、現在のリトアニアの博物館におけるデジタル化の取り組みに直接関連するものについて、その内容を整理する。

まず、リトアニアの博物館制度の大枠を定めている「リトアニア共和国博物館法」（表2表番号1）より、リトアニアにおける博物館の定義と分類について述べる。次に、博物館内のさらに細かい運用を定めた文化省令「博物館収蔵コレクションの保存・管理・収蔵ガイドライン」（表2表番号7）より、リトア

表2　リトアニアの博物館のデジタル化の実施に関連する法令等の文書一覧

表番号	文書の題の仮訳 リトアニア語原題	種別	法令番号	公布日 （最新の改正法施行日）
1	リトアニア共和国博物館法 Lietuvos Respublikos muziejų įstatymas	法律	I-930	1995年6月8日 （2023年4月1日）
2	動産文化財保護法 Lietuvos Respublikos kilnojamųjų kultūros vertybių apsaugos įstatymas	法律	I-1179	1996年1月23日 （2021年11月13日）
3	個人情報保護法 Lietuvos Respublikos asmens duomenų teisinės apsaugos įstatymas	法律	I-1374	1996年6月11日 （2024年1月1日）
4	著作権及び関連権の法律 Lietuvos Respublikos autorių teisių ir gretutinių teisių įstatymas	法律	VIII-1185	1999年5月18日 （2024年5月1日）
5	サイバーセキュリティ法 Lietuvos Respublikos kibernetinio saugumo įstatymas	法律	XII-1428	2014年12月11日 （2024年5月1日）
6	リトアニアの文化財デジタル化構想 Lietuvos kultūros paveldo skaitmeninimo koncepcija	政令	933	2005年8月25日 （2011年1月21日）
7	博物館収蔵コレクションの保存・管理・収蔵ガイドライン Muziejuose esančių rinkinių apsaugos, apskaitos ir saugojimo instrukcija	文化省令	ĮV-716	2005年12月16日 2023年4月4日廃止
8	リトアニアの文化財デジタル化、デジタルコンテンツの保存、及び、アクセスの戦略 Lietuvos kultūros paveldo skaitmeninimo, skaitmeninio turinio saugojimo ir prieigos strategija	政令	493	2009年5月20日 （2010年12月19日）
9	国立総合博物館および国立専門博物館における LIMIS の導入について Dėl Lietuvos integralios muziejų informacinės sistemos LIMIS diegimo nacionaliniuose ir respublikiniuose muziejuose	文化大臣令	Nr. ĮV-675	2011年11月8日
10	デジタル文化財の更新と保存の実施計画 2015年～2020年 Skaitmeninio kultūros paveldo aktualinimo ir išsaugojimo 2015-2020 metų programa	文化省令	Nr. ĮV-153	2015年3月4日
11	LIMIS 規定 Lietuvos integralios muziejų informacinės sistemos nuostatai.	リトアニア国立美術館館長令	V.1-127	2010年11月29日 （2018年12月5日）
12	LIMIS センター規定 Lietuvos dailės muziejaus filialo Lietuvos muziejų informacijos, skaitmeninimo ir LIMIS centras nuostatai.	リトアニア国立美術館館長令	V.1-132	2019年10月14日

ニアの博物館内にはどのような職能の専門職員が必要であると定められ、どのような活動が行われることが想定されているのかをまとめる。

以上は国内の博物館活動について定めたものであるが、リトアニア国内では博物館以外の文化財を扱う機関（記憶機関）におけるデジタル文化財を推進する方向性を定めた文書も、これまでに複数制定されている。その変遷を辿るべく、政令「リトアニアの文化財デジタル化構想」（表2表番号6）、政令「リトアニアの文化財デジタル化、デジタルコンテンツの保存、及び、アクセスの戦略」（表2表番号8）、文化省令「デジタル文化財の更新と保存の実施計画二〇一五年〜二〇二〇年」（表2表番号10）の内容を概観する。

そして最後に、具体的に国内の博物館のデジタル化を支えているＬＩＭＩＳ（リトアニア博物館情報統合システム）について、リトアニア国立美術館長令からその目的や運用方針等を読み解く。

（1）リトアニアの博物館法

今日のリトアニアの博物館制度の根幹にあるのは、リトアニア共和国博物館法（表2表番号1、以下、博物館法）である。この法律は、リトアニア共和国が独立回復を宣言した一九九〇年から五年経過した一九九五年六月八日に制定された。制定から本稿執筆時（二〇二三年七月）までの間、十一回の改正が行われた。直近の改正は二〇二三年四月に施行された全面的な改正であった。本書では、二〇一七年から二〇一九年にかけて行われた調査を扱うため、本節ではその背景として全面改正前の条文をもとにリトアニアの当時の博物館制度について述べる。そこで、以降では特別な断りがない限り、全面改正前の二〇二一年一月一日施行の条文を参照し、二〇一七年年から二〇一九年の間に部分的な改正があった箇所に言及する場合には、その旨併記する。[3]

この法律は、第一条が示すように、「博物館の制度、分類と種別、設立、運営、廃止、再編、収蔵資料の管理と保存、及び他の博物館活動」について規定するものである。博物館に関連する主な用語は次の通り定義している。

●博物館（Muziejus　第二条第一項）
物質的または精神的な文化財ならびに自然物を、収集、保存、修復、研究、展示、普及することを、最も重要な活動としている法人のうち、法律に則って設立された、予算措置により活動する法人、公共団体、もしくはその他合法の法人のこと。

●博物館資料（Muziejinė vertybė　第二条第二項）
考古学的、歴史的、芸術的、民族的、宗教的、科学的、記念的、もしくは、その他文化的価値のある物体であって、博物館において収集、保存、研究、展示されているもの。

●コレクション（Rinkinys　第二条第三項）
共通の特徴に基づき関連づけ体系化した複数の博物館資料のこと。

●博物館資源（Muziejų fondas　第二条第四項）
リトアニア共和国の博物館が所蔵するコレクションのこと。その所在地が国外である場合も含む。

●博物館の制度（Muziejų sistema　第三条）

リトアニア共和国内において、物質的または精神的な文化財ならびに自然物を、収集、保存、修復、研究、展示、普及を行う、あらゆる形態の法人によって構成されるもののこと

（以上、括弧内にリトアニア語原文と条文番号）

二〇二一年改正時点の法令における「博物館」の定義は、二〇〇三年の全面改正時に定められたものである。当時のＩＣＯＭ（国際博物館会議）による「博物館」の定義は、次の通りである。

博物館とは、社会とその発展に貢献するため、人間とその環境に関する物的資料を研究、教育及び楽しみの目的のために、取得、保存、伝達、展示する公開の非営利的常設機関である。（イコム日本委員会訳）[4]

二者の類似性から一部参照したと推測され、リトアニアの博物館の定義は国際的な博物館についてのコンセンサスに基づいていると考えられる。

また、この法令における「博物館の制度」は「博物館」の定義より広いものであり、「博物館」の集合体に留まらず、博物館と同等の活動に従事する法人の集合を意味している。その他の用語については、単体の物体としての収蔵資料を「博物館資料」、テーマ等による博物館資料の集合体を「コレクション」、リトアニア共和国のコレクション（所在地の国内外は不問）のすべてを「博物館資源」と定義している。

なお、これらに見るように博物館法の用語の定義においては、デジタル化やボーン・デジタル資料に関連する事項を直接的な規定はない。この時点の博物館法は、博物館活動の一環としてのデジタル化は想定されていなかった。もしくは、デジタル化に関する事項は博物館法以外の枠組み（次節以降で後述する政令等）により規定する方針であったと考えられる。

リトアニアの「博物館」は、法令により二種類の分類がある。その設置主体や役割に基づく「博物館の分類（Muziejų klasifikacija）」と博物館の収蔵する資料の種別に基づく「博物館の種別（Muziejų rūšys）」である。前者の「博物館の分類」は、次に挙げるように分類ごとに役割も含めた詳しい定義が示されている。

●国立総合博物館（nacionalinis muziejus　第四条第二項）

取扱資料：国家の歴史、芸術、技術、自然、その他の最も重要な資料

設立主体：政府（運営は文化省が監督する）

主な役割：（一）国内の博物館、および、それらの収蔵する資料の体系的な保存、管理、展示、研究の活動の中核を担うこと

（二）博物館職員の研修プログラムの準備と実施

（三）文化省の代表職員との協働による、他の博物館の活動や収蔵資料の管理・保護の監督

（四）リトアニア国内の博物館のうち、自館と同じ館種の博物館が収蔵するコレクショ

ンの情報収集
（五）違法に国外に持ち出された、もしくは、国外に所在する博物館資料のうち、自館が扱う資料と同種のものについての情報収集
（六）博物館活動を規定する法令の策定の補助
（七）博物館のコレクションの電子管理をするためのプログラムの用意
（八）教育機関と協働による生徒向けの教育プログラムの実施
（九）リトアニア国内全土での展示・教育・研究活動の実施
（十）年次計画と年次報告書の文化省への提出。

●国立専門博物館（respublikinis muziejus　第四条第三項）
※二〇二三年の法改正によってこの分類の名称は„valstybinis muziejus"と改正された。[5]
取扱資料：各館の専門とする分野において重要な資料。
設立主体：政府（運営は文化省もしくは他の省庁が監督する）
主な役割：（一）国内の同様の館種の博物館の収蔵する資料の体系的な保存、管理、展示、研究の活動の中核を担うこと
（二）自館と同じ館種の他の博物館の活動や収蔵資料の管理および保護の監督に、所有権の権利と義務の行使を履行する代表機関として参画すること
（三）自館と同じ館種の博物館が収蔵するコレクションの情報収集
（四）同様の館種の博物館職員の研修プログラムの準備と実施

（五）教育機関と協働、および、生徒向けの教育プログラムの実施
（六）リトアニア国内での展示・教育・研究活動の実施
（七）年次計画と年次報告書の文化省への提出

●地方自治体立博物館（savivaldybės muziejus　第四条第五項）
取扱資料：立地する自治体の文化や歴史において重要な資料。
設立主体：各自治体
主な役割：（一）教育機関と協働、および、生徒向けの教育プログラムの実施
（二）博物館に関連する文化イベントの実施
（三）年次計画書と報告書の設置主体の自治体と文化省への提出

●附属博物館（žinybinis muziejus　第四条第六項）
※二〇二三年の法改正によってこの分類は廃止された
取扱資料：設置主体の活動分野とその歴史に関連する重要な資料。
設置主体：公立の法人
主な役割：（一）博物館の協同プログラムへの参加
（二）教育機関と協働、および、生徒向けの教育プログラムの実施
（三）博物館や設置主体に関する文化イベントの開催
（四）年次計画と年次報告書の設置主体と文化省への提出

●その他博物館（kitas muziejus　第四条第七項）

取扱資料：特に指定なし
設置主体：個人もしくは法人
主な役割：特に指定なし

（以上、括弧内にリトアニア語原文と条文番号）

これらの分類は、政府が設置主体の博物館とそれ以外の博物館の間のヒエラルキーを示唆している。国立総合博物館は、国内の博物館の中核に位置付けられ、さらに国内の他の博物館を「監督」する立場にある。その上、博物館関連の法令の策定に携わっていることから、国立総合博物館の各館は、独立した博物館でありながらも、国内の他の博物館の活動に大いに影響を与えうる存在なのである。

後述するように、リトアニアにおける博物館のデジタル化に関わる政策にも同様の構造が見て取れる。LIMISセンター（64頁から72頁）やデジタル化技能拠点（68頁から70頁）が機能するのも、それらの策定以前に右記の博物館どうしの補助や監督の関係が構築されていたことが、土台となっている。

また、この分類には „nacionalinis muziejus" と „respublikinis muziejus" の二種類の国立博物館が定義されている。これらの語の字義通りの訳は「国立博物館」と「共和国博物館」であり、いずれも設置主体は政府である。本稿では便宜上、これらの二語を定められた役割に基づいて訳し分け、„nacionalinis muziejus" を「国立総合博物館」、„respublikinis muziejus" を「国立専門博物館」と仮訳する。以降、本書で「国立博物館」に言及する場合は、この両方の分類の博物館を指すこととする。

以上の分類ごとの館数の推移（二〇一〇年～二〇二一年）を図13のグラフに表した。直近の十年におい

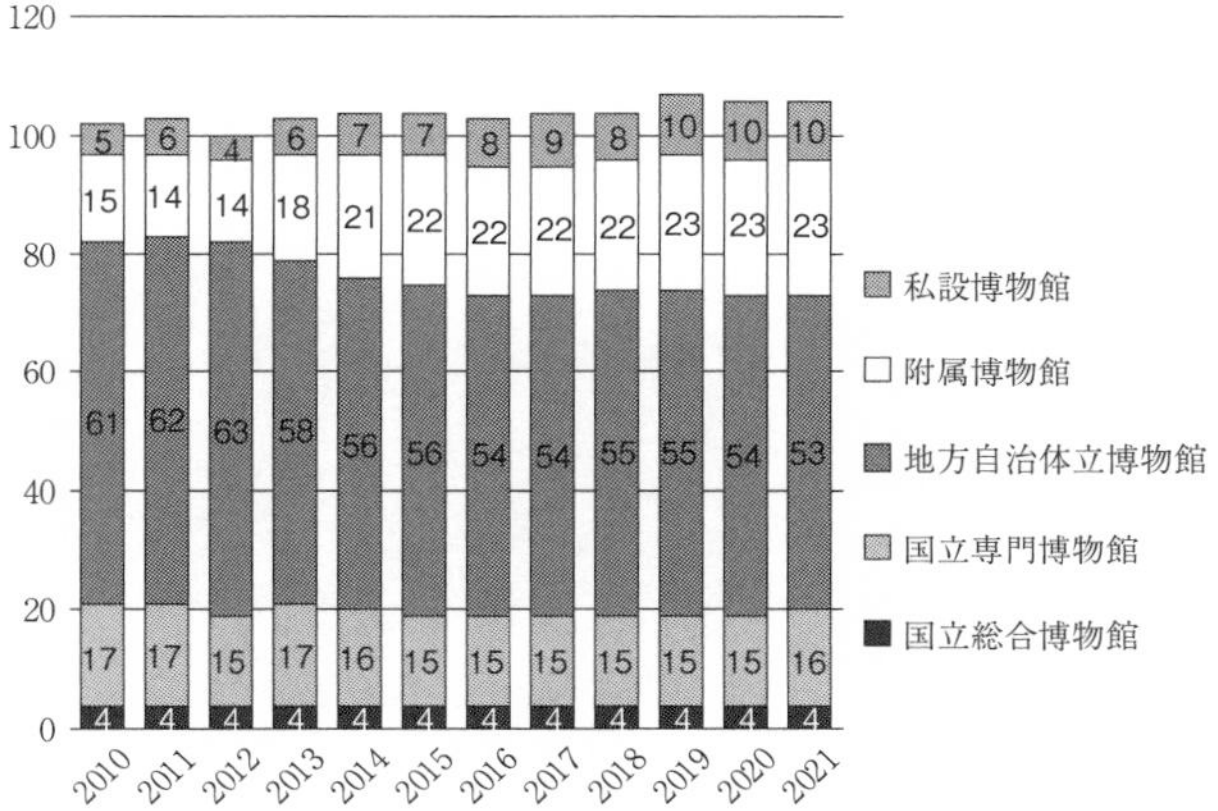

図13　分類ごとの博物館数の推移のグラフ（館）（2010年〜2021年）。

ては、全体の館数は微増傾向にあるが、分類ごとにはわずかな増減が見られた。このデータは文化省に提出された年次報告書に基づいており、その提出義務のない「その他博物館」については国内の全てを網羅できているわけではない。

他方「博物館の種別」は、博物館の扱う収蔵資料の種類に基づくものである。第六条には「考古学、民俗学、自然科学、歴史、文学、芸術、人文、技術、地域、人物の記念およびその他」と例示されているが、それぞれの定義についての記述はなく、博物館法においてはこの種別に基づく特別な規定はない。また、種別ごとの館数を示す統計データも公表されていない。

リトアニアにおいて博物館を所掌するのは、リトアニア共和国文化省（以下、文化省）である。文化省が博物館を所掌することは、博物館法第一三条に示されており、その権限の範囲は同法同条に九項目にわたり明示されている。同法第一三条はこれまでに複数回改正されており、文化省の博物館に対する権限と役割は固定的なものではない。二〇二二年現在、文化省内において博物館を担当している部署は記憶機関政策課（Atminties institucijų politikos grupė）である。[6]

（2）収蔵資料管理の統一ルールとメタデータ

リトアニアの博物館活動を理解するにあたり重要な文書として、前節で述べた博物館法の他に、文化省令「博物館収蔵コレクションの保存・管理・収蔵ガイドライン（表2表番号7）」（以下、ガイドライン）が挙げられる。これは、博物館における活動の具体的な手順について定めた文書である。特にデジタル化を行う上で課題となるメタデータの標準化をリトアニア国内であらかじめ定めていたという点において、このガイドラインはリトアニア国内の博物館にデジタル化を普及させた要因の一つであると考えられる。

このガイドラインは、二〇二三年七月現在、既に廃止となっている。二〇二三年四月の博物館法の全面改正と同時に、このガイドラインの刷新も図られ、改正する代わりに新しい文化省令「博物館のコレクションの管理及び取り扱い規則」（Muziejų rinkinių valdymo ir tvarkymo nuostatai）が施行され、入れ替わりにガイドラインが廃止となった。この新しい「取り扱い規則」においては、コンピュータ等を活用した収蔵資料の電子管理について詳細な規定がなされている等、博物館の状況に即したものとなっている。ただし、本書では二〇一七年から二〇一九年にかけて行われた調査を扱うため、本節ではその背景としてガイドラインの条文をもとに、リトアニアの当時の博物館制度を整理する。

この文書の冒頭においては、各館でこのガイドラインに沿って実行する専門職員として四つの職種を示している。その定義は次の通りである。

●博物館専門職員（Muziejininkas）
物質的または精神的文化財ならびに自然物の収集、管理、保存、修復、研究、展示、普及に関連した業務に従事する博物館の職員。
●保存修復師（Restauratorius）
リトアニア共和国の国内外において保存修復の専門資格を取得した者、保存修復師としての認証を文化大臣もしくは法令に基づく審査によって得た者、または、認証を得た保存修復師の監督の下で働く者。
●コレクション専門職員（Rinkinių saugotojas）
収蔵資料の保存・管理に責任を持つ博物館の職員。
●コレクション管理部長（Vyriausiasis fondų saugotojas）
コレクションの保存、管理、収蔵に責任を持つ博物館の職員。副館長を兼任している。

これらの職種は日本の「学芸員」と重なる部分が多いものの、どれも完全には一致していない。文化省による統計調査（二〇二一年）によると、国内の博物館の総職員数三三五七人のうち、専門職員の総数は一五一二人（全体に占める割合は四五％）であった。また、専門職員のいない博物館は十一館であり、国立博物館と地方自治体立博物館のうち専門職員のいない博物館は一館のみであった。これらの職種の、博物館に特化した専門性を担保する資格制度は現状のところリトアニア国内にはない。

この文書において、特に博物館のデジタル化に関連する項目が多く見られるのは、「第五章　博物館のコレクションの管理」である。この章は博物館が収蔵資料を管理するためにどのような書類を作成するのかを定めており、特に収蔵資料管理簿の記載項目に定めている箇所はデジタル化をする際のメタデータの管理に繋がるものである。

まず、収蔵資料を管理するための主要な書類として次の三点を挙げている（第九五項）。

●受領・移転証明書（priėmimo-perdavimo aktai）

博物館が購入や寄贈により自館の収蔵資料として受け入れる際に作成する文書。

●博物館収蔵資料管理簿（muziejaus eksponatų pirminės apskaitos knygos）

新たに受け入れた収蔵資料の記録を行う文書。資料そのものに記載する収蔵資料番号の管理を行う。博物館に分館がある場合、分館の資料も統一してこの管理簿に記載する。

●収蔵資料目録（inventorinės knygos）

収蔵資料についてもっとも精確な情報を記録した文書で、収蔵資料管理の中心にあるもの。館種ごとに記載項目が定められており、各館で必ずすべての項目の記載をしなければいけない。博物館に分館がある場合、分館ごとに独立した目録を作成する。

これらの作成は原則として手書きとされているが、パソコンによる収蔵資料管理も代替手段として四項目にわたり定められている。ただし、パソコンによる管理収蔵資料管理を行う場合も、博物館収蔵資料管理簿と収蔵資料目録への記入は中断されないことと定められている。したがってこのガイドラインに従う場合、厳密には紙の帳簿や目録を用いずにパソコンのみを用いた収蔵資料管理を行うことは不可能である。これらの内容を示す条文の仮訳を以下に示す。

（第九一項）　博物館収蔵資料管理は手書きで記入しないとならないが、パソコンを用いることも可能である。

（第九二項）　パソコンによる収蔵資料管理を行う際、手書きの記入の収蔵資料管理のルール、コンピュータで収蔵資料管理目録を作成する際の記載項目リスト（付録）、および、この収蔵資料管理方法について定める公文書に従わないとならない。

（第九三項）　すべてのパソコンによる収蔵資料管理のデータはパソコンのハードディスクに集積して保存し、外部記憶媒体（CD-RまたはDVD-R）に複製する必要がある。

（第九四項）　パソコンによる収蔵資料管理を行っている間も、博物館収蔵資料管理簿と収蔵資料目録の手書きの記入は中断しない。

（第一〇一項）　受領・移転証明書、博物館収蔵資料管理簿、および、収蔵資料目録は、黒色のインクで斜線や掠れなく明瞭に記入しないとならない。

（第一〇二項）　必要があれば、主たる博物館収蔵資料管理の文書の修正は赤色のインクで記入し、その下に修正した職員とコレクション管理部長が署名をする。署名の保証として博物館の印を押すこと。

表3　コンピュータで収蔵資料管理目録を作成する際の記載項目リスト

分類番号	分類（仮訳）	項目番号	項目（仮訳）
1	博物館の情報	1***	博物館名
		2***	住所
		3**	分館／部門
		4**	住所
		5**	コレクション
2	資料の取得に関する情報	1**	受領・移転証明書の種類
		2**	受領・移転証明書の日付
		3**	受領・移転証明書の番号
		4**	取得の根拠となる文書の名称
		5**	元の所有者
		6**	元の所有者の住所
		7**	受領方法（購入の場合は金額を明記）
3	資料の情報	1***	収蔵資料管理簿番号
		2*	目録番号
		4*	旧目録番号／旧収蔵資料管理簿番号
		5***	制作者名
		6***	製造会社・団体名
		7***	題名／名称
		8***	種類
		9***	制作年月日
		10***	年代
		11***	歴史的年代区分
		12**	発見年
		13***	発見場所
		14***	制作場所
		15***	スクール（派）
		16***	材質
		17***	技法
		18***	寸法と質量
		19*	セットか否か
		20**	署名・説明・印
		21**	資料の描写
		22***	保存状態
		23**	保存状態の説明
		24*	修復担当者名
		25*	修復の場所
		26**	修復プロトコル番号
		27**	修復年月日
		28**	複製資料の種類
		29**	複製資料の目録番号
		30**	収蔵場所

*** 将来全国のデータベースを構築するための必須の項目
** 博物館のデータベースを構築するための必須の項目
* 博物館のデータベースを構築するために推奨される項目

これら三種類の収蔵資料管理のための文書のうち、もっとも丁寧な説明があるのは収蔵資料目録の作成である。紙の帳簿として作成する収蔵資料目録は、美術館向けのものと、文化歴史博物館・自然博物館向けのものと二種類の雛形が示されている。美術館向けの雛形には一三項目、文化歴史博物館・自然博物館向けの雛形には一一項目の記載事項が定められており、館種に合わせてすべての項目に記入することが定められている。記入事項の例外として、特別なコレクションの収蔵資料目録の雛形も示されている。貴金属又は宝石により構成される資料用（一〇項目）、貴金属又は宝石以外により構成される貴重な資料用（一一項目）、貴金属製の貨幣・記章・銘板・記念品用（一〇項目）の三種類である。

他方、パソコンで収蔵管理簿のデータを作成する際の必須項目のリストの添付もある。記載すべき項目として、博物館の情報（五項目）、資料の取得に関する情報（七項目）、資料の情報（三〇項目）を挙げている。特に収蔵資料についての三〇項目およびその定義は、博物館がデジタル化を行うにあたって記載するメタデータ標準に該当するものであると考えられる。これらの項目については、表3に分類ごとにそれぞれの仮訳を示した。

また、この文書は二〇〇五年に制定されたため、デジタル化については直接説明した箇所はないものの、ボーン・デジタルの資料についての取り扱いを定めた箇所がある。ボーン・デジタル資料とは、前述したように、物理的なモノのオリジナルはなく、デジタルデータとして制作された資料のことであり、その取り扱いについては次のように定められている。

（第三九九項）コンピュータメディアに保存されたデータは、二年ごとに新しいメディアに複製すること。複製にあたっては、最新の関連するコンピュータプログラムにデータを適応させること。

この規定は、保存されたデータが閲覧不能・再生不能にならないように適宜そのフォーマットを更新するように定めている。ただし、表3に見るように、ボーン・デジタル資料を扱うために特化したメタデータ・記載項目についての整備はこのガイドラインの時点ではなされていない。

以上本節に示したのは、リトアニアの博物館における収蔵資料の取り扱いについてのガイドラインの一部である。このほかに保存、管理、展示、修復について守るべき細かな手順を示しており、収蔵資料管理のための詳細な文書を作成することは収蔵資料を扱う一連の手順の一つとして位置づけられている。このガイドラインは、デジタル化導入以前からの収蔵資料管理の実践が、リトアニアの博物館におけるデジタル化の基盤となっている可能性を示唆している。

（3）デジタル化のための文化財政策

リトアニアにおける博物館のデジタル化についての政策は、博物館政策の一環というよりも、文化財を保存管理する施設における文化財のデジタル化の文脈において扱われてきた。関連する政策は二〇〇〇年代半ばに始まり、博物館におけるその実践は本稿執筆時点（二〇二二年八月）まで途切れることなく続けられている。

奇しくも、博物館における紙ベースの収蔵資料管理を定めた前節に前述のガイドラインの施行と同じ二〇〇五年、政令「リトアニアの文化財デジタル化構想（表2表番号6）」（以降、二〇〇五年政令）が施行された。そして二〇〇九年、政令「リトアニアの文化財デジタル化、デジタルコンテンツの保存、及び、アクセスの戦略（表2表番号8）」（以降、二〇〇九年政令）により、図書館・文書館・博物館による文化財のデジタル化についての具体的な目標と予算額が初めて文書として示された。その後二〇一五年に制定された文化省令「デジタル文化財の更新と保存の実施計画二〇一五年〜二〇二〇年（表2表番号10）」（以降、二〇一五年文化省令）により、デジタル化の拠点となる施設が指定される等、さらにデジタル化の実施に向けて踏み込んだ内容が定められた。

本節では、以上の三つの文書について、特に博物館のデジタル化に関連する内容を整理し、デジタル文化財についての政策の変遷がどのようなものであったのかについて論じる。

二〇〇五年政令

最初の博物館のデジタル化に関連する政策の方針を示した二〇〇五年政令は、五章一三項目からなる簡潔なものであった。題に「構想」とあるように、具体的な実施機関や目標を示すことなくデジタル文化財政策がどのような文脈・制度的枠組みの下に成り立つものなのかを定めている。

この政令の冒頭（第一項）においては、国家の長期戦略においてリトアニア文化についての長期戦略の目標を次のように説明することによって、文化財のデジタル化の重要性の根拠を示している。

継承され共有されたヨーロッパの文化的価値観と結びついたリトアニアの文化アイデンティティを保全し実現し、現在のEUと世界の文化多様性の中において、その持続性、アクセス性、および、競争力を保障すること。

この政令が制定される前年の二〇〇四年、リトアニアはEUに加盟しており、この時期にヨーロッパ文化のなかにリトアニアを位置づけようとする政策的な意図がデジタル文化財として示されたのがこの文書であると考えるのが妥当であろう。

この方針において、デジタル文化財のデジタル化の目標とその課題については、欧州における文化財のデジタル化について定めた「ルンド原則」、ルンド原則を実現するための詳細を定めた「ルンド行動計画」を参照している（第二項、第三項）。したがって、リトアニアの国内の博物館の状況を反映した課題設定ではなく、ヨーロッパの有識者の見解に基づいていたといえる。このような前提において、第四項ではこの「構想」の目的を次のように設定している。

この構想は、国公立の機関と組織が最新技術により国の文化遺産を保護し、文化遺産へのアクセスを向上しその更新を行い、それらを一貫して意識的に実行するための条件を整えるものである。またこの構想は、デジタル文化遺産の戦略、デジタル化のプログラムやプロジェクトを開始・準備し、その導入を調整・監督し、ならびに図書館、博物館、文書館やほかの文化遺産を保護する機関によるデジタル化の調整を保証するのための条件も整えるものである。

この文書の特筆すべき点として、公文書のなかで初めて「文化財のデジタル化（Kultūros paveldo skaitmeninimas）」に言及し、それを「記述、視覚、聴覚、その他表現による文化財のデジタル複製を行い、その文化財についての情報を電子形式で作成すること」（第五項）と定義したことがある。ここに示されたデジタル化の対象は、文化財に限っている点において、自然物も含む、博物館法が定める博物館の扱う対象よりも狭いものである。

また、デジタル化する文化財を選ぶ基準として、①唯一性、②内容と価値、③物理的な状態、④年代、の四点があることを示した（第七項）。この基準を示したことは、デジタル化はリトアニア国内のすべての文化財を対象とせず、選定した上で行うものであるという前提を反映したものであるといえる。

したがってリトアニアの最初の文化財のデジタル化の「構想」は、リトアニアの国家としての戦略のもとに定められていた。対象は狭義の文化財に絞られており、さらに選定基準を設けて限定的なものを想定し、博物館におけるデジタル化の実践まではまだ距離のあるものだった。他方、政策としては国内の文化機関の状況よりも国家の方針やヨーロッパの文脈への編入をより強く意識したものであった。次項では、より具体化していく文化財のデジタル化のための政策について述べる。

二〇〇九年政令

デジタル文化財関連の二番目に施行された政令は、文化財のデジタル化の「戦略」だった。この「戦略」と前述の「構想」の顕著な違いは、デジタル化を行う主体として図書館、博物館、文書館が示され、それらが「記憶機関（Atminties institucija）」という括りで扱われるようになったことである。また、冒頭に目標数値、末尾にＥＵの助成金とリトアニア国内の予算措置に基づく予算額が示され、文化財のデジタル化を行うことが具体化したことを示している。

この文書においても、前項に示した「構想」と同様にヨーロッパの文化的な文脈についての言及が複数ある。例えば文中でＥＵの公文書を参照しているが、これは政令制定の前年にＥＵにおいて開発が決定されたＥＵＲＯＰＥＡＮＡ[7]に関するものであった。さらに文書の中盤では、ＥＵの文化政策とＥＵＲＯＰＥＡＮＡに言及して、次のようにこの「戦略」の展望を述べている（第一七項）。

> リトアニアの文化遺産は、一般からのアクセスを可能にすることにより、グローバル規模のその普及の機会がもたらされる。ＥＵの文化政策の規定では、ＥＵ加盟国に欧州電子図書館ＥＵＲＯＰＥＡＮＡの構築に貢献することを奨励することにより、共有の多言語でオンラインアクセスできるすべてのヨーロッパの文化的な資料を創り、ＥＵ加盟国の文化遺産の価値を強調し、社会の構成員全員がこの遺産について知ることができる機会を創出する。デジタル化の経験がもっとも豊富な記憶機関がデジタル化センターの役割を担うのであれば、リトアニアの記憶機関でデジタル化された文化遺産の選択を調整し、そのヨーロッパの文化遺産の共通デジタル空間に統合する条件を整えることになるため、上記の規定の実現を促し、欧州電子図書館ＥＵＲＯＰＥＡＮＡを優先しつつ、ヨーロッパ規模で我が国の文化の普及を保証し、我が国のイメージを向上させることとなる。

この「戦略」の末尾においては、各項目の二〇〇九年から二〇一三年までの六年間各年の予算額が示されている。総予算額は六千四六七万リタス（約二四・三億円）である。そのうち、リトアニア国家予算からの支出が二千四五万三千リタス（総予算額の三二％）、ＥＵの助成金が四万四千二十七万リタス（総予算額の六八％）であった。したがって、この戦略の財政面はＥＵの助成金に大きく依存している。「戦略」の金銭的なＥＵへの依存にもかかわらず、先ほどの第一七項の条文の引用にも示した通り、文化財のデジタル化によって目指されたのは「ヨーロッパ化」ではなく「グローバル化」であった。総則の冒頭、目標数値の直後に示されているこの戦略の主旨は、リトアニアの文化遺産の統合システムによる「グローバル化の文脈」におけるリトアニアの文化財の普及にあった。この戦略の施行時にはＥＵ加盟から五年経過しており、少なくともデジタル文化財政策において「ヨーロッパ化」を強調する必要性が薄れたと推測される。

以上の予算措置を受けてデジタル化を行う主体は「記憶機関」であると定めている。その定義は、「文化財に刻まれた人間の文化を構築し、統合し、普及を行う、文書館、図書館、博物館、または、その他の機関」である。簡潔に換言すると、記憶機関とは文化財を扱う文化施設を指している。本章（１）に前述したように、文化省内で博物館を扱う部署名にも「記憶機関」の語が使われているように、これはこの政令の後で定着した語であると考えられる。

そしてこの戦略の軸となっているのは、「ヴァーチャル文化財情報システム（Virtuali kultūros paveldo informacinė sistema）」である。これは第五条に、記憶機関のデジタル化した文化財の体系化、管理、保存、コンテンツ提供、検索のためのシステムであり、ヴァーチャル空間における情報技術の応用によりユーザーによるアクセスを可能にしたものと定義されている。具体的に想定されたシステムは、リトアニア国立図書館が既に導入していたｅＰａｖｅｌｄａｓおよび、リトアニア国立美術館による開発を予定していたＬＩＭＩＳだった。

この「戦略」では、二〇〇九年から二〇一三年の間に実行する文化財のデジタル化の数値目標を示している。そのための指標は二つあり、①記憶機関におけるデジタル化の点数（二〇〇九年時点：八万点、二〇一三年目標：一一万点）と、②インターネットでの公表率（二〇〇九年時点：四二％、二〇一三年目標：一〇〇％）である。この目標は、デジタル化の選定基準を示していた「構想」とは異なり、文化財すべてをデジタル化することを前提とした方向性への転換を示唆している。

この戦略においては、国内の博物館全体についての言及はないものの、リトアニア国立美術館がデジタル化センターの機能を担うことを定めている（国立図書館と文書館も同様である）。その役割としては、次の四つを挙げている。

●デジタル化データのレポジトリとして機能すること。
●全国レベルでデジタル化の活動についての情報を収集し毎年文化省に報告すること。
●全国レベルでデジタル化の活動の調整をし、デジタル化についての知識と情報の普及を行うこと。

●文化省の定めたデジタル化データの作成・保存・アクセスの基準を満たすように保障すること。

デジタル化センターの機能に加え、リトアニア国立美術館はその主導により、総額七〇〇万リタス（約二・六億円）の予算措置によりＬＩＭＩＳを開発・導入することが定められた。この戦略によって開発が開始したＬＩＭＩＳについては、次節（４）に詳述する。

したがって、この政令においては「戦略」の名の下で文化財のデジタル化を行うための具体的な政策として目標設定と予算措置を行い、実施の主体も定められた。ゆえに、国内の博物館を含む「記憶機関」における文化財のデジタル化を加速させた政策の起点はこの政令であると考えられる。また、現在もこの戦略によって構築されたｅＰａｖｅｌｄａｓやＬＩＭＩＳの更新がなされ活用が進められていることからも、この戦略が現在のリトアニアのデジタル文化財政策のシステム面の基盤だと考えられる。

二〇一五年文化省令

一番直近に施行されたデジタル文化財関連の主要な文書は二〇一五年に施行された。二〇一三年までのデジタル文化財の戦略はリトアニア政府（Lietuvos Respublikos Vyriausybė）による政令であったが、二〇一五年に施行された実行計画は文化省による省令であった。文書の主体となる機関は交代したものの、冒頭には二〇〇九年政令を継承していることが明示されている。また、内容としても文化財の統合デジタルシステムの構築を目的とすることを趣旨としており、二〇〇九年政令の目指したものを引き継いでいる。

実行計画においては、三つの目標が挙げられた。

目標一：協働と機関間連携により文化財のヴァーチャル空間の統合性と持続可能性を向上させること。
目標二：長期間のデジタル文化財保存のための国立のシステムを構築すること。
目標三：社会の要請に応えた豊かな文化財のヴァーチャル空間を作り、そのアクセス性と視認性を向上させること。

これらの目標には、それぞれの文化省令策定時の状況の分析が記述されており、分析の対象期間は前述の二〇〇九年政令の実施期間である二〇〇九年から二〇一三年である。数値目標に対する達成度を検証する箇所もあり、二〇〇九年政令の設定した戦略の有効性を分析した上で、戦略以後のデジタル文化財のあり方を検討していると考えられる。この文書の制定時においてすでに国内で文化財のデジタル化を行う意義があることにコンセンサスが得られたためか、「ヨーロッパ化」や「グローバル化」といった外在的な目標が前面に押し出されてはいない。

二〇〇九年政令への反省の反映として、目標の設定方法に変化が見られる。例えば、二〇〇九年政令ではデジタル文化財のインターネットでの公表率を二〇一三年までに一〇〇％に引き上げることを目標としていた。しかし、成果を検証すると文書資料は八〇％、視聴覚資料は四％のみであり、デジタル化した資料の一二％しかＥＵＲＯＰＥＡＮＡに転送されていなかった。これらをこの実行計画では単に目標達成の失敗と捉えるのではなく、社会のニーズに応えた文化財のアクセス性を確保できていないという課題があると解釈し、質的な目標として前述の三つの目標を設定した。そのような課題設定の反映であるのか、この文化省令においては目標数値を特に示していない。

また、この実施計画においては導入のための実施主体として「デジタル化技能拠点（skaitmeninimo kompetencijos centras）」を指名している。二〇〇九年政令において既に実施主体として指名されていた機関を中心として、さらに国内各地にデジタル化が行き渡るように、「全国デジタル化技能拠点（nacionalinis skaitmeninimo kompetencijos centras）」と「地域デジタル化技能拠点（regioninis skaitmeninimo kompetencijos centras）」の二層に分けた制度設計をしてある。文書内においては、図書館分野、博物館分野、文書館分野、視聴覚資料分野に分けて指名しているが、そのうち博物館分野のデジタル化技能拠点を次に列挙する。

全国デジタル化技能拠点：リトアニア国立美術館
地域デジタル化技能拠点：国立M・K・チュルリョーニス美術館、リトアニア海洋博物館、シャウレイ「アウシュロス」博物館

これらのデジタル化技能拠点については、文書内で役割が定められている。デジタル活動の調整、VEPIS（Virtuali elektroninio paveldo informacinė sistema, ヴァーチャル遺産情報システム）の開発、文化財のデジタル化データの質と互換性の担保、文化財のデジタル化データの活用の促進、専門職員の研修等である。さらに詳しくは、次節のLIMISの説明において、それらの役割を述べることとする。

この文書の示す実施計画は、前述の二〇〇九年政令の反省として状況分析を行っていることから、二〇

〇九年政令の内容を精査した上で継承していく方向性のものである。そのため、政策としての大胆な提言というよりも、全体を通して現状の改善のための項目を細やかに定めている。ただし、博物館に個別に関連する部分はデジタル化技能拠点の指名のみであり、機関の種類ごとに異なる具体的なオペレーションには踏み込まない内容にとどまっている。また、二〇二〇年に新型コロナウイルス感染症の世界的な流行によってリトアニアにおいても博物館の活動が制限されたこともあってか、この文化省令以降のデジタル文化財を定める文書は本稿執筆時においてまだ策定されていない。

（4）ＬＩＭＩＳ（リトアニア博物館情報統合システム）

リトアニアのデジタル文化財政策において、博物館のデジタル化の中心となっているのはＬＩＭＩＳである。ＬＩＭＩＳはリトアニア博物館情報統合システム（Lietuvos integrali muziejų informacinė sistema）の略であり、リトアニア国内の各博物館が自館の収蔵資料の情報を登録し、それを集積し、一般の閲覧ができるようにしたものである。これによりリトアニア国内の博物館は、独自のシステムを開発・購入しなくても収蔵資料のデータベースを構築できるようになった。二〇〇九年に開発を開始し、二〇一二年に完成した後、本格的な運用が始まった。二〇二三年四月一七日に全面的なリニューアル版が公開された。本稿執筆時点（二〇二三年七月現在）において、ＬＩＭＩＳに登録されたデジタルデータのうちの約七十八万点が公開されている。

ＬＩＭＩＳの開発根拠となったのは、前節に述べた文化省令「リトアニアの文化財デジタル化、デジタルコンテンツの保存、及び、アクセスの戦略（表2表番号8）」である。開発当初は、文化大臣令によって文化省の直轄である国立総合博物館と国立専門博物館がＬＩＭＩＳへの登録を義務づけられた（表2表番号9）。

二〇〇九年省令が定めたのは、博物館における統合されたデジタル文化財の検索・蓄積・アクセスのシステムとしてのＬＩＭＩＳを開発すること、及び、リトアニア国立美術館がその中心的な役割を担うことのみであった。そのため、詳細はＬＩＭＩＳの開発と管理を担うこととなったリトアニア国立美術館の館内文書が規定することとなった。具体的な文書としては「ＬＩＭＩＳ規定（表2表番号11）」と「ＬＩＭＩＳセンター規定（表2表番号12）」の二点が定められた。

前者の「ＬＩＭＩＳ規定」は、ＬＩＭＩＳついてその設立、目的、課題、機能、情報の構造、機能の構造、データの提供・利用・蓄積の手順、データセキュリティの要件、財源、更新、廃止を定めたものである。冒頭においては、ヴァーチャル博物館ツアー等の一一のＬＩＭＩＳの電子サービスを示している。また、第三章ＬＩＭＩＳの情報の構造においては、データベースを構築するメタデータの項目を一八ページ以上に渡り列挙している。ただしこれらの項目は、前節に示した「収蔵資料目録」の項目と一致するものではない。同じく第三章には、他のデータベースであるePaveldas[8]やＥＵＲＯＰＥＡＮＡ[9]等にデータをエクスポートすることを定めている。この規定はＬＩＭＩＳのシステム内外のポテンシャルを示すものであるといえる。この「ＬＩＭＩＳ規定」は二〇一〇年に規定されて以降変更されていない。

さて、二〇一二年にＬＩＭＩＳがシステムとして完成した後、ＬＩＭＩＳのすべてのサブシステムが導入された[10]。そのサブシステムとは、ＬＩＭＩＳ-Ｍ、ＬＩＭＩＳ-Ｃ、ＬＩＭＩＳ-Ｋの三つであり、それそれ独立した機能を持っている。サブシステムそれぞれの機能は次のとおりである。

●ＬＩＭＩＳ‐Ｍ：各博物館から提供されたデータを収集する機能を担うサブシステム。

●ＬＩＭＩＳ‐Ｃ：中核となるシステム。各博物館から収集されたデータを、各博物館内のデータベースもしくは遠隔システムを通じてＬＩＭＩＳ‐Ｃのサーバーに集め、蓄積する機能を担うサブシステム。

●ＬＩＭＩＳ‐Ｋ：データ公開の機能を担うサブシステム。博物館外の一般利用者が閲覧することができるのは、このサブシステムの部分のみである。

以上の三つのサブシステムの関係を、図14に示した。このシステムにおいては、データはサブシステム間を一方向に流れている。まず、ＬＩＭＩＳ‐Ｍにおいて各館でデジタル化された収蔵資料のデータが入力され、データベースに集約される。このデータが、ＬＩＭＩＳセンターにあるＬＩＭＩＳ‐Ｃの中央サーバーに集められる。そして、集められたデータがＬＩＭＩＳ‐Ｋによって様々なユーザー向けにデータが提供される。但し、ＬＩＭＩＳ‐Ｍにおいて構築されたデータベースは、各館内で直接ユーザーがアクセスすることもできる。

この関係図は、ＬＩＭＩＳの内部構造のみならず、ＬＩＭＩＳとユーザーの関係も示している。このシステムのユーザーは、二つの階層に分かれている。一つの目の階層は、ＬＩＭＩＳを利用しつつも、ＬＩＭＩＳのデータベースの構築に資する利用者、すなわち各博物館とその専門職員である。これは、ＬＩＭ

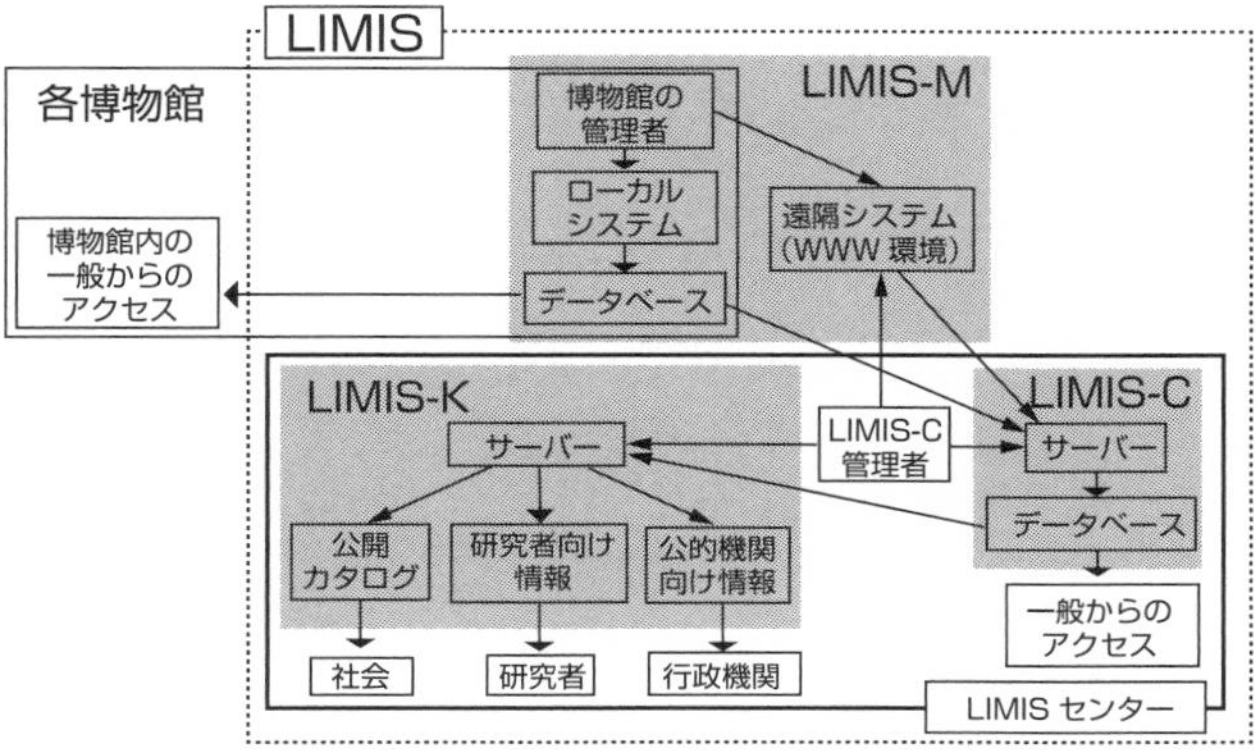

図 14 LIMIS の 3 つのサブシステムの関係（「LIMIS 規定」をもとに筆者が作成）。

ＩＳ規定第一二項に定義されている「利用者（naudotojai）」のことであり、「ＬＩＭＩＳが導入されている博物館の職員もしくはＬＩＭＩＳの情報を利用できると定められた機関の職員」と定められている。この「利用者」を主な対象としているサブシステムは、各博物館でのデータの窓口であるＬＩＭＩＳ-Ｍである。

二つ目の階層は、博物館内外でデータの検索や閲覧を行うすべての利用者、すなわち一般ユーザーである。ＬＩＭＩＳ規定では、一般ユーザーについての言及はないものの、データ公開の機能を担うサブシステムＬＩＭＩＳ-Ｋは一般ユーザーの利用を想定したものである。したがってＬＩＭＩＳは、「利用者」と「一般ユーザー」の両方を別々のサブシステムで対応する仕組みとなっている。

次章以降に示すリトアニアの博物館のデジタル化に関する調査は、博物館においてデジタル化がどのように行われているのかについて検証することを目的としたものである。ＬＩＭＩＳのサブシステムのうち、ＬＩＭＩＳ-Ｍに該当する部分が研究の対象である。したがって、本書で焦点を当てるのはＬＩＭＩＳの想定する二層のユーザーのうち「利用者（naudotojai）」である。

他方、ＬＩＭＩＳの運営をおこなっているＬＩＭＩＳセンターの役割も大きい。ＬＩＭＩＳセンターの正式名称は「リトアニア博物館情報・デジタル化・ＬＩＭＩＳセンター（Lietuvos muziejų informacijos,skaitmeninimo ir LIMIS centras）」であり、リトアニア国立美術館の一部門である。したがってＬＩＭＩＳは、リトアニア国内すべての博物館を対象としたシステムであるものの、その運営者は対象の機関の一つである。

ＬＩＭＩＳセンターの活動と運営の内容については、本節冒頭に前述したようにリトアニア国立美術館令「ＬＩＭＩＳセンター規定（表2表番号12）」によって定められている。この規定はこれまで複数回改定されており、現行のものは二〇一九年一〇月一四日国立美術館長令Ｖ．1‐132である。同規定は、ＬＩＭＩＳセンターの概要、活動目的、機能、組織構造、運営、権利と義務、労使関係について規定している。特に第一節はＬＩＭＩＳセンターの概要として、「デジタル化技能拠点」の役割を担うこと、ＬＩＭＩＳとＬＩＭＩＳへの一般からアクセスについて運営・普及・更新を行うこと、ＬＩＭＩＳのデータベースに集められたデジタル化データ、関連するリトアニアの博物館についての情報、および、その国内外のデジタル文化財のヴァーチャル空間への統合について、維持管理をすることを定めたものである。また、これらを項目ごとに詳述したものとして、第二章はＬＩＭＩＳセンターの活動目的を二〇項目に定めている。

ここで言及されている「デジタル化技能拠点」は、本章（3）に前述した「デジタル文化財の更新と保存の実施計画二〇一五年～二〇二〇年（表2表番号10）」において定められたものである。同文化省令によって、それぞれのデジタル化技能拠点は次の九つの機能を持つことが定められた。

- ●記憶機関（図書館・文書館・博物館）のデジタル化活動の補助
- ●デジタル化文化財にアクセスできるプラットフォーム（ＶＥＰＩＳ）の開発
- ●共通の基準やツールの整備による各機関の作成するデジタルコンテンツの質の担保
- ●デジタル化した文化財の活用の推進
- ●一般ユーザー向けの改善
- ●各機関のデジタル化活動のデータの提供
- ●文化財のデジタル化の状況のモニター
- ●専門職員への研修の提供と研修の電子教材の開発
- ●デジタル化関連の活動における各機関との連携

これらに見るように、デジタル化技能拠点はそれぞれの機関のなかで補助的な役割を担うこととなっており、ＬＩＭＩＳセンターの目的とこれらの機能は同一のものであるといえる。したがって、ＬＩＭＩＳセンターはリトアニア国立美術館の一部門であるものの、その活動範囲はデジタル文化財政策によって規定されているともいえる。

ＬＩＭＩＳセンターでは、デジタル化にあたってデジタル画像を作成するための機器が整備されている。これらの活用を促すべく、センター内では国内の博物館職員向けのレクチャーが行われている。特に平面の博物館資料をデジタル化するためのスキャナーは、次の六台が揃っている。[11]

●Ａ２スキャナー（WideTEK 25）
●Ａ３スキャナー（Epson 10000XLPRO, Epson 11000XL）
●Ａ４スキャナー（Epson V750 PRo）
●Ａ０スキャナー（Contex SD4450）
●書籍用スキャナー（Bookeye）

これら六台は同時に使用することが可能であり、最大六名の博物館職員がＬＩＭＩＳセンター内でデジタル化の作業を行うことが可能である。

またＬＩＭＩＳセンターでは、定期的にリトアニア国内の博物館職員を対象とした研修を開催している。二〇二〇年現在、研修は次の四種類が提供されている。[12]

●博物館収蔵資料の撮影（„Muziejuose saugomų objektų fotografavimas"）
●収蔵と普及のためのデジタル画像の準備（„Skaitmeninių vaizdų parengimas saugojimui ir sklaidai"）
●ＬＩＭＩＳと働く方法（„Mokymai dirbti su LIMIS"）
●知的財産と著作権（„Mokymai apie intelektinės nuosavybės teisių licencijas"）

それぞれの研修は、一日もしくは二日かけて行われる。これらの研修は、前述したデジタル化の機器の使用と同様にリトアニア国内の博物館職員を対象としたものであり、すべて無償で提供されている。

年間を通しての定期的な研修の開催は二〇一五年からであり、二〇一五年には一五件、二〇一六年には二二件、二〇一七年には一七件、二〇一八年には二〇件、二〇一九年には二〇件の研修が行われた。なお、研修「知的財産と著作権」は、ＥＵＲＯＰＥＡＮＡでのクリエイティブコモンズの利用の為、二〇二〇年秋より開始されるものであり、二〇一九年以前は他の三種類の研修が行われていた。また、二〇二〇年は新型コロナウイルス感染症拡大を受けて、開催予定の研修のうち一三件が延期になり、後日振替の研修が（通常通りの開催は）一六件行われたほか、Microsoft Teamsを用いたオンライン講座が四回行われた。

このほかに、「デジタル技能拠点」に明示されていないもののＬＩＭＩＳセンターが行っている取り組みとして、「ＬＩＭＩＳの出張デジタル化プロジェクト」がある。この取り組みは、リトアニア各地の希望のあった博物館にＬＩＭＩＳセンターの職員が機材を持参して訪問し、それぞれの博物館の状況に応じてデジタル化のサポートを行うものである。このサポートは各館の職員とともに収蔵資料の撮影等を行うだけではなく、各博物館において必要な機材を打診したり、デジタル化の基礎をレクチャーしたりするものであった。この取り組みを通して、二〇一五年から二〇二一年の間に六〇館の博物館への訪問を行った。ただし、機材を持参しての収蔵資料のデジタル画像の作成には限界があるため、同時に博物館側が収蔵資料をＬＩＭＩＳセンターに資料を持ち込むように呼びかけている。「ＬＩＭＩＳの出張デジタル化プロジェクト」もＬＩＭＩＳセンターへの持ち込みも、国内の博物館は無料で利用することができる。[13]

ここに述べたように、ＬＩＭＩＳセンターは一博物館の一部署にもかかわらず、リトアニア国内の博物館のデジタル化をサポートする機能を担っている。フィールド調査の結果を分析するにあたっては、LIMISセンターによる各博物館のデジタル化への寄与についても考慮に入れる。

注

1 LM ISC LIMIS. "Teisės aktai-Muziejinių vertybių skaitmeninimas."
2 Lietuvos Respublikos Seimo kanceliarija. "Dokumentų paieška."
3 Lietuvos Respublikos Seimo kanceliarija. "I-930 Lietuvos Respublikos Muziejų įstatymas."
4 栗原祐司「ICOM博物館定義見直しの動向」
5 博物館法の条文において、„respublikinis muziejus"（共和国の博物館）の語は二〇二三年四月の法改正によって„valstybinis muziejus"（政府の博物館）の語に置き換えられた。「共和国の博物館」という語は、ソ連の構成国のうちのひとつの共和国（としてのリトアニア）というニュアンスが強く、用語の変更の背景としてソ連の遺物からの脱却があると考えられる。
6 文化省のウェブサイトには、法令や統計などに博物館に関する情報をまとめたページがある。このウェブページの末尾には、連絡先（kontaktai）として、部署名、担当者氏名二名分、担当者それぞれのメールアドレスが記載されている。この情報をもとに、博物館の担当部署は記憶機関政策課であると判断した（Lietuvos Respublikos kultūros ministerija. "Muziejai."）。
7 Europeana. "Discover Europe's digital cultural heritage."
8 Martynas Mažvydas National Library of Lithuania. "Pagrindinis | epaveldas.lt."
9 Europeana. "Discover Europe's Digital Cultural Heritage."
10 Lietuvos nacionalinis dailės muziejus. "Informational system-LIMIS."

11 LM ISC LIMIS. “Muziejinių Vertybių Skaitmeninimo Mokymų Klasės-Muziejinių vertybių skaitmeninimas.”

12 LM ISC LIMIS. “Muziejininkų mokymai 2022 metais-Muziejinių vertybių skaitmeninimas.”

13 LM ISC LIMIS. “Eksponatų Skaitmeninimo Paslaugos 2023 Metais-Muziejinių Vertybių Skaitmeninimas.”

第Ⅰ部　総括

　第Ⅰ部「リトアニアの博物館制度とデジタル化」では、リトアニア共和国の博物館について、その歴史と制度について概要を整理した。本書の主題であるリトアニアの事例におけるデジタル化についての研究において、リトアニアの博物館の地域的な特異性と普遍性を理解するためである。

　リトアニアにおける博物館の歴史は、米欧において記述されてきた博物館史の文脈とは異なるものであった。まず、リトアニアにおける博物館の萌芽の時期、及び博物館の設立が活発化していく時期、リトアニアは国家としての独立を失っていた。特に博物館が最初に構想された一九世紀後半は出版規制が行われる等リトアニア文化が抑圧されていた時期であり、ようやく博物館が普及する土壌が整ったのはソ連の占領下だった。現在のリトアニアの博物館制度は、ソ連からの独立回復後の一九九五年に制定された博物館法を中心としたものであるものの、その骨組みはソ連占領下で形作られた制度を引き継いでいる。

　博物館におけるコンピュータ技術の活用についても、世界的な潮流としては一九六〇年代から一九七〇年代にかけてアメリカを中心に広がっていたが、リトアニアにおいては一九九〇年前後まで博物館においてコンピュータが使われることはなかった。デジタル技術の導入段階においては、最先端の取り組みと比較するとリトアニアの博物館は二〇年以上の遅れをとっていたといえる。

現在のリトアニアの博物館の制度的枠組みは博物館法、具体的な館内での活動は「ガイドライン」に、それぞれ定められている。日本の博物館法のように登録制度や学芸員資格制度がないものの、政府・自治体・公的機関の設立した博物館は、すべて文化省に対して年次報告書の提出が義務づけられており、公設の博物館についてはすべて文化省が運営状況等を把握している。デジタル化関連で特筆すべきこととして、「ガイドライン」は、博物館が収蔵資料管理を行う上で記録するべき事項を国内で統一するものであり、デジタル化を行う上でのメタデータ標準の整備があらかじめ行われたのと同じ状態になっている。

他方、デジタル文化財政策は、EUの方針に倣う形で二〇〇〇年代後半から具体性を持ったものとして施行されるようになった。特に、二〇〇九年の政令では数値目標と予算額を示して国内の記憶機関（図書館、文書館、博物館）における文化財のデジタル化を加速させ、二〇一五年の文化省令では数値目標ではなく具体的なデジタル化を進めるための方向性を示した上で国内の複数機関を「デジタル技能拠点」として指定することによって、デジタル化を行う機関同士の協働を促した。

歴史的経緯と制度的な枠組みの観点から、リトアニアの博物館の特異性は、デジタル技術導入の遅れ、デジタル化の根本となるメタデータ標準の国内での共有、そして「記憶機関」としてのデジタル文化財政策への関わりであるといえる。これらを踏まえて、次章と次々章ではリトアニアにおいて行った調査の結果の分析を行う。

第Ⅱ部　アンケート調査——デジタル化の取り組みの全体的な傾向

図 15　ヴィリニュス旧市街の航空写真（2022 年筆者撮影）。

第Ⅱ部「アンケート調査——デジタル化の取り組みの全体的な傾向」では、リトアニアの博物館全般におけるデジタル化の実施状況を理解することを目指して行ったフィールド調査の結果を示す。リトアニアには、前章に述べた通り文化財のデジタル化についての様々なレベルの公文書があり、その取り組みの枠組みについても文書内で言及されていた。しかし、「構想」や「戦略」のもとで、博物館がいかにデジタル化を導入し手を動かしてデジタル化を進めていたのかについては、全体的な傾向さえもまとまったデータがなかった。ここでは、そうした状況下で二〇一七年に行ったアンケート調査によるデータ収集とその分析結果を示すこととする。

まず第三章では、リトアニアの公立博物館(国立博物館と地方自治体立博物館)全体を対象として、国内のデジタル化の取り組みの時系列変化と全体像を明らかにすることを試みた(調査1)。アンケート調査実施時点までにリトアニアの公立博物館全体のデジタル化の取り組みの傾向と普及状況を明らかにした。そして第四章では、比較的規模の小さな地方自治体立博物館におけるデジタル化の取り組みの実施状況を、その課題の面から明らかにすることを試みた(調査2)。課題を把握することによって、リトアニアの地方自治体立博物館のデジタル化を取り巻く状況を明らかにすることを目指した。

第三章　デジタル化の全体像（調査1）

（1）全体を見通すためのフィールド調査

本章では、フィールド調査の結果とその分析を通してリトアニアの国公立博物館全般におけるデジタル化の取り組み状況についての概観を試みる。既存のデータや先行研究では明らかになっていないリトアニアの博物館におけるデジタル化の実践の導入と普及を軸に、その全体像の把握を目指す。

制度面から見ると、リトアニアの博物館のデジタル化は、ＬＩＭＩＳの開発をはじめとしたデジタル文化財政策の文脈において進められてきた。第二章（2）に前述したように、二〇〇九年に施行された政令「リトアニアの文化財デジタル化、デジタルコンテンツの保存、及び、アクセスの戦略（表2表番号9）」がリトアニアのデジタル文化財政策における転換点であり、これは定量的な目標設定を行い、すべてのデジタル文化財のインターネット上での公開を目指したものであった。しかし、その後の二〇一五年に施行された文化省令「デジタル文化財の更新と保存の実施計画二〇一五年～二〇二〇年（表2表番号10）」が示したように、政策の設定の通りには文化財のデジタル化やその普及が進まず、定量的な目標設定から定性的な目標設定への方向転換が行われた。

　二〇一五年の文化省令が検証したのは二〇〇九年の政令の成果のみであり、国内の博物館におけるデジタル化の実践がどのような変遷を辿ってきたのかについては検証されていない。しかし、既存のデータから政策策定後の博物館のデジタル化の実施状況の推移を検証するとしても、文化省の公表している博物館についての統計データ（付録（35）頁参照）のうちデジタル化に関連するものは二〇一〇年以降のものしかないため、二〇〇九年の政令やＬＩＭＩＳの開発開始の前後の比較をすることができない。学術研究の面では、カプレリスがリトアニアの国内の博物館における情報通信技術の普及についてハイプ・サイクル理論により分析を行ったが、この研究はＬＩＭＩＳの本格的な運用開始時点までが対象であった。[1] ＬＩＭＩＳ以後の博物館において何が起こったのかについては、これまでに解明されてこなかったのである。

　本書は、リトアニアの博物館におけるデジタル化について行ってきたフィールド調査について述べるものであるが、以上に見るように、その出発点となる既存のデータは、調査開始時点で入手できなかった。そこでまずは、今まで明らかにされてこなかったＬＩＭＩＳ導入以前と以後の中長期的な視点における、リトアニアの博物館のデジタル化の実施の変遷の全体像を明らかにすることを目指す。そのために、次節に説明するように悉皆アンケート調査を実施した。その結果と文化省公表の統計データをもとに、デジタル化の実施状況の推移を論じる。

（2）調査方法：悉皆アンケート調査と文化省の統計データ

本節では、調査1の実施について、その調査対象、データ収集方法、データ分析方法について述べる。特に悉皆アンケート調査についての説明をする。

調査対象

リトアニアの博物館におけるデジタル化実践の全国的な傾向を調べるにあたって、この調査では、リトアニアの国公立博物館を対象としたアンケート調査を行った。「国公立博物館」とは、本書第二章（2）に前述した博物館法による博物館の分類のうち、「国立総合博物館」（四館）、「国立専門博物館」（十五館）、「地方自治体立博物館」（五十四館）の七十三館（いずれも二〇一七年現在）のことである。

デジタル化の実施について調査をするにあたって国公立博物館を対象とするのは、次の二点の理由による。まず、前述したように、リトアニア国内の収蔵資料のデジタル化は法令で推進されている。そして、リトアニア国内の国公立博物館は複数の法令により活動内容が規定されている。これらより、リトアニアの博物館制度の中において類似した条件下でデジタル化を行っていると考えられる。また、リトアニアでは私設の博物館の全数把握は困難であるが、国公立博物館は、全ての基本データを得られる。以上より、国公立博物館を対象とした調査を実施することとした。

調査にあたっては、対象の全てからデータを得る悉皆調査を行った。全国的な傾向を把握するにあたっ

表4　調査1の質問項目

NO.	質問
Q1	コンピュータの使用を館内で開始した年はいつか？
Q2	自館のウェブサイトの運用を開始した年はいつか？
Q3	収蔵資料のスキャン又はデジタル撮影を館内で開始した年はいつか？
Q4	収蔵資料の情報（メタデータ）の入力を館内で開始した年はいつか？
Q5	デジタル化のための専門部署を設置した年はいつか？
Q6	ITの専門家を館内で雇い始めた年はいつか？

ては、母集団の全ての博物館を対象とした手法が適していると考えたためである。

データ収集方法

この調査では、リトアニアの博物館における実施状況について網羅的に把握するための一次データを得ることを目的とした。既存のデータとして、文化省の統計データにおける各館のデジタル化した資料の点数があったものの、それはあくまでデジタル化の成果を示すものである。各館の状況を概観するためには、実施状況について示す指標が必要であると考えた。広くそのデータを収集するためには。質問紙を調査対象者に配布し、その回答を回収するアンケート調査が適切であると判断した。

調査のための質問紙の作成にあたり、二〇一七年二月に事前調査として国立博物館三館におけるヒアリング調査を行った。その内容を踏まえて、各博物館の現状、各博物館におけるＬＩＭＩＳの利用状況、各博物館がＩＣＴ関連の手段を利用し始めた年、各博物館におけるデジタル化の課題の五部構成の質問紙を作成した。本調査では特に、「ＩＣＴ関連の手段を利用し始めた年」の六項目の質問（表4）に対する回答からデータを得ることとした。

悉皆アンケート調査は二〇一七年に行った。アンケートの配布と回収には、電子メールと郵送を用いた。国立総合博物館四館には、二〇一七年八月、国立専門博物館十五館には二〇一七年一〇月、地方自治体立博物館五四館には二〇一七年一一月、それぞれ電子メールでアンケートの質問紙を配布した。回答は二〇一七年一二月までに電子メールと郵送で回収した（N=69）。アンケートの回答者としては、各博物館におけるデジタル化を担当する責任者を想定し、アンケートへの回答を依頼する文書でもその旨を明記した。

データ分析方法

この調査では、前述したように表4に示した短答形式の質問に対する回答の分析を行った。まず、得られた回答を集計した。集計したのは、次の六項目である。

①収蔵資料のメタデータの入力
②収蔵資料のスキャンまたはデジタル撮影
③コンピュータの使用
④デジタル化の専門部署の設置
⑤ＩＴ専門家の雇用
⑥自館のウェブサイトの運用

これらの各項目について、各年にその取り組みを始めた博物館数についてのデータを作成した。回答者によっては、具体的にどの年に開始したのか確認できなかった等の理由により、〇〇〇〇年までに開始した、もしくは、〇〇〇〇年から〇〇〇〇年の間に開始した、といった回答も見られた。本章では累計数を計数する便宜上、開始した年に幅がある際は、回答の期間のうちもっとも新しい年に開始したとみなすことにした。例えば、「二〇〇四年から二〇〇七年の間に開始した」という回答があった場合、二〇〇七年に開始したとみなして集計した。

これをもとに、すべての項目の累積の折線グラフを作成した。これらのグラフは各年の既に各取り組みを始めている博物館数の推移を示したものである。グラフは図16に示した。

（3）リトアニアの公立博物館のデジタル化の実施状況の推移

本節ではまず、アンケート調査の結果から、リトアニアの国公立博物館のデジタル化の実施状況の変遷を概観する。前節末尾に説明したように、アンケート調査（N=69）で得られたデータをもとに、一九九〇年から二〇一七年（調査実施年）各年の前述の六項目それぞれの実施している館数を集計し、グラフ（図16）に示した。

デジタル化に関連する六項目には、三つの類型の増加の傾向が見られた。先行普及型（③）、後発普及型（①と②と⑥）、普及途上型（④と⑤）、である。以下に、類型ごとの各項目の増加の傾向について分析をする。

先行普及型は、「③コンピュータの使用」のみが該当する。一九九〇年代後半に急激な増加を経て、二

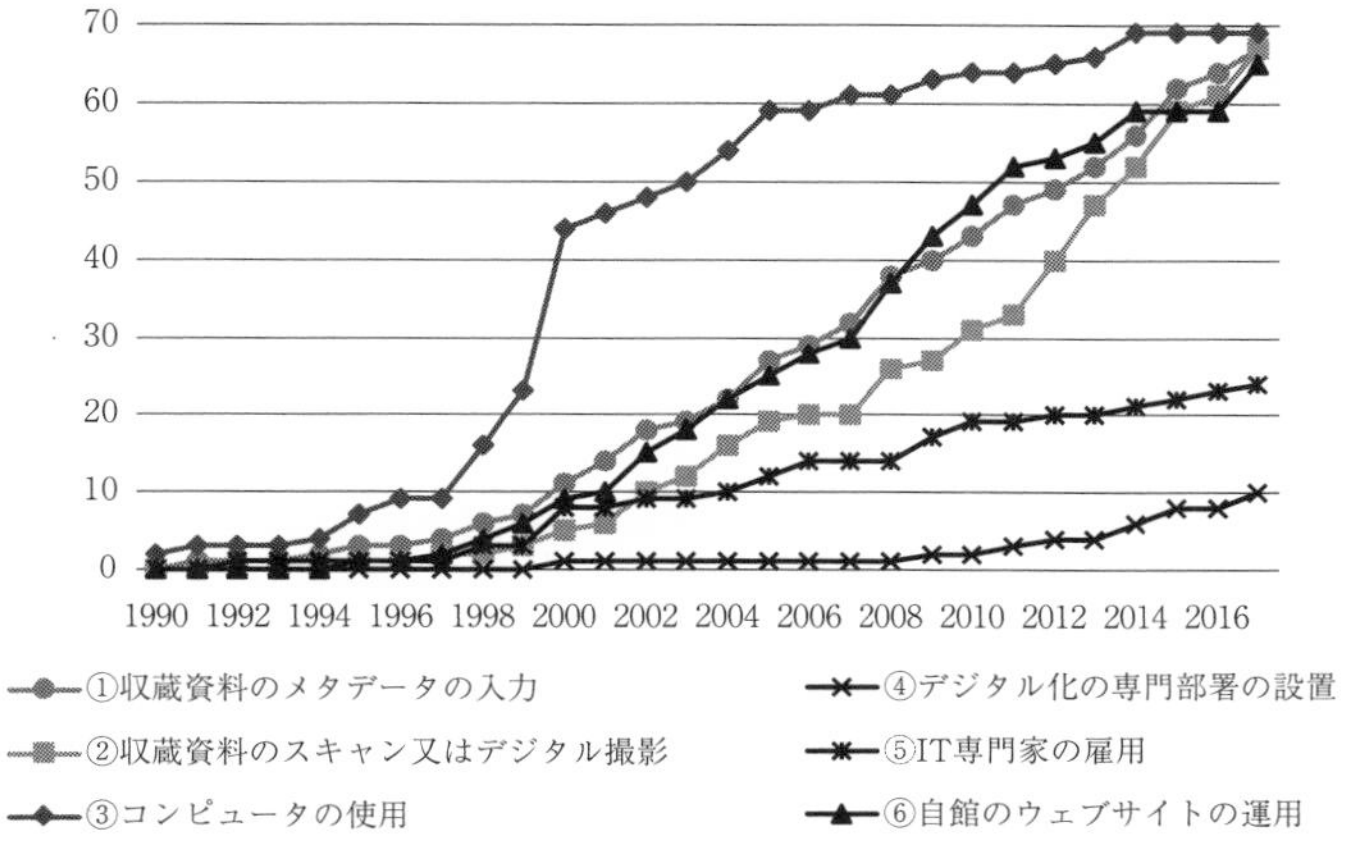

図16　毎年のデジタル化に関連する7項目の取り組み状況の累積グラフ（N=69）。

〇〇〇年代から二〇一〇年代にかけて未実施の博物館に徐々に広まっていき、二〇一四年に調査対象のすべての博物館においてコンピュータが使われるようになった。これは、第一章（3）に前述したようにリトアニア共和国が一九九〇年にソ連から独立を回復し、その頃から国内の文化施設でのコンピュータの使用が始まったという歴史的経緯に符合する。また、コンピュータの使用を開始した博物館数の増加がもっとも顕著であった時期は、カプレリスが「高騰した期待のピーク（Peak of Inflated Expectations）」と分析した時期（一九九七年から二〇〇一年）とも一致する。[2] デジタル文化財の文脈とは別に、リトアニアの博物館においてはデジタル技術が爆発的に広まった時期があり、その間にデジタル化に不可欠なコンピュータが多くの博物館に導入されたことをこのグラフは示唆している。

　後発普及型に当てはまるのは「①収蔵資料のメタデータの入力」、「②収蔵資料のスキャンまたはデジタル撮影」、および、「⑥自館のウェブサイトの運用」であり、これらは収蔵資料のデジタル化とその公開の実現に不可欠な要素である。このなかでもっとも早い時期に実施が始まったのは、「①収蔵資料のメタデータの入力」であった。メタデータとは、冒頭の「デジタル化」の定義において述べたように、データを説明するデータのことである。博物館の収蔵資料のメタデータは、例えば資料番号や寸法、材質等、その資料の特徴や性質を説明するさまざまな項目のことである。

いっぽう各博物館による「⑥自館のウェブサイトの運用」は、メタデータの入力とほぼ同じ時期に開始し、ほぼ同じペースで普及した。「自館の」と限定したのは、第一章（3）に前述したように、リトアニアにおいては自館のウェブサイトを持たなくともインターネット上で情報発信ができるポータルサイト„Lietuvos muziejai（リトアニアの博物館）"があったからである。すなわち、共通のポータルサイトから独立してウェブサイトを運営できるような館内の設備や体制の整った博物館数の推移を示したのが項目⑥のグラフである。

これらの項目の推移のなかで特筆すべきは、二〇一二年から調査年の二〇一七年の間に「②収蔵資料のスキャン又はデジタル撮影」を実施する博物館数が二倍以上に増加したことである。二〇一二年はＬＩＭＩＳの開発期間が終わり、その本格運用が始まった年である。このデータのみからは因果関係を示すことはできないものの、少なくとも時系列的に整理すると、ＬＩＭＩＳ導入以後、デジタル化の主要な手順である「②収蔵資料のスキャン又はデジタル撮影」が広く普及したことは明らかである。

先行普及型の項目と後発普及型の項目を比較すると、博物館へのコンピュータ導入は、時期的にはデジタル化や独立したウェブサイトの運営の開始に直結していなかった。対象の博物館においては、技術の導入とその活用には数年単位の時間差があったと考えられる。

普及途上型は「④デジタル化の専門部署の設置」と「⑤ＩＴ専門家の雇用」が該当する。これら二項目は、博物館のデジタル化に関する六項目のうち、新たな人員配置や博物館の組織改編を伴うものである。先に普及が進んだのはＩＴ専門家の雇用であるが、そもそも博物館において必要な専門家は二〇〇五年の文化省令に「博物館専門職員」、「保存修復師」、「コレクション専門職員」、「コレクション管理部長」と示されており、デジタル技術に関連する専門家は含まれていない。したがって、文化省の策定する政策においてＩＴ専門家は博物館が雇うべき専門職員として認識されてなかった。博物館のリソースの配分の変更を伴うことから、この項目の推移には各館の方針が反映されていると思われる。

各博物館の裁量によっての採用であったものの、もっとも早いところでは一九九〇年代初頭の最初のコンピュータの導入とほとんど同時にその維持管理のための職員を雇用していた。調査時点において普及が続いていることから、ＩＴ専門家の必要性を感じる博物館がリトアニア国内で増加の途上であったと推察できる。

また、その普及の状況より、「④デジタル化の専門部署の設置」はもっとも普及のハードルが高い事項であったと思われる。ＬＩＭＩＳ導入の前年まで、該当する部署の設置がある博物館は一館のみであったが、その後少しずつ該当する部署の設置が増えていった。ただし、専門部署の設置は博物館全体の運営方針や人員配置にも大きく影響することであり、そもそもすべての博物館で導入ができるとは限らず、グラフの示す鈍い推移はその状況を反映していると考えられる。

以上より、リトアニアの公立博物館のデジタル化の実施状況の推移は、三つの段階を経て普及が進んでいたことが分かった。まずコンピュータの使用が広まった。次に、デジタル化の具体的な手順を行うことや、ウェブサイトの運営が普及した。そして最後に、専門の人員や部署の配置が試みられるようになった。調査時点の二〇一七年においては、リトアニアの公立博物館においてはデジタル化の具体的な手順を行うこととウェブサイトの運営がほぼすべての博物館において行われていたいっぽう、デジタル化のための人員や部署の配置を行う博物館はまだ少数派であったことがアンケート調査から明らかになった。

(4) リトアニアの国公立博物館のデジタル化の成果の推移

前節ではデジタル化の実施の指標となる各項目の導入時期・開始時期に着目した。しかし、導入したからといって一様にデジタル化の取り組みの成果があるとは限らない。この観点より、対象の博物館におけるデジタル化の成果の推移を把握するため、デジタル化に関する文化省公表の統計データをもとに分析を行うこととした。

リトアニアの博物館の統計データにおいて、デジタル化に関する項目は比較的新しいものである。二〇一〇年、リトアニア文化省の公表する統計データの項目にデジタル化に関連するものとして「資料デジタル化年間点数」と「資料デジタル化総点数」が加わった。[3] 本稿執筆時点(二〇二二年八月)で公開されている最新データ(二〇二一年分)においても、これらの二項目のデータは含まれている。「資料デジタル化年間点数」と「資料デジタル化総点数」の二つの指標は、各博物館において毎年行ったデジタル化の実績と、それまでのデジタル化の取り組みの累積である。すなわち、各博物館における毎年及びこれまでのデジタル化の成果を示すものである。

そこで、二〇一〇年から二〇二一年（執筆時現在最新データ）の一二年間のこれらの二項目のデータをもとに、グラフを作成しその分析を示す。

まず、成果の有無の観点から、リトアニアの国公立博物館におけるデジタル化の実施状況を検証した。この検証にあたって、前述の統計データから、デジタル化の成果のあった博物館の館数と成果のなかった館数を算出した。具体的には、「資料デジタル化総点数」が〇点の博物館を「デジタル化非実施館」、一点以上の博物館を「デジタル化実施館」としてそれぞれ集計しグラフを作成した。以上の手順で「資料デジタル化総点数」の集計を行い、各年のそれまでにデジタル化した博物館の数の推移（二〇一〇年から二〇二一年）を図17に示した。また、同様に「資料デジタル化年間点数」の集計も行い、各年の一年間にデジタル化した博物館数の推移（二〇一〇年から二〇二一年）を図18に示した。

まず、デジタル化の成果を出したことのある博物館の増加の推移を分析する。図17のグラフに見るように、ＬＩＭＩＳの開発開始の翌年の二〇一〇年、すでにリトアニアの公立博物館のうちの半数近くが一点以上の資料のデジタル化を行っていた。そしてその数は徐々に増えていき、二〇一七年までには公立博物館のすべてがデジタル化を行うようになっていた。特に増加が顕著だったのは、二〇一一年から二〇一二年（九館増加）と二〇一四年から二〇一五年（十一館増加）だった。この推移は、図16に示したメタデータの入力やデジタル撮影・スキャンの実施開始の博物館数の推移に類似している。したがって、デジタル化に関連する取り組みとデジタル化の成果は連動していると考えられる。

次に、毎年のデジタル化の成果のあった博物館数の推移について述べる。図18のグラフに見るように、毎年のデジタル化を実施した博物館数は増減を繰り返しながら、全期間を通しては増加の傾向が見られた。

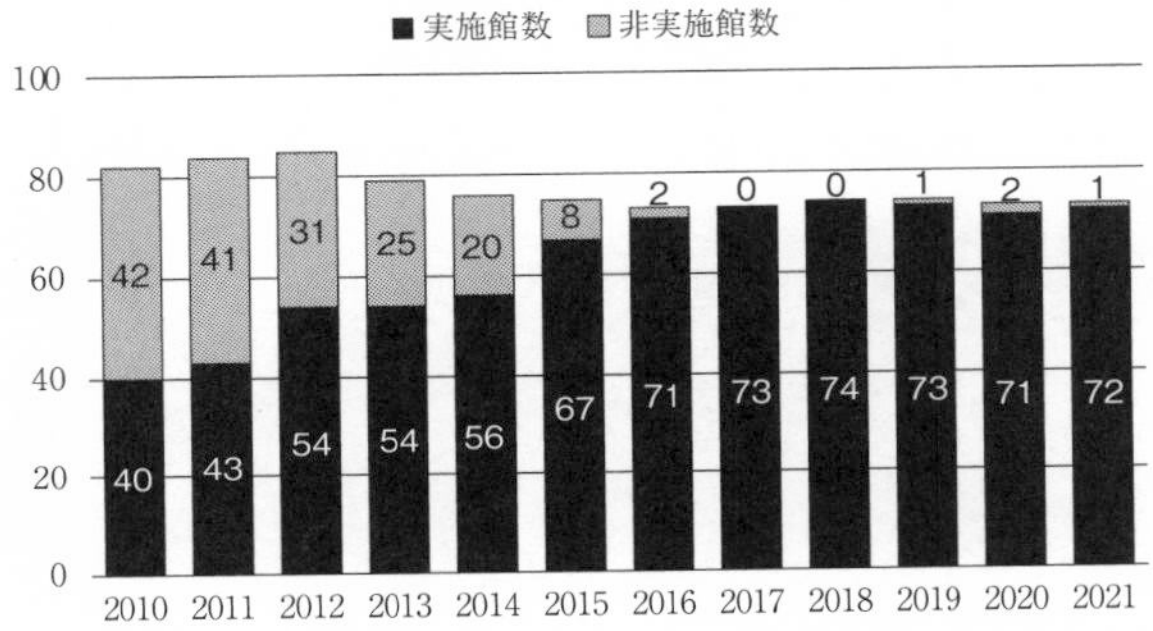

図 17 リトアニアの公立博物館の各年のそれまでにデジタル化した博物館の数の推移（2010 年～ 2021 年）。

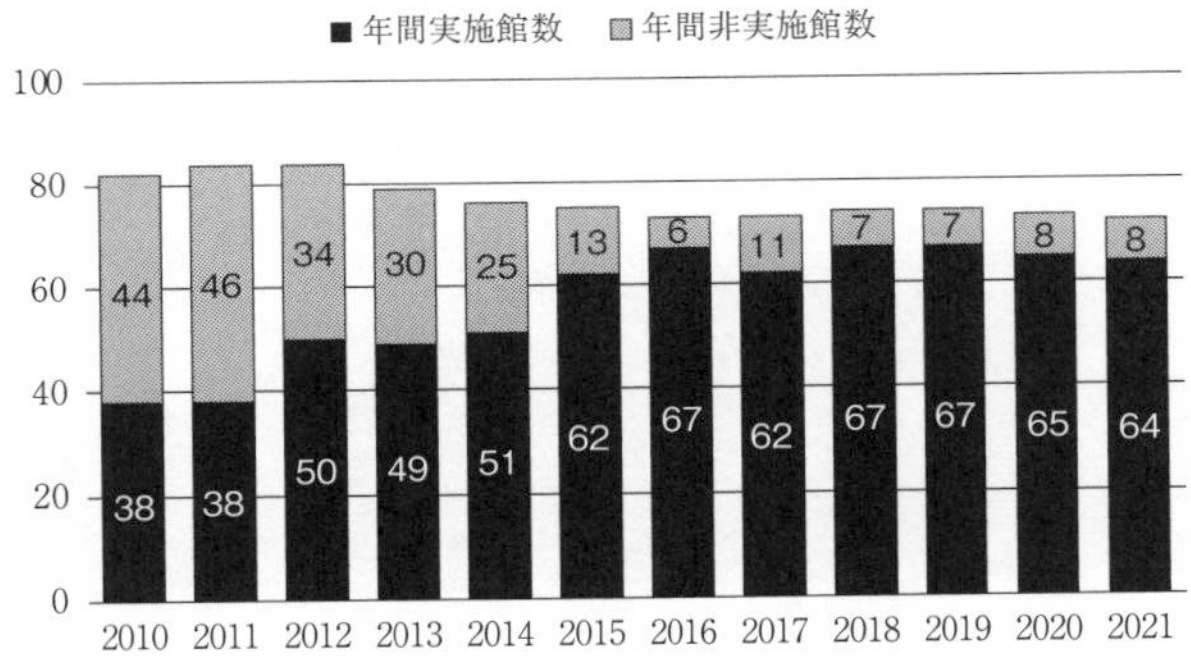

図 18 リトアニアの公立博物館の各年の一年間にデジタル化した博物館数の推移（2010 年～ 2021 年）。

特に増加が顕著だったのは、二〇一一年から二〇一二年（十二館増加）と、二〇一四年から二〇一五年（十一館増加）であり、それまでにデジタル化した博物館の数の推移と同様の傾向を示していた。増加傾向とはいえ、毎年のデジタル化を行っている公立博物館の関数は二〇一六年で頭打ちになり、以降は公立博物館の九割程度がデジタル化に取り組んでいた。これは前述したように、二〇一七年までに公立博物館のすべてがデジタル化を行うようになっていたことを考慮すると、一部の博物館においては、デジタル化を一度行ったとしても、その後継続的にデジタル化したわけではなかったことを示している。

デジタル化の成果に着目した二つのグラフより、二〇一〇年から二〇二一年の間に公立博物館のすべてにおいて、デジタル化の実施が少なくとも一点以上の資料について行われ、二〇一六年以降は全体の約九割の館において毎年デジタル化が行われるようになったことがわかった。

次に、リトアニアの国公立博物館におけるデジタル化の成果の数量的な検証を試みる。二〇一〇年から二〇二一年の毎年分の、デジタル化の成果を検証するグラフとして図19に「資料デジタル化総点数」の推移（二〇一〇年から二〇二一年）と図20に「資料デジタル化年間点数」の推移（二〇一〇年から二〇二一年）を示した。

図19のグラフに見るように、公立博物館におけるデジタル化を行った博物館資料の累計点数の合計は、二〇一〇年には二〇〇万点に満たなかったものの、二〇一五年には倍増し、二〇二一年には一〇〇〇万点を超えた。いっぽう各年のデジタル化を行った資料点数は図20を見るように、増減を繰り返しながらも二〇一〇年から二〇二一年の間に約一・八倍に増えた。したがってデジタル化を行うようになった機関数が増えたのみならず、デジタル化された博物館資料の点数も増えたということである。

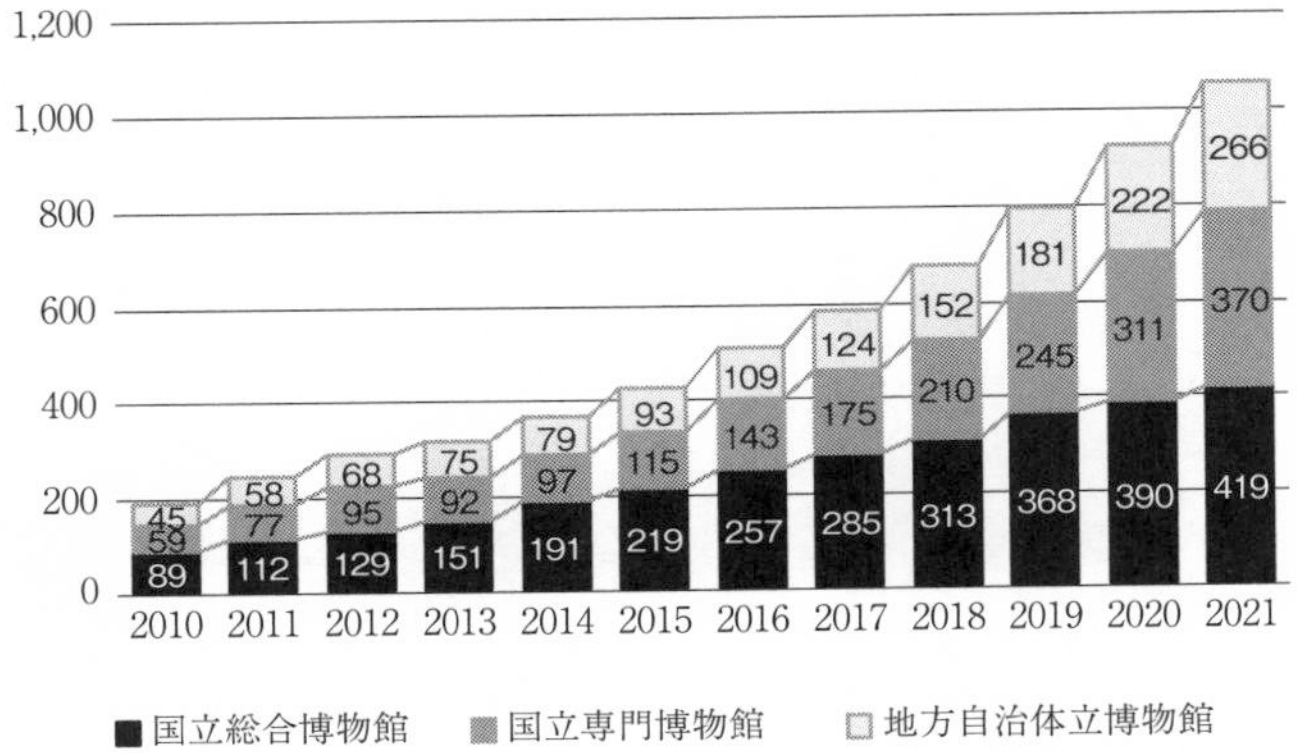

図 19 リトアニアの公立博物館の「資料デジタル化総点数」の推移[4]（1000 点、2010 年～ 2021 年）。

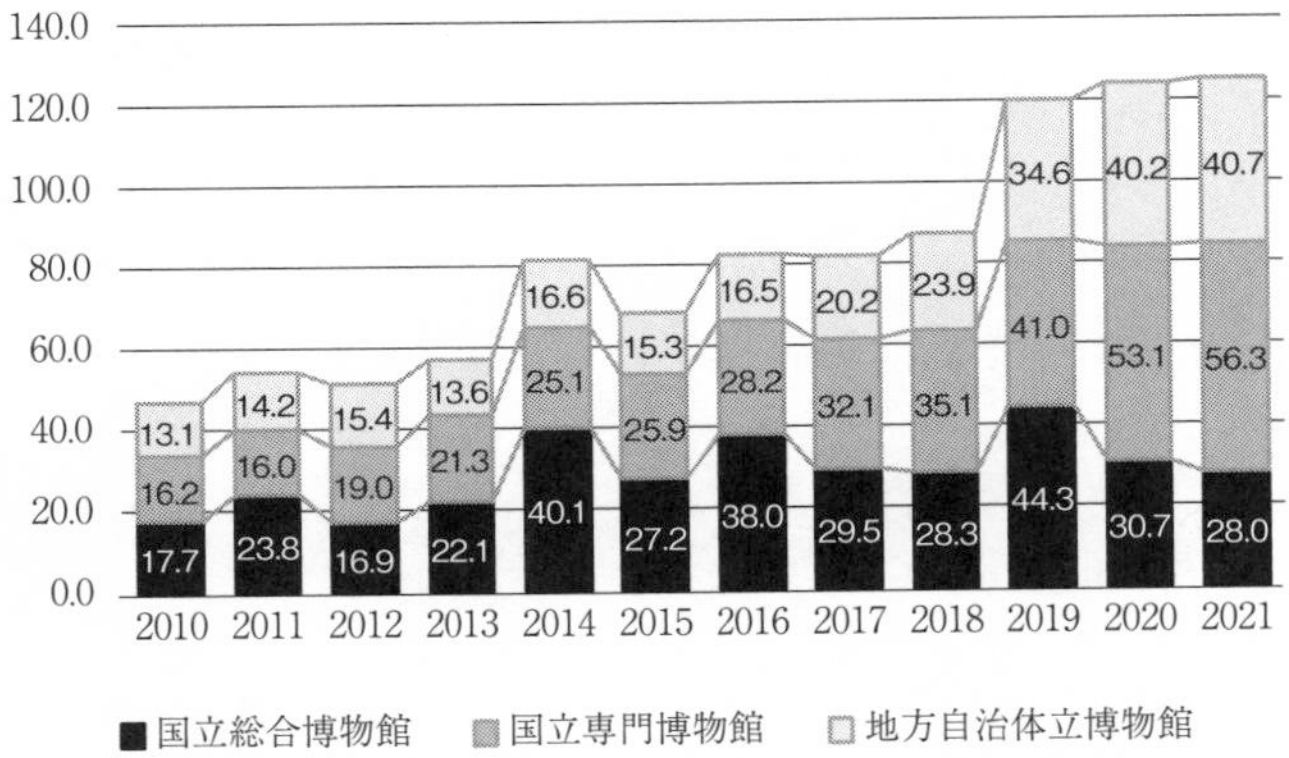

図 20 リトアニアの公立博物館の「資料デジタル化年間点数」の推移[5]（1000 点、2010 年～ 2021 年）。

この増加について、博物館の分類の観点から考察する。図19と図20のグラフは、博物館の分類ごとの数を示している。施設数の点では、いずれの年においても地方自治体立博物館、国立専門博物館、国立総合博物館、の順に多かったが（47頁図13を参照）、逆に図19に見るように、資料デジタル化総点数は、いずれの年においても国立総合博物館、国立専門博物館、地方自治体立博物館、の順に多かった。これは一館あたりのデジタル化を行った総数は、国立総合博物館、国立専門博物館、地方自治体立博物館、の順に多かったということを示している。

他方、図20に見るように、資料デジタル化年間点数の博物館の分類による多寡は年ごとにばらつきがあり、国立総合博物館は増減を繰り返しているが、国立専門博物館と地方自治体立博物館は増加を続けている。国立総合博物館におけるデジタル化は年間合計約四万四千点で頭打ちしているが、ほかの分類の博物館はまだ発展の途上にあると推察される。特に図17に示したように、すべての博物館がデジタル化に一度は着手した二〇一七年以降もデジタル化の点数が増えていることから、一館あたりのデジタル化の点数が増えていると考えられる。

ここで統計データの分析結果が示すデジタル化の実施状況の推移とリトアニアのデジタル文化財政策の時期的な関連を考察する。第二章（３）に前述したように、デジタル文化財政策の文書のうち具体的な目標を示したものとしては、二〇〇九年の政令と二〇一五年の文化省令の二つがあった。これらの文書は、それぞれ二〇〇九年から二〇一三年、二〇一五年から二〇二〇年、期間を限定した形で施行された。しかし図17から図20の四点のグラフに見るように、政策の対象期間に関わらずデジタル化を行った資料点数に顕著な違いは見られなかった。これにより政策の影響を無視できると結論づけるにはデータが不十分であるが、少なくとも、公立博物館は特定の政策のためだけにデジタル化を行っていたわけではないことを示唆している。

他方、この結果は二〇〇九年政令の掲げた、二〇〇九年から二〇一三年の四年間で一〇〇％のデジタル文化財を公開する、といった迅速さを要する目標設定が博物館の対応しうるスピード感と合っていなかったことを示唆している。図17が示したように、そもそも公立博物館すべてにデジタル化の取り組みが普及するようになるまで八年かかっており、デジタル化の普及を達成するためには中長期的な目標設定が不可欠であると考えられる。

（5）調査1のまとめ：リトアニアにおけるデジタル化実践の普及の変遷

本章（調査1）では、リトアニアの国公立博物館おいてデジタル化の実践がどのように行われてきたのか、その変遷と全体像の把握を試みた。具体的には悉皆アンケート調査の結果とリトアニア共和国文化省が公表している統計データを分析し、収集方法の異なる二種類のデータをもとに、実施状況と成果の二つの側面からリトアニアの博物館におけるデジタル化の現状と変遷を辿った。

まず悉皆アンケート調査では、デジタル化に関する六項目（収蔵資料のメタデータの入力、収蔵資料のスキャン又はデジタル撮影、コンピュータの使用、デジタル化の専門部署の設置、ＩＴ専門家の雇用、自館のウェブサイトの運用）に着目し、それらの導入の普及の推移を分析した。また、文化省公表の統計データにより、デジタル化の成果（デジタル化した資料の点数）の推移とデジタル化の継続状況を分析した。その結果、パソコンの普及は一九九〇年代半ばから二〇〇〇年代半ばの間に急激に進んだいっぽう、収蔵資料のメタデータの入力や収蔵資料のスキャンまたはデジタル撮影といったデジタル化のプロセスそのものの普及は、二〇一七年（調査年）までにかけて徐々に普及したことが分かった。また博物館の分類ごとにデジタル化をした資料の点数を分析すると、国立総合博物館は増加が頭打ちの傾向にあったが、地方自治体立博物館は年々増加が拡大する傾向にあった。

本章で扱ったのは、各館の実施の有無やデジタル化した資料の点数といった量的なデータとして分析できるものである。これらが示すのはあくまでも量的な変化にすぎず、各博物館における取り組みの質的な変化や課題の把握には及んでいない。したがって次章以降では、アンケート結果及びインタビュー結果をもとに、博物館におけるデジタル化のあり方について質的な側面から全体的な傾向を明らかにすることを試みる。

注

1 Kapleris 2013.

2 Kapleris 2013.

3 二〇一九年に統計項目の変更に伴い、それぞれ「文化財デジタル化点数（Suskaitmenintų kultūros paveldo objektų skaičius）」と「デジタル文化財およびデジタル化文化財の総点数（Suskaitmenintų ir skaitmeninių kultūros paveldo objektų skaičius iš viso）」に名目が変更したが実質は同じ指標である。本書では、変更前の指標名称に統一して扱う。

4 統計データのうち、二〇一〇年と二〇一一年のKauno Tado Ivanausko zoologijos muziejus、及び、二〇一〇年の

Respublikinis Vaclovo Into akmenų muziejus、二〇一〇年から二〇一二年の Lietuvos nacionalinis dailės muziejus の値に異常値が見られたため、前後の年のデータを参照し修正した。

5　統計データのうち、二〇一〇年と二〇一二年の Kauno Tado Ivanausko zoologijos muziejus、及び、二〇一〇年の Respublikinis Vaclovo Into akmenų muziejus の値に異常値が見られたため、前後の年のデータを参照し修正した。

第四章　地方自治体立博物館の課題（調査2）

（1）デジタル化の着手と継続の隔たり

前章ではリトアニアの博物館におけるデジタル化の実施状況の全体的な傾向を分析した。まず悉皆アンケート調査より、リトアニアの博物館においては概ねすべての博物館においてデジタル化が開始されていたことが分かった。他方、文化省の統計データの分析より、デジタル化が開始されたからといって、その博物館においてデジタル化が継続されているわけではないことが示された。調査1を行った時点では、一度デジタル化を始めた博物館は、そのままずっとデジタル化を続けていくという前提に立っていた。しかし、その前提自体が必ずしも正しくはなかったということである。

では、なぜデジタル化が必ずしも継続されないのだろうか。継続を妨げるデジタル化の課題を理解することが、その問いへの答えとなるだろう。そこで、特にデジタル化を始めてから日が浅い博物館に着目して、それらにおけるデジタル化の課題を調査することにした。

前章の調査結果からリトアニアの国内のデジタル化の傾向として述べたように、デジタル化に関連する実施項目は二〇〇〇年から二〇一七年にかけて徐々に普及していた。換言すると、調査時点（二〇一七年）において、まだデジタル化を始めてからあまり時間の経過していない博物館が少なからずあるようであった。しかし、国立博物館は文化大臣令「国立総合博物館および国立専門博物館におけるＬＩＭＩＳの導入について」（第二章表2表番号9）によって二〇〇九年にＬＩＭＩＳの開発を始めた時点でのＬＩＭＩＳへの登録が求められていた。ＬＩＭＩＳへの登録はデジタルデータの作成を伴うものであり、国立博物館は調査時（二〇一七年）において、すでにデジタル化を始めてからある程度（七年）の時間が経っていた。したがって、国立博物館以外の国公立博物館である地方自治体立博物館には、デジタル化を開始して間もない館が含まれると考えられる。

このような背景においてリトアニアの博物館におけるデジタル化の課題についての調査を行うにあたり、地方自治体立博物館を対象とすることにした。調査対象についての詳細は次節に述べることとする。地方自治体立博物館におけるデジタル化の課題を明らかにすることを通して、デジタル化の着手後にその活動が滞る要因を探る。

（2）調査方法：悉皆アンケート調査と自由記述形式回答の分類

本節では、前述した問題意識をもとに実施したフィールド調査について、その実施方法を述べる。調査の手法は、調査対象者に質問紙を配布して回収してデータを得るアンケート調査であった。以降では、アンケート調査を行った際の調査対象、データ収集方法、データ分析方法を述べる。

表5　分類ごとのリトアニアの国公立博物館の規模を示す指標の比較

		国立総合博物館	国立専門博物館	地方自治体立博物館
収蔵資料点数（点）	1館あたりの平均	533,664	176,527	39,214
	合計	2,134,657	2,647,906	2,117,542
職員数（人）	1館あたりの平均	268	69	17
	合計	1,071	1,041	939
来館者数（人）	1館あたりの平均	223,738	94,583	21,718
	合計	894,952	1,418,749	1,151,052

調査対象

本調査ではリトアニアの地方自治体立博物館を対象とする。地方自治体立博物館は、その全体としては国内で国立博物館と同様の社会的なプレゼンスを示している。国公立博物館について、文化省の統計データより、調査を行った二〇一七年現在の国公立博物館の収蔵資料点数、職員数、来館者数を分類ごとに比較する（表5）。地方自治体立博物館の一館あたりの平均値はいずれの指標についても他の分類よりも小さいものの、分類ごとの総計を比較すると、国立総合博物館、国立専門博物館、地方自治体立博物館の三分類は同程度であった。

地方自治体立博物館は二〇一七年現在五四館あった。この調査ではサンプリングを行わずに、五四館すべてを対象とした悉皆調査を行うこととした。

データ収集方法

悉皆アンケート調査は二〇一七年に行った。アンケートの質問紙は、二〇一七年一一月に対象の博物館宛に電子メールと郵送で配布した。回答は電子メールと郵便で回収した。アンケートへの回答は、対象五四館のうち五〇館から得た（N=50）。リトアニアの地方自治体立博物館の約九三％が本調査へ回答した。調査の便宜上、本アンケート調査は調査1のアンケート調査と同時に実施した。

悉皆アンケートに用いた質問紙は、多肢選択形式、短答形式、自由記述形式の質問で構成した。アンケートの前半部分は、対象の博物館のデジタル化に関連する背景を把握するために多肢選択形式と短答形式の設問を採用した。これらの質問は、各博物館がデジタル化にどのように取り組んできたのかを示すのに必要な情報を得ることを目的としていた。その内容は、博物館のコレクション（現物資料）やデジタルデータの管理方法、LIMISの利用とその目的、デジタル化のための組織体制等である。後半は自由記述形式の質問で、直接デジタル化の課題を記述するように設定した。質問紙に記載した質問項目は表6に示した通りである。質問紙と回答の言語はいずれもリトアニア語であった。

このアンケートの回答者として、各博物館のデジタル化の状況を把握している担当責任者を想定した。質問紙の配布時、回答を依頼する文書（メール・手紙）においてその旨を明記した。表5に示した通り、地方自治体立博物館は規模が小さく職員数が少ないため、管理職員であっても館内の業務や専門職員の状況を十分把握しているという前提のもと、この調査方法により館内のデジタル化実施の課題が明らかにできると判断した。

データ分析方法

悉皆アンケート調査（N=50）により、回答した五〇館の各博物館から表6に示した六問の質問に対する回答が得られた。多肢選択形式および短答形式の質問（Q1-1、Q1-2、Q1-3、Q1-4）への回

表6　調査1の悉皆アンケート調査に用いた質問紙の質問項目

質問番号	質問・回答形式・選択肢	
Q1-1	質問	デジタル化されたデータをどのように管理していますか？
	選択肢	a）LIMIS
		b）他の電子システム
		c）電子システムは用いていない
Q1-2	質問	どのように収蔵資料を管理していますか？
	選択肢	a）紙の帳簿
		b）電子システム（LIMIS を含む）
		c）紙の帳簿と電子システムの両方
Q1-3	質問	デジタル化はどの部署が担当していますか？（短答形式回答）
Q1-4	質問	LIMIS の利用目的は何ですか？
	選択肢	a）管理のみ
		b）管理と広報は両方ともだが、管理の方が重要である
		c）管理と広報の両方が重要である
		d）管理と広報の両方ともだが、広報の方が重要である
		e）広報のみ
Q2-1	質問	デジタル化について、職員からの反対意見等ありましたか？あった場合、どのように解決しましたか？（自由記述形式回答）
Q2-2	質問	あなたの博物館におけるデジタル化の現在の課題は何ですか？（自由記述形式回答）

答については、集計を行い回答数とその割合を示す横棒グラフを作成した。

各館内のデジタル化の課題に関する自由記述形式の質問（Q2－1、Q2－2）への回答は、回答者がリトアニア語で記述したテキストの形式で得られた。テキストの分析にあたっては、まず独立したカテゴリーに分類した。Q2－1への回答は三つの分類に、Q2－3への回答も三つの分類に分かれた。分類をもとに、自由記述回答を引用しながら、デジタル化の課題についての分析と考察を行った。なお、いずれの質問についてもリトアニア語で回答を得たため、筆者が日本語に翻訳をした。

以降では、まず多肢選択形式及び短答形式の質問への回答を集計したものをグラフとして示し、分析を行う。また記述回答形式の質問への回答を分類することにより、博物館におけるデジタル化の課題がどのようなものであるのかについて分析する。これらをもとに、小規模博物館であるリトアニアの地方自治体立博物館におけるデジタル化の実施とその障壁について明らかにする。

（3）博物館内でのデジタル化の運用とその方針

本節では、小規模博物館である地方自治体立博物館におけるデジタル化の課題の分析に先立ち、対象の各博物館におけるデジタル化の運用状況について、調査結果をもとに整理する。表6に示したように、アンケート調査の質問項目のうちの四問（Q1-1〜Q1-4）は、博物館におけるデジタル化にまつわる周辺の状況を示すものである。これらの回答（N=50）を集計し横棒グラフでその分布を表すこととする。質問番号、質問文、グラフの図番号は次の通りである。

●Q1-1「デジタル化されたデータをどのように管理していますか?」（図21）
●Q1-2「収蔵資料をどのように管理していますか?」（図22）
●Q1-3「デジタル化はどの部署が担当していますか?」（図23）
●Q1-4「LIMISの利用目的は何ですか?」（図24）

前半の二問は、館内の収蔵資料関連の情報の管理方法についての回答を得ることを目的としたものである。質問Ｑ1‐1は、デジタル化をした後のデータ管理についてであり、質問Ｑ1‐2は、現物の資料を博物館がどのように管理しているのかについて問うものであった。後半の二問は、博物館の活動全般におけるデジタル化の位置づけを簡潔に把握することを目的としたものである。質問Ｑ1‐3は、組織内のデジタル化の立ち位置を確認するため、デジタル化の担当部署についての回答を得ることを目的とし、質問Ｑ1‐4は各館における博物館活動とデジタル化の関連を理解するために、ＬＩＭＩＳの利用目的の把握のためのものである。デジタル化の目的ではなくＬＩＭＩＳの利用目的としたのは、調査時点（二〇一七年）において、対象の博物館においてデジタル化（skaitmeninimas）の語についてコンセンサスが取れているとは限らなかったため、共通で導入していたシステムであるＬＩＭＩＳの利用について聞くことにより、間接的にではあるが共通理解のある語によってデジタル化を行う目的を把握することを目指した。

図21に示した質問Ｑ1‐1への回答の分布によると、九割近くの回答者の博物館において、ＬＩＭＩＳを利用したデジタル化データの管理をしていた。この文脈におけるＬＩＭＩＳとは、サブシステムのＬＩＭＩＳ‐Ｍ（第二章（4）を参照）であるとの前提で選択肢を設定した。デジタル化データを管理するにあたりデータ管理システムを用いていなかったのは三館のみだった。したがって、ＬＩＭＩＳの導入によって、電子システムを用いたデジタルデータ管理も普及したと思われる。

いっぽう現物の収蔵資料の管理方法については、回答が二分した。図22に示した質問Ｑ1‐2への回答の分布によると、回答者の半数以上は紙の帳簿のみを用いて収蔵資料管理を行っており、残りの約半数は電子システムと紙の帳簿を併用していた。紙の帳簿とは、「収蔵資料取り扱いガイドライン」が示す「博物館収蔵資料管理簿」及び「収蔵資料目録」のことである（第二章（2）50頁、51頁参照）。ほとんどの

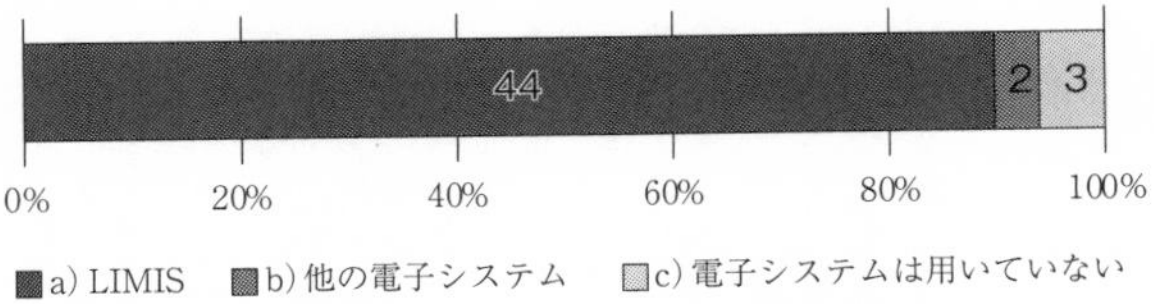

図 21　Q1-1「デジタル化されたデータをどのように管理していますか？」への回答数とその割合（N=50）。

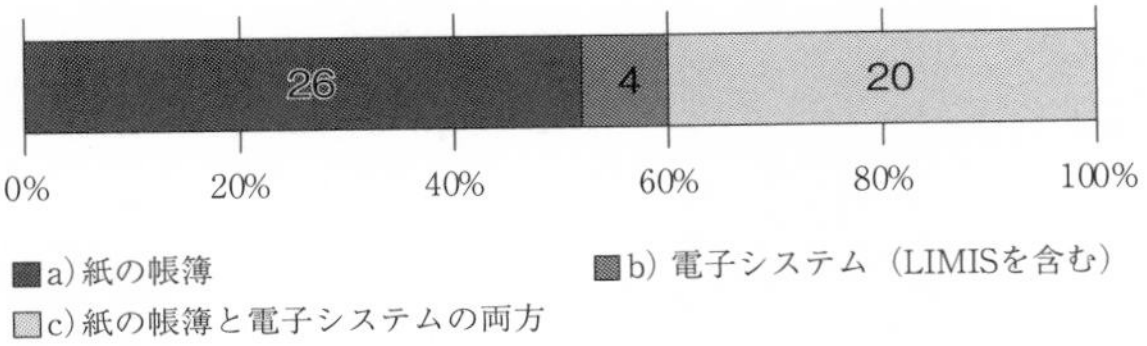

図 22　Q1-2「収蔵資料をどのように管理していますか？」への回答数とその割合（N=50）。

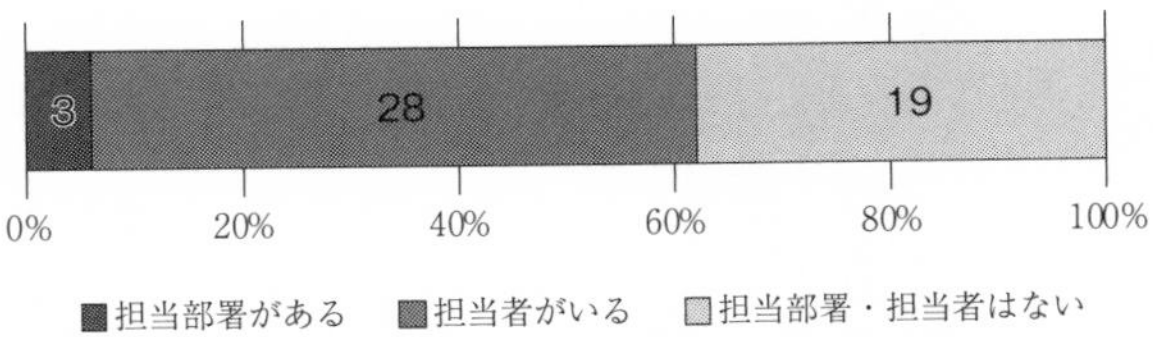

図 23　Q1-3「デジタル化はどの部署が担当していますか？」への回答数とその割合（N=50）。

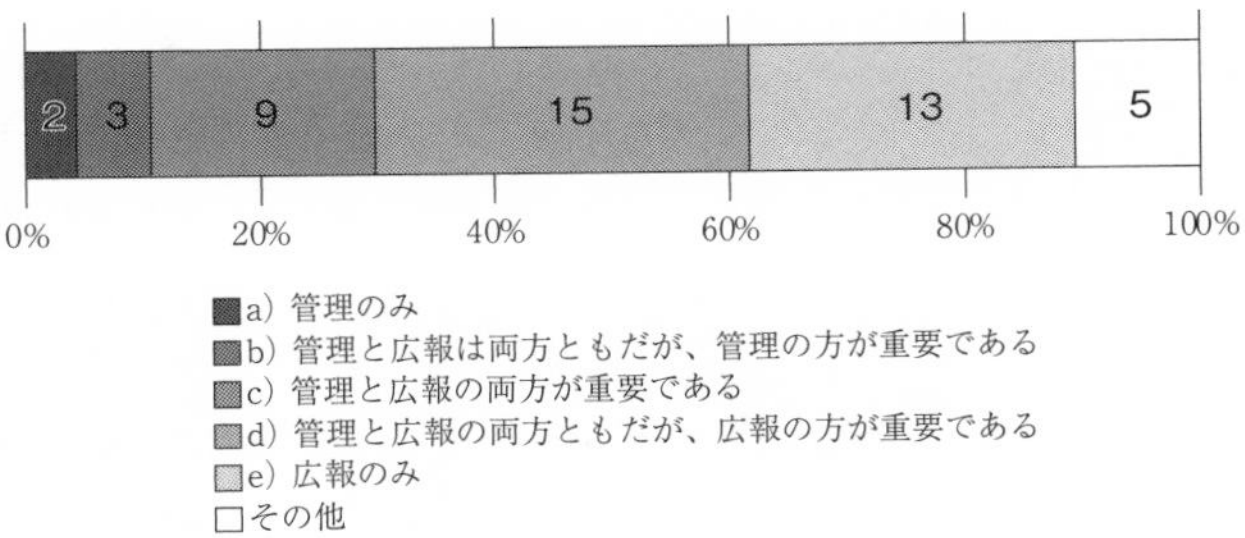

図 24　Q1-4「LIMISの利用目的は何ですか？」への回答数とその割合（N=50）。

博物館が「紙の帳簿」のみもしくは「紙の帳簿」と電子システムの併用により収蔵資料管理を行っていたことは、当時、ガイドラインによって原則「紙の帳簿」を用いることが定められていたことと符合する。ただし、四館のみの少数派ではあるものの、LIMISと電子システムのみを使っているという回答もあった。また、Q1-1のみ、無回答の館はなかった。

図23に示したグラフは短答形式の質問Q1-3への回答の分布を示すものである。質問紙を作成した際は、博物館における分担の単位が部署ごとであると想定していた。そのため、デジタル化を担当する部署を問う短答形式を採用した。しかし、該当する部署があると回答したのは三館のみであった。デジタル化を担当する部署がない場合、回答は職員単位でデジタル化を担当している場合と担当部署や担当者を定めていない場合の二種類あった。多数派は職員単位でのデジタル化を担当していたものの、四割近くの博物館は誰がデジタル化を担当するのかさえ定めていなかった。

担当者や部署を定めていないとの回答は、デジタル化を行っていないということを意味しているとは限らない。前節において二〇一七年までにすべての博物館がデジタル化に着手し、二〇一七年以後は公立博物館の約九割が毎年デジタル化を行ったことは、統計データから明らかであった。また二〇一七年時点においての、ほぼすべての博物館において、デジタル化に関連する手順である「メタデータの入力」と「収蔵資料のデジタル撮影とスキャン」の実施を開始していた。すなわち、誰がデジタル化を行うのか特段定めないままデジタル化を行っていた博物館が一定数あったことを、この結果は示している。

図24はそれぞれの博物館によるLIMISの利用目的についての回答の分布を示すものである。第二章（4）に述べた通り、LIMISの主な機能は三つのサブシステムに代表される収蔵資料の管理（LIM

ＩＳ－Ｍ）、データの集約（ＬＩＭＩＳ－Ｃ）、公開（ＬＩＭＩＳ－Ｋ）である。このうち各館の活動に関わるのは管理と公開（広報）であるため、これらのうちのいずれが重要であるのか、両方重要であればその優先順位について、選択肢を五つ設定した。

管理と広報に焦点を絞ると、より重要視されていたのは広報であった。過半数の博物館において、広報の優先順位がより高かった。いっぽう管理の優先順位のほうが高いとみなしていた博物館は回答者の二割未満であり、管理のみの目的でＬＩＭＩＳを用いていた博物館は二館のみであった。この結果を質問Ｑ１－２への回答が示した事柄（電子システムのみで収蔵資料管理を行っている博物館がごく少数であったこと、および、約半数の自治体の博物館がコレクション管理のためにデジタル化システムを利用していないこと）に照らすと、アンケートの対象であった地方自治体立博物館においてＬＩＭＩＳの管理の機能がうまく活用されていなかった可能性が高い。すなわち、デジタル化を行いＬＩＭＩＳにデータを共有するにあたり、対象の博物館は収蔵資料を公開することのほうに重きを置いていたというよりも、収蔵資料の電子管理の意義をあまり理解していなかったと思われる。

以上より、調査の対象である地方自治体立博物館におけるデジタル化にまつわる周辺の状況として、次の四つのことが明らかになった。まず、ＬＩＭＩＳはすでにデジタルデータを管理するためのシステムとして普及していた。ほとんどの博物館がアナログな紙の帳簿での収蔵資料管理を続けており、その半数が電子管理を併用していた。また、ほとんどの地方自治体立博物館においてデジタル化を担当する部署は定められておらず、担当者さえ定めていない機関も多数あった。さらに、デジタル化を行いＬＩＭＩＳを利用する目的としては公開（広報）が主だっていたが、その原因として電子管理の普及の途上であったことを反映したものだと考えられる。したがって、地方自治体立博物館においては、デジタル化はすでに行われ、そのための共通システムのＬＩＭＩＳの利用は進んでいたものの、その意義は十分に理解されず、組織体制も不十分であったといえる。次節では、このような前提条件において対象の博物館にはどのようなデジタル化の課題があったのかについて分析する。

（4）専門職員にとってのデジタル化の障壁

博物館がデジタル化を行うにあたっての障壁について明らかにするにあたって、まずは博物館でデジタル化に取り組む職員が直面した課題を整理し分析する。専門職員とは、第二章（2）に述べたリトアニア国内の博物館で収蔵資料等についての専門的な職能を持つ職員のことである。回答者の回答する範囲を狭めずに専門職員の直面する課題について把握するため、自由記述形式の質問により回答を得ることとした。

このアンケート調査は前述したように、各博物館のデジタル化を担当する責任者が回答することを想定して行った。この方法では各博物館の代表者の回答は得られるものの、各館でデジタル化を担当している各専門職員から直接回答を得ることはできない。したがって、間接的な質問形式の質問Ｑ２－１「デジタル化について、職員からの反対意見等ありましたか？　あった場合、どのように解決しましたか？」を設定した。回答者である各館のデジタル化を担当する責任者より、これまでに受けたデジタル化に対する反対意見等についての回答を得た。

回答者五〇名のうち、質問Ｑ２－１に回答したのは四一名、無回答が九名であった。回答をした者のうちの一三名が、これまでに専門職員による反対意見等があったと回答した。ただし、そのうちの三名はどのような反対意見等があったのかについては言及せず、どのように解決したのかについてのみ記述をしていた。これまでに反対意見等はなかったと回答したのは二八名であった。以降では、これまでに専門職員による反対意見等があったと回答した一三名の回答を対象として分析を行う。前述したように、このアンケートの回答者はすべてリトアニア語であったため、分析に先立ち筆者が回答を翻訳し、翻訳したテキストを独立した複数の分類に分けた。自由記述問題の性質上、同一の回答者が複数の事柄について記述している例があったため、その際は回答を区切って別々に分類することとした。

回答のテキストを分類した結果、「機材」、「技能」、「作業量と人的資源の不均衡」の三分類に分けられた。それぞれの分類について、回答のテキストとともに述べることとする。

機材

まず、博物館においてデジタル化の手段として必要な機材にまつわる課題を述べた回答が「機材」に分類された。この分類に当てはまる代表的な回答としては、「デジタル化のプロセスに必要な機器が不足している」というものがあった。

主な課題となった機材はコンピュータであり、台数や機能が不十分である点が挙げられた。例えば、「コンピュータを使って働きたいという人の数が、使える〔コンピュータの〕数を上回っている」博物館があった。これは、職員がデジタル化を行うための職場環境が整備されていなかったことを示唆している。また、「コンピュータを使うことについての不満は見られていないが、コンピュータが古いことに不満があるようだ。よく〈コンピュータが〉固まっている」という回答もあり、ただコンピュータがあるだけではなく、デジタル化を行うにあたり支障のない質のものの必要性を示唆していた。ほかにも「スキャナーの質」について職員からの不満があったという回答もあり、デジタル化のための機材の量と質がともに充足していないと、専門職員がデジタル化を行うことの障壁になることを示していた。

これらの機材の不足（もしくは欠如）への解決策は、購入することであった。例えば、「新しいコンピュータを導入し、インターネット接続を改善した」博物館や、「〈必要な機材が無かったが〉コンピュータとスキャナーと撮影機材を購入した」博物館、「コンピュータとデジタル化や撮影に必要な機材は数年ごとに買い換えている」博物館が見られた。他方、すべての博物館においてその手段をとれるわけではなく、「追加の機材を買う財源がない」といった回答や、「新しい機材の〈買い替えのための〉財源がない」という回答があった。

「機材」に該当するこれらの回答は、デジタル化をすることそのものに対する反対意見や不満ではなく、デジタル化に取り組むことへの妨げとなっている事柄の指摘であった。デジタル化を行う専門職員が、デジタル化を行うにあたっての課題を指摘していたということは、デジタル化の取り組みへの積極的・前向きな姿勢の反映であると考えられる。他方、解決には博物館内の財政的な余裕が不可欠であり、障壁となったのは個々の職員のコントロールの及ばないことであった。

技能

次に、各館において専門職員がデジタル化を行う際に必要な技能に関する回答が「技能」に分類された。

特にデジタル化関連の技能に関して言及されたのは、年配の職員のうちコンピュータをうまく使えない人々であり、二通りの解決策が回答に示されていた。一つは、人員を補充するというもので、「年配の職員にとってデジタル化の仕事をするのは大変なことだったため、技能のある担当職員を雇った」との回答が見られた。もう一つは、使い方を習得させるというもので、「何人かの年配の職員はコンピュータを使うことが困難だったが、現在〔アンケート回答時点〕は一三人の職員すべてが使い方をよく分かっている」といった博物館もあった。

これらに見るように、個々の博物館職員にとってデジタル化を行うにあたって障壁となる「技能」とは、デジタル化に特化した技能というよりも、デジタル化を行う前提としてのコンピュータを使いこなす技能を指すものであったといえる。

作業量と時間の不均衡

最後に、「作業量と時間の不均衡」に分類されたのは、デジタル化によって就業時間に対して博物館の業務が過大になり、職員の仕事の負担が増えたことを示す回答である。例えば、「追加の仕事量に対して不満があった」という博物館が見られた。さらに、デジタル化が追加の負荷であることが前提となっている様子を示す回答として、「不満はなく、私たちは収蔵資料管理における追加の仕事を受け入れている」というものもあった。デジタル化の導入時、それは職員にとってはあくまでもデジタル化は受け入れるべき「追加の仕事」だったということである。

この状況をさらに具体的に示した回答では、「新たな部署を設立するどころか職員を雇う余地もなく、追加の人件費を払ったり（中略）する財源もない」といった財政的な困難さが示された。また、運用面においては「現在、教育プログラム、プロジェクト、収蔵資料査定、イベント等、すべての仕事を二人の職員で行わなければならない」博物館があった。これは、デジタル化によって発生した課題というよりも、そもそも少人数で多岐に渡る活動を遂行しているにもかかわらず、新たに職員を雇用できない小規模博物館の課題がさらに深刻化したものであるといえる。

以上に述べた、「作業量と時間の不均衡」という職員にとっての課題は、小規模博物館の構造的な問題を反映したものである。博物館がデジタル化を始める際に追加の人員を配置できない場合、従来の職員数で従来の博物館活動と新たに導入されたデジタル化の両方をこなすことになる。元々少人数の博物館においてそのような状況になった場合、職員一人ひとりにかかる負担はその分大きくなってしまい、デジタル化の導入後に館内の仕事量とそれをこなす人手（と従事できる時間）のバランスが崩れてしまった様子が回答に示されていた。

ここまで、アンケートへの自由記述解答の分類により博物館における職員が直面したデジタル化への課題の三つの分類として「機器」、「技能」、「作業量と時間の不均衡」を示した。これらが示すのは、質と量が十分な機器、個々の職員のパソコンを使いこなす能力、デジタル化を行うための十分な人員配置の実現が、博物館の専門職員がデジタル化に取り組む障壁を取り払うことに必要であるということである。

三つに分類された専門職員にとってのデジタル化の課題はすべて、デジタル化導入によって生じたひずみだといえる。「機材」については、これまでに博物館内の活動で主に必要とされてこなかった設備が、デジタル化のために新たに必要不可欠となったことにより不足が表面化した。また、「技能」と「作業量と時間の不均衡」については、これまでの博物館の専門職員の職責の範囲には含まれていなかった仕事がデジタル化によって発生したことにより、専門技能のミスマッチや人員配置のバランスが崩れるといった課題が発生したものと見られる。そして、本章で対象としている小規模博物館は、規模の小ささゆえの組織としてのレジリエンスの低さによって、これらの課題が表出しやすかったのではないかと考えられる。

また、博物館専門職員のデジタル化に対する反対意見のほとんどが、それぞれの判断や裁量では満たされない事柄に対するものであった。ただし、それらはデジタル化に対する反対意見や不満についてであるにもかかわらず、多くの回答者はデジタル化そのものに対しては前向きであり、実施のための整備がなされていないことが課題として挙げられていた。ただし、これらはあくまでも責任者や管理者の立場に把握されているものであり、この調査では明らかにしきれていない潜在的な課題が存在する可能性が十分にある。

（5）組織としての博物館にとってのデジタル化の障壁

次に、組織としての博物館における、デジタル化を行うにあたっての課題についての分析を行う。博物館においてデジタル化は個々の職員が取り組むことによって成り立っているいっぽう、博物館という組織的な枠組みのなかに位置づけられた取り組みである。したがって、博物館全体（館内の組織全体）におけるデジタル化の課題を把握するために、自由記述形式の質問により回答を得ることとした。

アンケート調査は、前節において述べたように各博物館のデジタル化を担当する責任者がアンケートに回答することを想定して行った。想定した回答者は館内で博物館にとっての課題をもっともよく把握している可能性が高く、直接的な質問が適していると思われたため、質問Q2-2「あなたの博物館におけるデジタル化の現在の課題は何ですか？」を設定した。

アンケートへの回答者五〇名のうち、Q2-2へ回答したのは四二名、無回答であったのは八名であった。回答を書いた者のうち、三九名がデジタル化に関連して現在課題があるとして、具体的にその内容を記述した。また、三名の回答者は「ない」と記述した。以下では、現在デジタル化の課題があると回答した三九名の回答を対象として分析を行う。この質問への回答についても、分析に先立ち筆者が回答を翻訳し、翻訳したテキストを分類した。

得られた回答の記述のうちのほとんどは、「財源不足」の一言に要約できる。そこで、「財源不足」の影響を分類することによって、組織としての博物館の課題の分析をする。財源不足の影響は、「設備の不足」、「専門人材の不足」、「専門部署の不足」の三つの分類に分けられた。それぞれの分類について、回答のテキストとともに述べることとする。

設備の不足

自由記述回答のうち、より質の高いデジタル化のための手段に関する課題が「設備の不足」に分類された。端的にその状況を表す回答として、「デジタル化の機器が不足している」や「専門的な撮影機材がない」等の様々な表現が見られ、撮影機材の不足を示す回答は一七人が記述していた。

具体的な不足の状況については、「技術基盤を更新したり拡張したりするための財源がない」といった説明があった。それらのなかには、撮影機材のみならず、根本的な課題としてデジタル画像を作成するための場所が館内にないことも挙げられた。例えば、「収蔵資料を高画質でスキャンするための機械がなく、しかも収蔵資料のデジタル化に使える部屋がない」博物館や、「撮影のための写真スタジオがなく、書籍のスキャンのための特別なスキャナーもない」博物館があった。

いっぽう設備の不足への対応として、リトアニア国立美術館内のLIMISセンター（第二章（4）参照）の支援を得たという回答もあった。一つは、特別な機材を使う点においての支援であり、「大きなスキャナーがない。収蔵資料のうち大きなものはLIMISセンターでスキャンしている」とのことだった。もう一つは、LIMISの出張デジタル化プロジェクト（第二章（4）71頁参照）を活用した例であり、「館内で〔立体のものを〕デジタル化することができない。けれども、有難いことに二〇一七年にLIMISセンターから専門家が来て三〇〇点の資料の撮影をしていった」といった支援を受けていた。これらは、デジタル化を小規模博物館が進めていく上で、二〇一五年の文化省令が定めた「デジタル化技能拠点」（第二章（3）を参照）が機能した例であるといえる。

撮影機材のほかにもデジタル化を支える技術的な基盤の問題も見られた。例えば、「主な課題は遅いインターネット〔接続〕。来年は必ずプロバイダーを変えたい」といったものがあった。また、「LIMISを使うのは不便だ」といった、共通で使っているシステムのLIMISに関する回答もあった。さらに詳しい回答には、その短所として「サイバー攻撃から守られておらず、とても使いにくく、しばしばクラッシュしてデータが歪み、不必要な入力項目が多く、収蔵資料管理には使えない」との説明があった。

ＬＩＭＩＳは本アンケートに回答した博物館の約九割が使っていた（図21参照）にもかかわらず、デジタル化の課題に関連してＬＩＭＩＳに言及した回答は少数であった。その背景として、収蔵資料管理をＬＩＭＩＳ等の電子管理システムのみで行っている博物館はごくわずかであった（図24参照）ことが考えられる。つまり、ＬＩＭＩＳがほとんどの博物館において問題なく使えるシステムであるというよりも、ほとんどの博物館においてＬＩＭＩＳの欠点を認識できるレベルまで使いこなせていなかったと思われる。

以上より、「設備の不足」として挙げられた課題とは、デジタル化を最低限行うための整備というよりも、博物館の活動としてのデジタル化の質を向上させるものを指していた。また、デジタル画像の作成手段に関する回答数の多さから、博物館におけるデジタル化の目的として、収蔵資料のデジタル画像を作成することの比重が大きいことも示していた。他方、専門職員の課題と比較すると、コンピュータの質や量の不足が主立っていた専門職員の課題に対して、組織としての博物館にとってはデジタル化を既に行っているなかで運用上の支障が主だっていた。

専門人材の不足

次に、博物館内でデジタル化を行う職員の不足についての回答は、「専門人材の不足」に分類された。「人的資源の不足」と端的な記述が複数見られたものの、分類された回答においては大きく分けて二種類の専門人材が指摘されていた。すなわち、デジタル化に関わる専門性のある人材、及び、フルタイムでデジタル化に従事できるポストに就いている人材である。

まず、技術的にデジタル化に特化した専門家についての回答は、「ＩＴの専門家がいない」といった概要的なもののほかに、具体的にどのような人材を求めているのかが記述されていたものもあった。例えば、「現在は収蔵資料を撮影できる館内の写真家がいない」という回答は、収蔵資料のデジタル画像を作成する場合には、技術のある専門職員による撮影のほうが望ましい、という考え方を反映していると思われる。具体的な専門家の不在が認識されていたことは、博物館内でデジタル化のためのより高いレベルの専門性が求められていたことを示している。

また、専門性のある人材がいたとしても、その数が不足していた状況の反映として、フルタイムでデジタル化に従事できる職員の不足が指摘されていた。例えば、「デジタル化のみに従事できる専門職員がいない。数人のデジタル技術の専門家はほかにもたくさんの仕事があるため、時間がある時だけデジタル化している」博物館が見られ、「館内にデジタル化のみに従事する職員がいない。そのため、複数の専門職員によってこの仕事が実施されている。彼らは撮影をし、スキャンをし、メタデータを入力している」といった状況を説明した回答もあった。

これらが示唆するのは、デジタル化関連の専門性を持つ職員がいたとしても、館内の他の活動においてもその職員の他の専門性が必要である場合、仕事量に見合った職員数を確保できていないと、デジタル化を行う十分な時間が取れなかったり、職員に過大な負荷がかかってしまったり、といったことが起こることである。その背景として、博物館の活動範囲が大きいことが挙げられている。例えば、

この博物館の、地域のための、という性質から、たくさんの仕事をしないとならない。調査、研究、来館者への対応、収蔵資料の査定、その他があり、デジタル化のためにとれる時間はわずかである。

といった回答は、小規模博物館に起こっている具体的な状況を物語っている。

以上に言及した回答は、アンケート調査のほかの質問への回答からも裏づけられる。前節に前述した専門職員の課題のうち「作業量と時間の不均衡」は、同様の事象をデジタル化に従事する側の視点から捉えたものであるといえる。デジタル化のためだけに働く人がいないために、ほかの業務がある人が時間を縫ってデジタル化し、結果的に博物館内の働き手の負荷が増えることに繋がっていたのである。

専門性以外にも、博物館の立地的に人材確保が難しいといった回答もあった。「地方に住み、この地道な仕事に就くことを望む、信頼できる寛大な職員を、我々は探している」という回答は、都市部の大規模博物館のみを対象とした調査では見落とされる点であるといえよう。様々な側面において、デジタル化の担い手が不足していたことが、デジタル化の実施の障壁になっていたのである。

専門部署の不足

少数ではあるものの、デジタル化を専門とする部門が館内に不在の状況を示す回答は「専門部署の不足」に分類された。「館内にデジタル化の部署がない」や「デジタル化のための独立した部門がない」といった簡潔な回答のほかに、「館内にデジタル化の部門がないため、専門職員一人がコレクション管理部長と共にデジタル化に取り組んでいる」という、回答もあった。

これらは本アンケート調査のほかの短答形式の質問への回答とも符号する。本章（1）の図23のグラフに示したQ1-3「デジタル化はどの部署が担当していますか?」への回答数とその割合によると、この調査を回答したリトアニアの地方自治体立博物館五〇館のうち、専門部署を設置していた館は見られなかった。また、専門部署ではないもののデジタル化を担当する部署としてどこかの部署を指定していた館さえも三館のみであった。また、リトアニア国内の公立博物館全体においても、前章の調査1の結果を示した図16（85頁）に見るように、デジタル化の専門部署の設立はほとんど普及していなかった。したがって、この課題は博物館の規模にかかわらず起こりうるものだと考えられる。

また、専門部署の不足のみを記述した回答は見られず、該当のすべての回答において「設備の不足」が併せて記してあった。このことは、組織としての博物館の構造をデジタル化に順応させるためにデジタル化に関連した専門部署が必要なのではなく、機器を手に入れるための予算源として、専門部署の必要性が認識されていた可能性を示唆している。

その他

回答のなかには、以上の三つの分類に当てはまらないものもあった。一つは、課題そのものについて言及していないもので、「今まで目立った課題はない」や「今のところ、デジタル化は停止している」というものであった。これらの回答は、規模を基準に選んだ博物館群においてもデジタル化の実施状況にはばらつきがあることを示唆している。特に後者の回答は本章の調査が明らかにすることを目指す内容を示唆しているものの、その要因についての説明は書かれていなかった。

また、一名のみであったがデジタル化の運用上の詳しい課題について述べたものもあり、「一．メタデータ：当館は収蔵資料の科学的な調査に遅れをとっている。二．公開：ほとんどの収蔵資料が著作権と所有権の方針により公開できない」という指摘があった。これらの二点は、デジタル化をした上でさらに発展させていくなかで、どのように活用していくのかについて模索するなかで表出した課題であると考えられる。

以上のように、「設備の不足」、「専門人材の不足」、「専門部署の不足」の三つの分類に該当する回答が、組織としての博物館がデジタル化を行うにあたり、回答した各館が調査時点において主に直面していた課題であった。

これらは冒頭に述べた通り、財源の不足に起因するものである。したがって、デジタル化を導入し継続していくにあたり、博物館はそのための財源を確保しなければならないということである。いっぽう本章の調査対象である地方自治体立博物館は、財源の大部分を立地する地方自治体から得ており、その増減については博物館が自律的に決められることではない。追加の予算措置が得られないとすれば、それぞれの博物館が、デジタル化の質や量の向上を諦めるか、もしくは既存の活動を一部取りやめることによりデジタル化の財源と人員を確保していくのか、判断を迫られることになりうる。過渡期においてその方針を決定することが、組織としての博物館がデジタル化の導入に際して直面している課題といえよう。

以上の分類にまとめた回答に共通していたのは、デジタル化を各館の館内で行うことが前提になっていたことである。回答の分類に示した設備、専門人材、専門部署の不足はいずれも、スキャン・デジタル撮影・メタデータの入力といったデジタル化にまつわる手順を実行するための障壁として示されていた。リトアニアの公立博物館においては、ＬＩＭＩＳセンターの支援を除いて、外部委託してデジタル化するという選択肢を考慮に入れていなかったと思われる。

（6）調査2の総括：デジタル化に際して博物館が直面する課題

本章では、リトアニアの地方自治体立博物館の課題に着眼した悉皆アンケート調査（N=50）（調査2）の結果と分析を論じた。その背景には、調査1で明らかになったデジタル化を開始したものの継続していない博物館の存在があり、課題を通じてなぜデジタル化が継続されないのかを探求することを目指した。アンケートの多肢選択形式と短答形式の回答を分析した結果、リトアニアの地方自治体立博物館においては、すでにデジタル化の実施およびそのための共通システム（LIMIS）の利用は全般的に普及していたものの、その意義は十分に理解されていたとは言い難く、組織体制も不十分であった。大多数の回答者がLIMISを活用していたものの、従来の紙の帳簿と併用する形でデジタル化の成果が収蔵資料管理に用いられていた。しかし、デジタル化の用途としては広報の役割のほうがより多くの博物館に重要視されていた。デジタル化のための専門部署や担当部署は、回答したほとんどの博物館において設置されていなかった。

このような状況において、専門職員と組織の二つの側面から、調査対象である博物館におけるデジタル化の課題を、アンケート調査の自由記述式の回答より分析した。専門職員の反対意見や不満を調査した結果、デジタル化のための「機器」、「能力」、「作業量と人的資源の不均衡」といった要因が、専門職員にとってのデジタル化を円滑に行うにあたっての障壁となっていることがわかった。これらは、デジタル化にはそれまでに必要とされていなかった設備や専門職員の仕事の範囲になかった作業が不可欠であることが、職員の負担となっていたことを示している。いっぽう現在の博物館の課題を調査した結果、「設備の不足」、「人材の不足」、「専門部署の不足」が、組織としての博物館が目指すデジタル化の水準を満たせない原因となっていることが導き出された。すなわち、デジタル化を適切に継続・改善していくためのリソースが不十分であることが課題であった。

以上の博物館における二つの視点からのデジタル化の課題は、いずれもデジタル化を継続するための課題を示していた。すなわち、これらがデジタル化を継続できない博物館がある要因である、というように考えることができる。他方、多肢選択形式と短答形式の質問への回答は、デジタル化は自己目的化しておらず、館内での活用がすでに進んでいるように見られ、デジタル化を行うことの意義は認識されているといえる。

したがって、本研究で明らかになったデジタル化の課題とは、デジタル化を始めた後で、館内のリソースの配分を変えることがうまくいかなかったケースが「課題」として挙がったものである。デジタル化の継続には、リソースを確保することが必要であるにもかかわらず、その調整ができなかった結果がデジタル化の継続ができなかった例につながると、調査2の結果は示唆している。

第Ⅱ部　総括

第Ⅱ部「アンケート調査――デジタル化の取組の全体的な傾向」は、リトアニアの博物館におけるデジタル化の実施について、アンケート調査によってその全体的な実施の傾向の把握を試みたものである。アンケート調査を手法として採用したことにより、リトアニアの国公立博物館七十三館（当時）のうちの多くから、デジタル化の実践についての回答を広く得た上で、分析・考察を行うことができた。その主な成果は、リトアニアの博物館におけるデジタル化の実施の実態の一形態として、実施が途切れてしまう博物館とがあるということであった。

第三章では、悉皆アンケート調査（N=69）により、リトアニアの国公立博物館におけるデジタル化の導入状況と普及の推移を明らかにした。当該博物館群におけるデジタル化の取り組みは調査時点から遡って一〇年のあいだに段階的に拡大を続けていた。

まず、二〇〇八年までにはコンピュータが普及した。デジタル化に関する取り組みはそれ以降徐々に広がっていき、「メタデータの入力」と「収蔵資料のデジタル撮影・スキャン」の実施がリトアニアの公立博物館のほぼ全てにおいて確認されたのは二〇一七年だった。また、成果の面においても、同年に初めてすべての公立博物館においてデジタル化実施の成果があった。また、国内全体にデジタル化が普及した後は、デジタル化の成果を出していたのは毎年九割程度であり、一部の博物館はデジタル化を断続的に行っていたことが明らかになった。したがって、二〇二一年時点においては、リトアニアの公立博物館のすべてがデジタル化実施の経験があるものの、中断している例もあったのだ。

第四章では、悉皆アンケート調査（N=50）により、リトアニアの地方自治体立博物館におけるデジタル化の実施状況と課題を明らかにした。特に自由記述回答の質問では、各職員にとってのデジタル化を行うための課題と、博物館の組織にとってのデジタル化を行うための課題と、二つの観点から回答を得た。まず、博物館専門職員にとってのデジタル化の課題は、「機材」、「技能」、「作業量と人的資源の不均衡」に分類された。組織としての博物館にとっての課題は、「設備の不足」、「専門人材の不足」、「専門部署の不足」の三つに分類され、それらは「財源の不足」に起因するものであった。これらは、デジタル化を始めた後で、館内のリソースの配分を変えることがうまくいかなかったケースが「課題」として挙がったものであった。

ここまで述べたように、調査1と調査2に示したアンケート調査の結果は、リトアニアの博物館をまとめて概観し、そのなかにおけるデジタル化の普及や継続を阻害する要因について知見をもたらすものであった。しかし、これらはあくまでも全体像を示すものであって、各博物館におけるデジタル化の実践に踏み込むものではない。そこで、次の第Ⅲ部では、第Ⅱ部の結果を踏まえて、より詳しくリトアニアの博物館においてデジタル化がどのように行われているのかをインタビュー調査によって明らかにする。

コラム　デジタル化の統計データと国際比較

リトアニアの博物館におけるデジタル化を対象とした研究に取り組んでいると、リトアニアのデジタル化の状況は諸外国と比べてどのような状況であるのか、という質問をしばしば受ける。研究においてこういった問いは大切であるものの、入手しうるデータをかき集めても答えの出せない問いも中には存在する。質問だけならいいのだが、統計データをもとに優れた事例であることを客観的に示せないのか、探していないだけでうまく説明できるデータがあるはずだ、との指摘もよくある。さらに、日本のほうがデジタルのことはうまくやっているはずなのになぜリトアニアを選ぶのか、という問いかけもある。最後の質問については、リトアニアの博物館の職員らからもよく聞かれる。

まず、最後の質問についてであるが、実はデジタル化実施の普及率ではリトアニアのほうが日本の博物館をはるかに上回っている。平成三〇年度の社会教育調査によると、デジタルアーカイブを公開しているのは日本の博物館のうちの二三%[1]、博物館類似施設のうちの七・七%[2]のみである。いっぽうリトアニアの博物館はすべての博物館がLIMISに登録しているため、デジタルアーカイブを公開しているのは一〇〇%である（但し、文化省の把握できていない私設博物館は除く）。リトアニアは人口規模が日本の四〇分の一以下と、日本の一都道府県程度（具体的には広島県や茨城県と同程度）なので単純な比較はできないものの、すべての博物館がデジタル化を行いそのデータを公開しているという点においては、リトアニアの博物館は全国的に「うまくやっている」といえるであろう。

さて、順番は前後するが、諸外国との比較についての前半の質問・指摘への答えは一つ。そんなに都合のいいデータなどない、である。そもそも統計データをもとに全世界各国の博物館を分析すること自体が難しい。

全世界的な比較をすることが難しい理由として、ユネスコのレポート[3]が指摘したように、全世界の博物館についての共通した統計情報は存在しないということがある。そもそも、「博物館」の定義自体が国ごとに異なるものであり、博物館に関する法令がすべての国において整備されているとも限らない。ICOMによる博物館の定義はあるものの、それはあくまでも全世界の博物館の専門家のコンセンサスであって、各国の法令に同時に影響を与えるものではない。

全世界的なデータがないと分かると、周辺国だけでもいいから、比較したデータは出せないものかと食い下がる方がいらっしゃる。リトアニアの周辺国は、国境が接しているのがラトヴィア、ベラルーシ、ポーランド、ロシア（飛び地）であるが（11頁図2参照）、それぞれの博物館の定義と統計データを参照するためにはラトヴィア語、ベラルーシ語、ポーランド語、ロシア語のある程度の語学力が必要であるし、それらすべての言葉を読んで理解できるとして、比較に使えるデータがすでに公開されているもののなかから見つかるとは限らない。周辺国だけといっても、きちんとした比較をするには国際研究グループの結成から始まる大プロジェクトの成果を待たなければならない。

他方、リトアニアの位置するヨーロッパにおいては、EGMUS（The European Group on Museum Statistics）[4]がその名の通りヨーロッパの博物館の統計情報を集積して公開する取り組みを行っている。二〇〇二年に設立されたEGMUSには現在、EU内外の三〇か国が参加し、収集された各国の全国的な博物館の統計情報や調査データを比較できる形式で公開している。

そのデータを使えばいいじゃないか、と思われた読者の方もいらっしゃるであろう。では、ここで試しに、EGMUSで入手できるデータを用いて、リトアニアのデジタル化の取組の状況を周辺の国との比較を試みることとする。

EGMUSの公開している指標のうち、デジタル化に特に関連するのは「13. パソコンを活用している博物館の数（Number of museums making use of computers)」である。この指標には、さらに細かくわけて次の五つの指標が含まれている。[5]

a）少なくともパソコンが一台は置いてある博物館の合計館数（Total number of museums equipped with at least one computer）
b）内、管理業務目的で置いている館（Of which | for administrative purpose）
c）内、来館者への情報提供の目的で置いている館（Of which | for visitor's information purposes(e.g. interactive gallery system)）
d）内、電子管理のためのデータベースがある館（Of which | having a database for electronic inventory）
e）内、インターネットへのアクセスがある館（Of which | having an Internet access）

これらのうち、a）とd）が、本書の調査1で明らかにした指標に近いといえる。これらの指標を公表している一〇か国について、該当する博物館の割合（同じくEGMUSで公表されている全博物館数で割ったもの）のグラフを図25に示した。これらの統計データはEGMUSに公開されている最新のものを参照[6]したため、取得された年は統一していない。そのため、国名のあとに括弧書きでデータの取得年を付記した。a）とd）の片方の指標のみ公開されている場合、その片方のみを示した。グラフの無い項目は、〇%ではなく、データなしを意味する。また、リトアニアは文化省の統計にこれらの項目がないため、EGMUSにはリトアニアの統計データとしてこれらの項目はない。そのため、図25のグラフにもリトアニアの項目の記載はない。

図25のグラフにみるように、パソコンの設置および電子管理のためのデータベースの整備の両方がすべての博物館において行われていたのは、スロヴェニア（二〇一八年）のみであった。古いデータも混ざってはいるものの、そもそもすべての博物館にパソコンを設置していない国も散見される。また、国内の半数以上の博物館に電子管理のデータベースがあったのは、データがあった国の約半数のベラルーシ（二〇〇九年）、ブルガリア（二〇一七年）、クロアチア（二〇一四年）、ラトヴィア（二〇二〇年）、スロヴェニア（二〇一八年）、スペイン（二〇二〇年）であった。

これらの国と比較すると、リトアニアの取り組みの状況はどのようなものであろうか。まず、調査1より、二〇一四年に国公立博物館におけるパソコンの普及率は一〇〇%であった。また、同じく調査1より、二〇一七年に国公立博物館におけるメタデータ入力の実施比率は一〇〇%であった。メタデータの入力と電子管理のデータベースの整備は同一の事項ではないものの、これらの指標と図25のグラフを比較すると、リトアニアの事例における普及率はその時期の早さにおいて突出しているわけではない。いっぽうデジタ

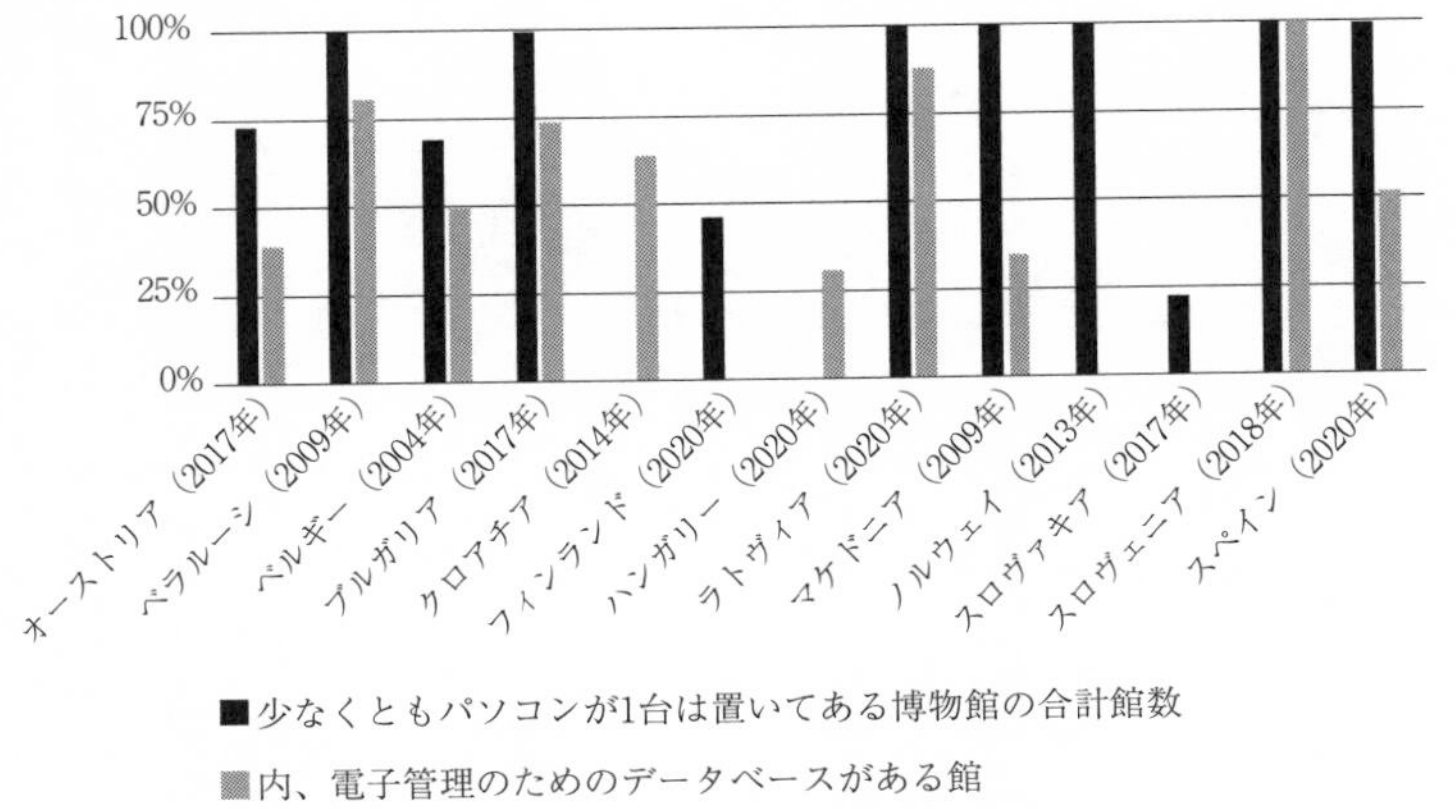

図 25　ヨーロッパ各国のデジタル化に関連する指標の比較。

ル化に関してリトアニアと同水準の普及率で行っていると見受けられる国は決して多いわけでもない。

以上に述べたように、リトアニアの実施状況についての比較は、歯切れの悪い結論に留まる。博物館の共通の統計データがないことは前述したとおりであり、EGMUSの統計データを参照してもなお、デジタル化についての比較を行うためにはデータが不足している。したがって、「周辺国だけでもいいから、デジタル化について他国と比較したデータ」を示すのは、グーグル検索のワンクリックで解決できるものでもなければ、オンラインで英語を使って信頼できるデータソースを参照してパッと出せるものでもない。

本項冒頭で述べた質問・指摘は、おそらく、調べればすぐに分かりそうなものを怠けて調べていないのか、それぐらい調べればよかろうものを、といった親切心から発せられているのであろう。しかし、博物館の統計データの国際比較は、手軽の域を越えている。データがあるはずだ、と言われても出ないものは出ない。

博物館のデジタル化に関するデータの比較については、今後の課題でもある。ほかの地域を対象に行われているデジタル化についての研究の成果を待って、その上で比較分析を行う見込みはある。リトアニアの博物館におけるデジタル化の状況の他国との比較については、少しだけ長い目で待っていただきたい。

注

1 政府統計の総合窓口「社会教育調査 平成30年度 統計表 博物館調査（博物館）平成29年度間120博物館における情報提供方法―ファイル―統計データを探す」

2 政府統計の総合窓口「社会教育調査 平成30年度 統計表 博物館調査（博物館類似施設）平成29年度間148博物館類似施設における情報提供方法―ファイル―統計データを探す」

3 UNESCO 2020.

4 The EGMUS group. "EGMUS - Home."

5 EGMUS 2019: 30.

6 The EGMUS group. "EGMUS - Complete Data."

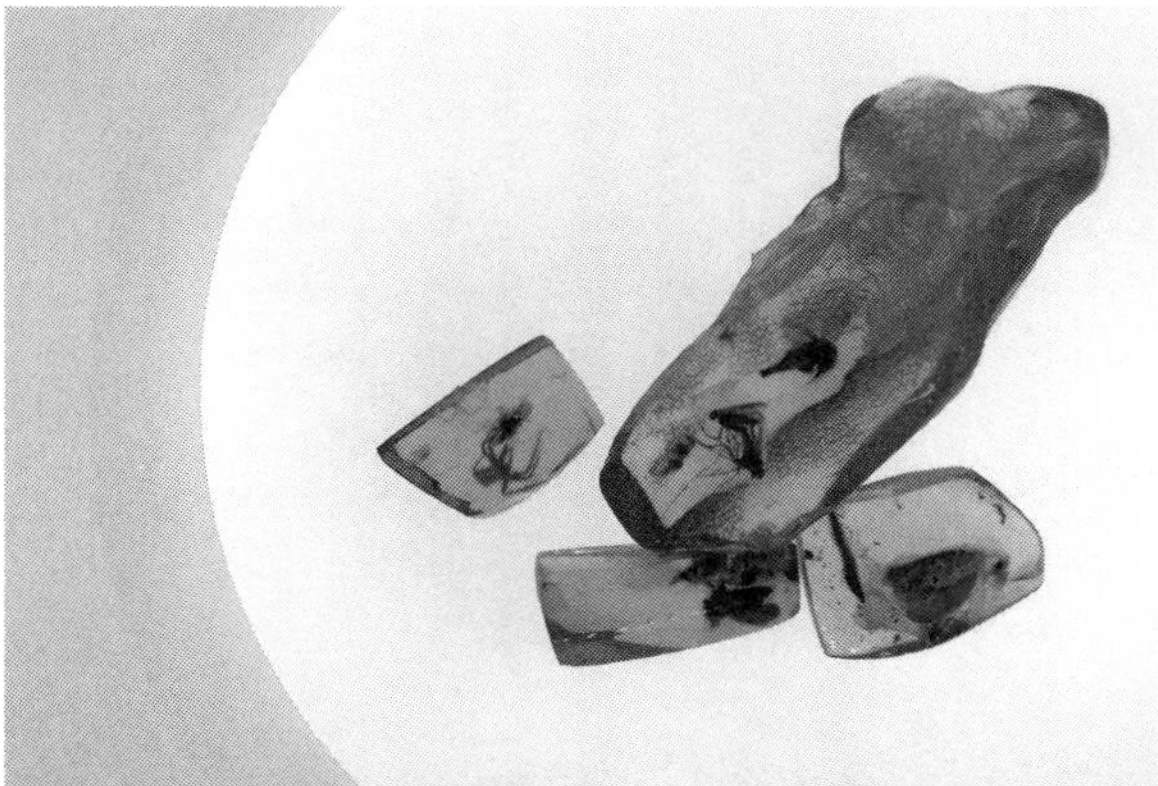

図 26　パランガ琥珀博物館の琥珀の展示。

第Ⅲ部「インタビュー調査——国立博物館における持続的なデジタル化」は、リトアニアの博物館におけるデジタル化の実施について、より詳しく調査した結果とその分析・考察を示す。前章、前々章では、リトアニアの博物館のデジタル化の取り組みについて、これまでまとまったデータのなかったその全体的な傾向を悉皆アンケート調査によって明らかにした。しかしサンプル数が多いこともあり、ここまでに述べた調査は各博物館によるデジタル化の取り組み方まで掘り下げたデータを得るには至らないものであった。そこで、国立博物館を対象に、各博物館の取り組みをさらに追求する調査を行うこととした。

第五章では、国立博物館各館におけるデジタル化の実施状況を詳細に把握することを目的とした、インタビュー調査（調査3）の分析結果を述べる。また、分析結果より、博物館におけるデジタル化の実践はどのようなものであるのかについて論じる。

第六章では、調査3の結果をもとにリトアニアの国立博物館におけるデジタル化の実施状況をモデル化し、そのモデルをもとにさらに深層的なインタビュー調査（N=19）を行うこととした。リトアニアの国立博物館十九館（当時）全館から協力を得られたこの調査では、調査3で明らかになった各博物館におけるデジタル化に関わる項目の実施状況についての回答を得た。得られたデータをもとに、まずは各項目の内容を精査して、調査前に仮説として構築したモデルの修正を行った。その上で、修正モデルをもとに作成した国立博物館十九館のデジタル化の実施フローチャートを示し、そこから読み取れるリトアニアの各博物館におけるデジタル化の位置づけについて論じる。

第五章　国立博物館におけるデジタル化の実施の具体像（調査3）

（1）デジタル化の実施と継続の隔たり

ここまでの調査では、リトアニア共和国というフィールド内の博物館について、デジタル化の実施に関する全体的な傾向の把握を行った。調査1の結果はリトアニアの博物館のデジタル化の沿革について、定量データによってその辿った経過を明らかにした。そして、デジタル化の障壁を明らかにした調査2の結果は、デジタル化の継続的な実施を妨げている要因についての知見をもたらした。これらの示すような全体的な傾向は、デジタル化を中断してしまう博物館と持続する博物館の両方がおり、中断の要因は明らかになったものの、持続の要因はまだ分かっていない。

本章の調査3では、リトアニアの博物館におけるデジタル化実践の持続について理解するために、デジタル化がどのように取り組まれているのかに着目した調査分析を行う。調査1の結果より、リトアニア国内においてデジタル化を主に継続的に実施していたのは国立博物館（国立総合博物館と国立専門博物館）であった。したがってデジタル化の実践について調査するには、国立博物館を対象とするのが適していると考えられる。また、各博物館の取り組みを知るためには、調査1や調査2のような各項目の実施の有無のみについてのデータを得るだけでは不十分である。この調査の問題提起に基づいて個別の具体的な状況を把握するためには、質的データによる分析が適しており、質的データの収集にはインタビュー調査が適していると考えられる。詳しい調査の手法については、次節に詳述する。

（2）調査の手法：半構造化インタビュー調査と質的内容分析

調査対象

この調査では、前節で述べた通りリトアニアの国立博物館を対象とする。調査時の二〇一七年現在、リトアニアには四館の国立総合博物館と十五館の国立専門博物館があった。それらすべての博物館にインタビュー調査への協力を打診し、そのうち四館の国立総合博物館と五館の国立専門博物館が同意した。したがって、インタビュー調査への同意を得られた博物館九館において調査を行った。

データ収集方法

本章の調査では、リトアニアの国立博物館を対象として半構造化インタビューを行った。半構造化インタビュー調査を採用したのは、先行研究や予備調査をもとに作成した質問項目では想定していない事項を除外することなく回答を得るためであった。回答者として想定したのは、博物館内でデジタル化を担当する博物館専門職員だった。

すべてのインタビュー調査は、筆者が各博物館を訪問し、館内で対面にて行った。インタビューの会話に用いた言語は英語であった。調査にあたり、事前に回答者に質問紙（英語）を配布した。質問紙の質問項目は表7に示した。インタビュー調査にあたり、録音した音声そのものを公開しないことを前提として、会話をすべて録音することの同意を回答者から得た。調査後、筆者が録音を書き起こし、その書き起こしたテキストをもとに分析を行った。

インタビューの対象者によっては、会話の英語が正確でないかもしれないという理由等により、会話の全文の公開についても控えるように要請もあった。そのため、本章ではインタビューの書き起こし全文は掲載せず、次項に述べる質的内容分析（QCA）の分析枠組みをもとに、個別の発話のみを引用するにとどめる。

調査期間は二〇一七年八月一七日から二〇一七年一一月二九日までであった。調査の実施概要は表8に示した通りである。

データ分析方法

インタビュー調査によって得られた質的データを分析する方法として、本章では質的内容分析（QCA）を採用した。QCAとは、質的データを分析枠組みのカテゴリーに分類し、体系的に記述する方法である。[1] 本章の調査では、インタビューを書き起こしたテキストがこの質的データに該当する。その手順は、分析枠組みの構築、資料をコーディングの分析単位への分割、分析枠組みによるコーディングの試行、分析枠組みの評価と修正、一次分析、そして結果の解釈という段階に従って行う。[2] この分析枠組みは、分

表7　調査3の質問項目

質問項目	質問内容
基本事項	以下の事項について説明してください。 (1) デジタル化の担当部署 (2) スキャンとデジタル撮影の専門職員 (3) メタデータを入力する専門職員 (4) デジタル化に用いているシステム (5) LIMISの担当部署
デジタル技術の利用	LIMISとの関連を基に、以下の事項について説明してください。 (1) 収蔵資料管理 (2) ヴァーチャル展示の準備 (3) 知的財産権の確認 (4) LIMIS利用以前のデータ管理
デジタル技術の利用開始時期	以下の事項を始めた時期について教えてください。 (1) コンピュータの利用 (2) 自館ウェブサイトの運用 (3) メタデータ入力 (4) デジタル撮影とスキャン (5) IT専門職員の雇用
課題	以下の課題について教えてください。 (1) 館内におけるデジタル化 (2) LIMISの利用

表8　インタビューの調査対象と実施の詳細

No.	博物館名	調査日	インタビュー時間
N1	リトアニア国立美術館	2017年8月17日	48分
N2	M.K. チュルリョーニス国立美術館	2017年8月18日	36分
N3	リトアニア大公宮殿博物館	2017年8月23日	44分
N4	リトアニア国立博物館	2017年8月31日	1時間7分
R1	カウナス第九要塞博物館	2017年11月24日	45分
R2	「アルカ」ジェマイティア博物館	2017年11月14日	47分
R3	リトアニア教育歴史博物館	2017年11月29日	56分
R4	カウナス・タダス・イヴァナウスカス動物学博物館	2017年10月23日	1時間2分
R5	リトアニア海洋博物館	2017年11月23日	47分

析を行う者が構築する。[3] QCAの成果は、分析にあたり作成した分析枠組みとその解釈として現れる。

本章ではまず、インタビューにおける発話を、その内容ごとに分析単位に区切り、事前に回答者に配布した質問紙、および、インタビューの書き起こしの予備分析をもとに分析枠組みの構築を行った。分析枠組みとは、分析単位に区切った発話を分類するためのカテゴリー、および、分類基準を示す各カテゴリーの定義によって構成されたものを指す。

(3) QCAによる分析結果の概要

分析にあたり、まず調査から得られた調査対象の博物館九館におけるインタビューの書き起こしテキストを四七八の分析単位に分割した。それらの分析単位に分けた発話を、インタビューに用いた質問紙とインタビューの発話をもとに、五つの主要な独立したカテゴリーからなる分析枠組みを生成し、分析単位に分けたインタビューの発話をQCA分析枠組みに基づきコーディングを行った。分析枠組みとその定義は表9に示した。

分析枠組みの主要なカテゴリーは、「デジタル化の運用」、「人材」、「組織構造」、「目的と動機」であり、以上の四つの主要なカテゴリーに収まらなかったものは「その他」に分類した。この分析枠組みのカテゴリーの定義に従って、分析単位ごとにコーディングを行った。四七八に分けた分析単位のうち、一三三の発話が主要カテゴリー「デジタル化の運用」に、一〇四の発話が「人材」に、四三の発話が「組織体制」に、九〇の発話が「目的と動機」にコーディングされた。次節以降では、「その他」を除いた四つの主要なカテゴリーについて分析・解釈を行うこととする。また、各主要カテゴリーには、主要カテゴリーをより詳細に説明するためのサブカテゴリーが含まれている。

（4）デジタル化をするとはどういうことなのか？：「デジタル化の運用」

本節では、ＱＣＡのカテゴリー1「デジタル化の運用」に分類された発話をもとに、博物館内でデジタル化を行う場合にどのようなことが各館内で行われていたのかを論じる。本書冒頭では、「デジタル化」について、博物館の収蔵資料のデジタルデータ（デジタル写真やスキャン画像）を作成しメタデータを入力して、各博物館の収蔵資料のデジタルデータベースを整理する作業のことであると定義した（図1参照）。しかし、インタビューではデジタル化作業の技術的な側面だけではなく、その前の段階としての収蔵資料の選定やデジタル化後のデータ管理等、他の関連事項についての言及もあった。

このカテゴリーには、さらに細かい分類としてサブカテゴリー「収蔵資料の選定」、「メタデータの入力」、「デジタル画像の生成」、「デジタルデータの管理」、「機器の使用」を定義した。それぞれの定義（発話の分類基準）は、表9の通りである。これらは、館内におけるデジタル化の具体的な手順を示すものである。以降では、それぞれのサブカテゴリーに分類された発話を引用し、デジタル化の具体的な手順について述べる。以降、発話の引用直後の括弧内に、発話者の博物館を、対応する表8の番号で示す。

収蔵資料の選定

デジタル化にあたり、まずはその対象となる収蔵資料を選ぶ過程があったことを、サブカテゴリー「収蔵資料の選定」に分類された回答は示している。収蔵資料の選定にあたっては、一定の選定の基準や優先順位に従って行っているようであった。それらの基準としては、他の博物館活動に付随するものと、資料そのものの性質に基づいているものが挙げられた。

まず、他の博物館活動に付随する選定基準とは、デジタル化以外の博物館活動に用いる収蔵資料を、「ついでに」デジタル化する対象として選定することである。その様子は、インタビュー内では次のように説明された。

> 例えば、他館の展覧会に収蔵資料を貸出する時は、もちろんデジタル化をしますし、〔自館で〕何かのトピックに基づいて展覧会を開催しようとするときは、ええ、〔展示する資料を〕博物館のすべてのコレクションから選びます。そして、それらの選ばれた資料が記事になったり企画展で展示されたりするときは、〔選ばれた資料が〕すべてデジタル化されるのです。（Ｒ５）

いっぽう博物館によってはほかの目的でデジタル画像を作成したとしても、次のようにＬＩＭＩＳに登録するまでに至らない場合もあった。

> これら〔の資料〕は本のために、カタログのために、撮影しましたが、インターネットには載せてい

表9　分析枠組みとその定義

カテゴリー	定義
カテゴリー１　デジタル化の運用	
カテゴリー１．１ 収蔵資料の選定	デジタル化の運用に関わる事項のうち、デジタル化する収蔵資料の選定に関する発話は、このカテゴリーに分類する。但し、博物館の職員や部署について言及のある場合を除外する。
カテゴリー１．２ メタデータの入力	デジタル化の運用に関わる事項のうち、メタデータの入力についての発話は、このカテゴリーに分類する。但し、博物館の職員や部署について言及のある場合を除外する。
カテゴリー１．３ デジタル画像の生成	デジタル化の運用に関わる事項のうち、デジタルカメラやスキャナー等を使用したデジタル画像の作成についての発話は、このカテゴリーに分類する。但し、博物館の職員や部署について言及のある場合を除外する。
カテゴリー１．４ デジタルデータ管理	デジタル化の運用に関わる事項のうち、コンピュータプログラムを使用してどのようにデジタル化後のデータ管理をするのか説明した発話は、このカテゴリーに分類する。但し、博物館の職員や部署について言及のある場合を除外する。
カテゴリー１．５ 機材の使用	デジタル化の運用に関わる事項のうち、使用する機材に関する発話は、このカテゴリーに分類する。但し、博物館の職員や部署について言及のある場合を除外する。
カテゴリー２　人材	
カテゴリー２．１　現在デジタル化を担当している人材	
カテゴリー２．１．１ ハードウェアの専門家	館内のハードウェアの維持管理を担う専門職員についての発話はこのカテゴリーに分類する。但し、該当する職員の所属する部署についての言及がある場合を除外する。
カテゴリー２．１．２ デジタル画像の専門家	デジタル画像の作成に関わる専門職員についての発話はこのカテゴリーに分類する。但し、該当する職員の所属する部署についての言及がある場合を除外する。
カテゴリー２．１．３ データ入力の人員	メタデータの入力を行う職員についての発話はこのカテゴリーに分類する。但し、該当する職員の所属する部署についての言及がある場合を除外する。
カテゴリー２．１．４ ＩＣＴに精通した学芸員	ＩＴ機器等に精通している収蔵資料等のデジタル化以外の専門性を持つ専門職員についての発話は、このカテゴリーに分類する。但し、該当する職員の所属する部署についての言及がある場合を除外する。
カテゴリー２．２　不足している人材	

カテゴリー２．２．１　専門性の不足	専門性を持つ職員の不足についての発話は、このカテゴリーに分類する。但し、該当する職員の所属する部署についての言及がある場合を除外する。
カテゴリー２．２．２　人員数の不足	データ入力のための職員数の不足についての発話は、このカテゴリーに分類する。但し、該当する職員の所属する部署についての言及がある場合を除外する。
カテゴリー２．３　研修プログラム	ＬＩＭＩＳのシステムの使用やデジタル化の実施を目的とした研修についての発話は、このカテゴリーに分類する。
カテゴリー２．４　働かない人／理解しない人	博物館内の人材のうち、デジタル化を行おうとしない職員やデジタル化に対する理解がない職員についての発話は、このカテゴリーに分類する。
カテゴリー３　組織構造	
カテゴリー３．１　担当部署	
カテゴリー３．１．１　専門部署	博物館内の部署のうち、デジタル化を担当し、かつ、デジタル化に専門特化した部署についての発話は、このカテゴリーに分類する。
カテゴリー３．１．２　兼任部署	博物館内の部署のうち、デジタル化を担当し、かつ、館内の別の事項も担当する部署についての発話は、このカテゴリーに分類する。
カテゴリー３．２　部門間チーム	博物館の部署間での、デジタル化の業務分担についての発話は、このカテゴリーに分類する。
カテゴリー３．３　サポートセンター	国内の博物館におけるデジタル化の実施やＬＩＭＩＳの使用を補助する役割を担うサポートセンターについての発話は、このカテゴリーに分類する。
カテゴリー４　目的と動機	
カテゴリー４．１　広報	広報を、デジタル化やＬＩＭＩＳの使用および関連事項実施の目的や動機として説明している発話は、このカテゴリーに分類する。
カテゴリー４．２　収蔵資料管理	収蔵資料管理を、デジタル化やＬＩＭＩＳの使用および関連事項実施の目的や動機として説明している発話は、このカテゴリーに分類する。
カテゴリー４．３　自然の流れ	社会の変化や技術革新を、デジタル化やＬＩＭＩＳの使用および関連事項実施のきっかけとして説明している発話は、このカテゴリーに分類する。

ません。（中略）もしかしたら将来的にＬＩＭＩＳに載せるかもしれませんが、今ではありません。（Ｒ２）

この発話は、デジタル画像の作成を行うことがそのままデジタル化（メタデータの作成とデータベースの構築）には繋がらない場合があることを示している。これは技術的な障壁があったというよりも、カタログとして出版したことによって、オンラインで公開することへの必要性が薄れたことによると思われる。

以上の発話に共通して見られるのは、デジタル化が博物館のほかの活動と多面的なつながりを持っているという点である。展覧会の開始等がデジタル化の契機となったり、逆にオンラインの公開がカタログの出版の妨げとなると懸念されたりと、双方向の影響をインタビュー中の発話は示唆していた。

次に、資料の性質に基づいた優先順位には、資料の重要度によるものと、資料の物体としての性質によるものが見られた。

まず、重要度を資料の選定の指標としている博物館においては、その館の収蔵方針がデジタル化の方針に影響を与えている場合が見られた。例えば、

技術的なことではなく、ただ、収蔵の方針に基づいています。〔それは〕どのように収集するのか、そして、どのようにそれらを見せなければならないのか〔についての方針です〕。（Ｒ３）

という発話においては、デジタル化が博物館の収集や展示といった活動と切り離せないものであること

を示唆している。また、純粋に価値を強調した発話や主題に基づく場合があることを説明した次のような発話があった。

現在〔デジタル化が〕優先されるのは、我々が、価値があると考える資料です。したがって、もっとも重要なのは、「もっとも価値があるか」、「歴史的な意義があるか」、そういった基準に基づいて〔収蔵資料を〕デジタル化をすることです。（R5）

私たちはテーマに基づいて選ぶか、もっとも古いものを〔デジタル化する資料として〕選びます。（中略）例えば、二〇一八年には国家回復一〇〇周年を迎えるので、それらに〔関連した〕資料を選ぶことになります。その年に特別な日やテーマがあるのかによります。（R2）

また、収蔵資料の性質に基づいた基準を設けている博物館においては、まず、資料そのものの脆さと作業の簡便さの両方を考慮していることを示す発話があった。

〔デジタル化する資料として〕優先されるのは写真です。なぜなら、〔保存しているのが〕ネガなので（中略）デジタル化をするのが容易ですし、それに、〔ネガは〕時間の経過で劣化しやすいのです。（R1）

また、限られた時間のなかで膨大な資料の一部のみをデジタル化していく戦略として、動物学の資料を扱う博物館の試みは次のように語られた。

すべての標本を撮影することが可能だとは思っていません。膨大な時間がかかります。例えば一つの種の標本が五〇〇点あれば、そのうちの一点の標本だけ写真を撮ります。(中略) それら〔標本〕は同じに見えるのです。芸術じゃなくて、動物学ですから。(R4)

以上に示した資料そのものの質に基づいた優先順位は、「リトアニアの文化財デジタル化構想(表2表番号6)」おいて示された基準にも当てはまるものである。この政令は第七項において、「唯一性」、「内容と価値」、「物理的な状態」、「年代」の四つが文化財のデジタル化における共通の選定基準であると示していた。まず、「唯一性」はR4のデジタル化方針に当てはまる。次に「内容と価値」は、博物館の収集方針やテーマに合わせたデジタル化の選定基準と合致している。また「物理的な状態」は、写真のネガを優先する発話がこれに当てはまる。他方、「年代」への直接の言及はインタビュー中にはなかったものの、歴史的価値への言及は関連するものであるといえる。前述の政令の規定では、唯一性、内容と価値、物理的な状態、年代の四つの基準を複合的に合わせたものをデジタル化する資料の選定基準としているように読み取れるが、実際の博物館の運用においてはいずれか一つが当てはまるものを選定していたといえる。

メタデータの入力

収蔵資料に関する付随情報の電子データを作成する過程を示す発話は、サブカテゴリー「メタデータの入力」に分類された。四名の回答者が、インタビュー中にメタデータに言及したが、該当する発話中では「メタデータ（リトアニア語の metaduomenis）」という用語は使用されなかった。その代わり、「収蔵資料のデータ（N２）」や「説明（R１）」といった語が用いられた。

インタビュー中の発話で言及されたのは、本書の定義する「デジタル化」の手順においてはメタデータの入力にあたるものであったが、より詳しくはメタデータの項目とその作成についてであった。例えば、動物学博物館においては、「私たちの元にあるデータは、名称、種、作成者、著作権、ほんのわずかな情報だけです（R４）」との発話の通り、メタデータの作成においては多くの情報を必要とはしていなかった。しかし、ほかのメタデータの入力に言及した発話では、その作成には手間がかかるという様子が示されていた。

> ここ〔パソコン上〕では今、本〔収蔵資料目録〕を準備しています。ここには、番号、写真、それに説明、もちろん寸法があり、長くなることもあり、短くなることもあり、すべて準備するのには時間がかかります。そして〔準備ができたら〕システム〔ＬＩＭＩＳ〕に入力するのです。（N２）

> システムに〔入力する段階に〕行く前に、準備をしなければならず、〔収蔵資料についての〕説明を作成しなければならないのですが、得られる限りの情報を書きたいので、時間がかかります。（中略）特に一つだけではなく何百も〔資料が〕あるので、時間がかかります。（R１）

これらの発話は、インタビューの流れにおいてはＬＩＭＩＳに入力するためのメタデータについて言及したものであったが、その内容としてはメタデータとして入力する情報を作成するために時間がかかることに触れている。また、単純にＬＩＭＩＳに入力するのみならず、収蔵資料目録の作成も同時に行っていることを示している（収蔵資料目録については、第二章（２）50頁から51頁を参照のこと）。たとえ入力するべき項目が決まっていてもメタデータの入力は、（館種によるものの）現場レベルでは時間のかかる作業として認識されていたといえる。

デジタル画像の生成

各博物館における収蔵資料のデジタル画像を作成するという作業についての発話は「デジタル画像の生成」のサブカテゴリーに分類された。収蔵資料のデジタル画像の作成の作業は、「スキャンをするか撮影をするか、収蔵資料によります（Ｎ４）」との発話が代表するように、インタビューの対象者はこの二者のいずれかについて言及していた。例えば、デジタル撮影については、次のような具体的な説明があった。

例えば、軟体動物の写真を撮るときは、収蔵庫に行って、そこに照明があるので、その場で撮影します。小さなものを撮るときは、あまり大きな場所は必要ありません。ですので、写真スタジオはありませんが、どこでもスタジオになります。（Ｒ４）

いっぽうスキャナーを使用するスキャンの手順そのものについては、今回のインタビュー調査のなかでは特段の言及はなかった。その代わり、スキャナーの導入時期についての発話があった。

知っている限りですと、私がこの博物館で働き始めた二〇〇五年には、同じオフィスにいた職員がどのようにスキャナーを使うのか教えてくれました。すでに〔その時点でこの博物館は〕スキャナーを使った資料のスキャンを始めていたのです。（R5）

また、収蔵資料の撮影については、デジタル化のはるか以前から、フィルムカメラを用いて撮影していた博物館もあった。

博物館は一九二一年の開館以来常に収蔵資料の撮影はしてきました。デジタル〔カメラによる撮影〕はいつが最初だったのか確認できませんでしたが、収蔵資料の撮影は常に行っていました。（N2）

以上のように、博物館におけるデジタル画像の作成はスキャンとデジタルカメラによる撮影のみが言及された。スキャンと撮影の作業そのものについては、リトアニアの国立博物館においても目新しい技術の実践ではなく、すでに長い間取り組んでいる博物館も見られた。また、この調査の手法は各館のデジタル化の責任者を回答者として想定していたため、具体的な手順まで把握していたのは普段から自身が撮影に取り組んでいた一名の回答者のみであった。

なお、これらの手順には、そのための後述するサブカテゴリー「機材」や「専門職員」等が関わっている。したがって、それぞれに関連する事項についてのさらなる議論は、該当する各項目において詳述することとする。

デジタルデータ管理

ここまでのサブカテゴリーで示した収蔵資料の選定、メタデータの入力、デジタル画像の作成を行った上で、作成したデータの管理をどのように行っていたのかについて言及した発話を分類したのが、サブカテゴリー「デジタルデータ管理」である。特に、データの作成をしてからLIMISへ入力するまでの間、どのようにデータを管理にしているのかに焦点を当てた発話が多かった。

各回答者が説明したデータ管理の手法には、LIMIS以外のシステムの利用についての言及があった。システムと言っても、次のようにパソコン上で管理を行っているのみの博物館もあった。

例えば、私が資料を一つ選んで、スキャンか撮影をしたら、PDFファイルまたはJPGファイルが作成されます。それらのファイルを外部ディスクに保存して、ファイル〔の名称と説明〕のリストをエクセルで作成しています。（R5）

当館には〔独自の〕データベースはありませんが、情報やスキャンした画像を管理するためのソフトウェアを使っています。検索できますが、データベースでありません。（N4）

これらは、デジタル化したデータを蓄積していくための手法として、データベースの構築までには至らない簡便な方法を取っていたことを示している。他方、ＬＩＭＩＳ以外に独自システムを館内で使っているという発話も見られた。

当館には独自のデータベースがあります。館内のみで使われています。職員向けで、頻繁に使われています。（中略）〔独自のデータベースは〕ＬＩＭＩＳよりも使いやすく、とても速く、検索エンジンの性能がよく、ＬＩＭＩＳにはない検索オプションがあります。（Ｒ４）

〔独自のデータベースは〕博物館の館内の業務用です。用いている標準が異なり、ＬＩＭＩＳよりも詳細であり、ＬＩＭＩＳよりも館内の需要に応えています。（中略）それに使いやすいです。公開用ではありません。業務用のみのものです。（Ｎ３）

この項の発話は、端的には館内の業務用としてはＬＩＭＩＳが不便であることを示唆している。また、独自システムについての発話は館内の利用にとどまり、ＬＩＭＩＳと同じく管理を行ういっぽうで公開もできるシステムを独立して持っているという回答はなかった。したがって、館内の業務用のデータ管理として、ＬＩＭＩＳでは機能等が不足する場合、独自システムを用いるようになるのだと思われる。

機材の使用

それぞれの博物館がデジタル化を行うに当たって用いている機材についての発話は、「機材の使用」に分類された。このサブカテゴリーに分類されたのは五三セグメント（分析単位）の発話であり、主カテゴリー「デジタル化の運用」のなかではもっとも多く、すべての回答者が詳しく述べていた項目である。もっとも普及していた機材はパソコンである。全回答者より館内でパソコンを利用している旨の発話があった。このことは、第三章に示した調査1の悉皆アンケートの結果（85頁図16参照）がリトアニアにおけるデジタル化関連の項目でもっともパソコンの普及が早かったと示していたことと矛盾しない。「仕事をするなら現代のテクノロジーを使う必要があります。日常〔業務に〕必要なのです。（N1）」との発話に見られるように、博物館にとってパソコンは不可欠なものとして認識されていた。インタビューにおいては博物館でパソコンが使われるようになった経緯についての発話も見られた。

パソコンが安くなり博物館も購入できるようになった時に状況が変わりました。例えば、多くの職員が、全員ではないとしても七〇％か八〇％〔の職員〕がパソコンを持っています。なぜなら、仕事によってはパソコンなしではできないからです。（R4）

パソコン以外の機材として言及されたのは、デジタル画像を作るために必要な機器類であった。

当館では収蔵資料管理課にスキャナーが〔数台〕あり、イコン画等のいくつかのコレクション管理部

門にもスキャナーが〔数台〕あり、また、収蔵資料管理課にはカメラもあります。（Ｎ４）

当館は〔以前よりも〕少し新しいスキャナーや機材を二〇一三年に購入しました。〔その年に〕ＬＩＭＩＳに参加するようになり、その時だけ機材の更新が行われました。（Ｒ３）

前述のサブカテゴリー「デジタル画像の生成」においては、デジタル画像を作る手段はスキャンとデジタル撮影であったが、それと呼応してスキャナーとデジタルカメラのみがデジタル画像に関連する「機材」として挙げられた。リトアニアの事例においては調査時点においてデジタル化の技術的な選択肢はスキャンとデジタル撮影に限られていたと言えよう。

以上に述べた機材については、使用状況のみならず、不足している旨の発話も見られた。

当館には大判のスキャナーがありません。地図や図面やポスターのためには大判のスキャナーが必要なのですが、ないので撮影のために館外〔の施設〕に行っています。ただ、一台は購入したいと検討しています。（Ｎ４）

手法の面で言えば、写真撮影が難しいです。〔写真撮影をするためには〕質の高い照明や質の高いカメラ等が必要なのですが、そのような質の高い機材は、当館にはないのです。（Ｒ１）

機材の不足については、前節で論じた小規模博物館である地方自治体立博物館における課題との類似性が見られる。小規模博物館の職員の課題としては、基本的なデジタル化を行うための道具としての「機材の不足」があり、組織としての課題としてはデジタル化の質を高めるための「設備の不足」があった。上記に述べた発話は、これらのうちの「設備の不足」に該当するものであるといえる。したがって、規模の大小を問わず、より質の高いデジタル化のための機材への要求が起こりうるということをこれらの発話は示している。ただし、国立博物館の方がより高い水準のものを目指しているように見られた。

（5）誰がデジタル化をするのか？：「人材」

博物館のなかでデジタル化を行うということは、博物館の職員の誰かがデジタル化の作業に従事しているということである。インタビュー調査の時点では、すべての調査対象の博物館はデジタル化を開始していた。つまり、各館で少なくとも一名はデジタル化に取り組んでいたということである。カテゴリー2「人材」には、文字通り博物館内でデジタル化に取り組んでいる（もしくは取り組んでいない）職員についての発話が分類された。

まず、どのような人がデジタル化に関わり、デジタル化に向けてどのような職員が不足しているかについての発話をまとめた。また、LIMISセンターの研修プログラムで人材を育成することで補っていることについての説明や、デジタル化や関連技術に適応できていない博物館の職員についてもそれぞれ分析する。

このカテゴリーにはさらに細かい分類としてサブカテゴリー「現在デジタル化を担当している人材」、「不足している人材」、「研修プログラム」、「働かない人／理解しない人」を定義した。それぞれの定義（発話の分類基準）については、表9の通りである。以降では、それぞれのサブカテゴリーに分類された発話を引用し、デジタル化の手順について述べる。

現在デジタル化を担当している人材

各館内の多様な職員がデジタル化の担い手としてインタビュー内では言及された。ここでは、言及のあった職員についてさらに四つのサブカテゴリーに分類し、それぞれに分類された発話をもとにデジタル化の担い手について分析する。サブカテゴリーは、「ハードウェアの専門家」、「デジタル画像の専門家」、「データ入力の人員」、「ＩＣＴに精通した学芸員」である。それぞれの定義（発話の分類基準）については、表9の通りである。

ハードウェアの専門家

まず、デジタル化のための機材を扱うことができる専門性を持った職員として、ハードウェアの専門家への言及が見られた。このサブカテゴリー「ハードウェアの専門家」は、そうしたコンピュータ等のデジタル化に関連するハードウェアを扱う専門性を持つ職員のことについての発話をまとめたものである。該当する職員はインタビューのなかでは、次のように「ＩＴ専門家」と呼ばれていた。

当館でデジタル化のためのウェブサイトを作り始めた時、すべてのシステムを構築して、そしてこういったことにはIT専門家が必要だと理解しました。プロジェクトのため〔の有期雇用〕ではなく、館内に必要ということです。（N1）

回答者の多くは当該の専門性を持つ職員を常勤または非常勤で雇用していると答えていた。雇用していない場合には、「ここには、〔IT専門家は〕いませんが、会社〔との契約〕があり、そこに面倒を見てもらっています。（R1）」といった外注する手段を取っていた。また、パソコン等の電子機器がデジタル化のためだけでなく、博物館内のほかの用途でも用いられている場合にも、IT専門家が必要であるとの発話があった。

フルタイム勤務の五人〔のIT専門家〕がいます。ですが、ヴァルドーヴァス〔館内データベース〕のためだけではなく、すべてを受け持っています。博物館のなかでITに関わるすべてです。パソコンだけではなく、建物も担当しています。なぜなら、この建物はスマート・ビルディングであり、すべての構造物とシステムのメンテナンスの必要があり、パソコンで維持管理されているのです。（N3）

これらの発話は、デジタル化や関連する作業について直接言及はしていない。したがって、このサブカテゴリーで登場した「ITの専門家」だけでは、博物館内でデジタル化を達成することはできない。しかし、デジタル化に不可欠なインフラの整備をするという点において、「ITの専門家」はデジタル化にとって必要な人材であると認識されていたといえる。

デジタル画像の専門家

博物館のなかでデジタル画像の作成を行っている専門職員についての発話を分類したのは、サブカテゴリー「デジタル画像の専門家」である。デジタル画像については、前項に述べたカテゴリー「デジタル化の運用」のサブカテゴリー「デジタル画像の生成」および「機材の使用」にも関連する発話を整理し分析した。これらに前述した手順を実行し、機材を使いこなす人がいてはじめてデジタル画像の作成は可能になる。

代表的なデジタル画像の専門家は、写真家である。博物館内で雇用されている写真家は、場合によってはその活動範囲は異なっていた。一館においては「静物撮影を専門にしている人（N４）」がいるとの発話があったものの、次に見るようにデジタル化のための撮影ばかりしているとは限らなかった。

イベントがあるときは、館内の写真家がその撮影をすることになっていて、それも彼〈写真家〉の仕事の一部です。そしてほかの時間は、もちろん彼は博物館のイベントの撮影に全面的に貢献していますが、空いた時間は、デジタルシステムのために働いています。収蔵資料の撮影をして、デジタル〈画像の〉フォーマットにし、また主にスキャンをしてコレクションの古い文書を利用できるようにしています。（R５）

> 館内でイベントがあるときは、彼女〔写真家〕は撮影してフェイスブックやウェブサイトに載せますし、彼女は多くの様々なことをしています。（中略）〔デジタル化〕だけではなく、ええ、出版、ウェブサイト、広報、その他を行っています。（Ｒ２）

また、カメラマン以外にも、デジタル画像を取り扱う専門職としては、デザイナーが挙がった。

> 彼女〔デザイナー〕はこの仕事の中枢を担っています、ええ、彼女はすべてをスキャンし、または撮影をし、公開のための準備をし、そして私たちはただ〔それらを〕公開〔するための〕の作業だけをしています。（Ｒ３）

この発話の「デザイナー」はデジタル画像の作成のためにあらゆる作業を行っており、ほかの職員がその仕事を頼りにしている様子が見て取れる。このように、デジタル画像作成の際は、担当する職員に相当の技能が求められていたのである。

データ入力の人員

デジタル化関連で働く職員のうち、データ入力を担う職員についての言及はサブカテゴリー「データ入力の人員」に分類された。データ入力とは、具体的にはＬＩＭＩＳへのデータ入力作業のことである。前述の二項目においては「専門家」という語を使ったのに対し、このサブカテゴリーにおいては「人員」としたのは、発話において専門性よりもそのための担い手の人数が強調されていたからである。博物館内のデータ入力の担い手としては、館内の全員を想定した発話「今は全員がＬＩＭＩＳのシステムに入力をしています。（中略）なぜなら、全員でＬＩＭＩＳへの入力をすべきだからです（Ｒ２）」が見られた。しかし、ほかの博物館におけるより詳細な状況を説明した発話によると、ＬＩＭＩＳの利用にはアクセス権の付与が必要であり、それは全員に付与されるようなものではなかった。

そして今、約一九名の職員がＬＩＭＩＳを使うことができ、彼らはＬＩＭＩＳを使って仕事をしており、〔ＬＩＭＩＳへのアクセス〕権限を持っています。全員がこのシステム〔ＬＩＭＩＳ〕にログインできるわけではありません。とても頑丈なシステムなのです。ですから、多くの人は権限がありません。館内には三五台のパソコンがありますが。（Ｒ４）

したがって、先に引用した発話にあるようにＬＩＭＩＳの利用を全員が行っているというのは少々誇張した表現のように思われる。また、一九名がＬＩＭＩＳのアクセス権を付与されたということについても人数が多い方であり、博物館によってはより少人数でデータ入力を行っていた。「当館では六人全員がデジタル化の仕事を行っていますが、そのうち三人だけがデジタル化の仕事のみをしています。（Ｒ５）」の発話に見るように、専従している職員と兼任で取り組んでいる職員の両方がいる場合も見られた。

これらの入力作業の人員の必要性は、前項のカテゴリー「デジタル化の運用」のサブカテゴリー「メタデータの入力」の分析内容とのつながりが見られる。当該サブカテゴリーにおいては、対象の博物館内ではまずメタデータとなる情報を準備し、それからそれをＬＩＭＩＳへと入力していたことがわかった。したがって、収蔵資料についての専門性を要する各資料についての情報がまとまり、さらにデジタル画像も用意していた段階において、本節で述べたようなデータ入力の作業が発生していたといえる。これについては、個別の作業としては言及されていなかったため、前項のカテゴリー「デジタル化の運用」においても扱っていない。したがって、この言わば単純な入力作業は、博物館の内部の視点からも、大いに手間がかかっているにもかかわらずデジタル化の要素として主に認識されていない、見落とされてきた工程なのかもしれない。

ＩＣＴに精通した学芸員

デジタル化に取り組む職員としては、主な職責がデジタル化関連ではないものの、他の職員よりもＩＣＴに詳しいために頼りにされている職員がいた。前項までに論じたような技術的な専門職員では網羅しきれないニーズを本来の職責に加えて担っていた。そういった職員を説明した発話をサブカテゴリー「ＩＣＴに精通した学芸員」に分類した。

例えば、次に示すように、周りの他の職員よりも多くの知識を持っているために、ハードウェアの専門家のような役割を担う修復の専門家についての発話があった。

職員の一人に、私よりもパソコンについてよく知っている人がいます。何かあったら、あまり難しいことではない場合は、その職員のところに行って助けてもらいます。ただ、ＩＴの専門家ではないこ

とは分かっています。（R1）

このように、具体的に頼りにされている場合の他に、ICTに馴染みのありそうな職員を選びデジタル化に関連した業務を任せるような場合もあった。

私たちは一歩ずつ、強い人から始めました。つまり、現代的な考え方で柔軟な人々のうちパソコンに慣れた人からLIMISを使い始めるのが簡単な人から〔館内のデジタル化の普及を始めました〕。（N2）

ここまでに述べたのは、元々ICTの素養があった収蔵資料の専門職員が、その素養を発揮した例であったが、そのほかに館内で他の業務に就いていたものの、デジタル化の専門性を見込まれてデジタル化担当部署で働くようになった例もあった。

実は私は、初めは教育普及の部署にいて、館内のツアーガイドだったわけですが、あるとき電話を受けて、特別な必要があるということでデジタル化〔の部署〕に雇用されて、そのうちほかの仕事もするようになりました。（R1）

このように、博物館内で既に他の専門性を発揮していた職員が、異動によって館内のデジタル化を進めるようなパターンもあった。

ただし、すべての収蔵資料の専門職員が本項に述べたようにＩＣＴの知識にも長けているわけではない。そもそも、博物館において従来必要とされていた専門性は、リトアニアにおいては収蔵資料ガイドラインに明記されているように、博物館の収集、管理、保存、修復、研究、展示、普及に関連した業務に従事すること（博物館専門職員）、保存修復を行うこと（保存修復師）、コレクションの保存、管理を行うこと（コレクション専門職員・コレクション管理部長）であり（第二章（２）49頁から50頁を参照）、パソコンを使ったりデジタル化をしたりすることは、元々は想定されていない。以上に見られるような博物館専門職員がＩＣＴの知識を持つことへの期待は、デジタル化導入の初期だから起こっている過渡期ならではのことなのか、それともこれから博物館の専門職員に求められる能力が変わっていくことの兆しなのかは、今の段階ではまだわからない。

不足している人材

前項では調査時点において各館でデジタル化に取り組んでいる人材についての発話をまとめたが、そのいっぽうで、博物館によってはデジタル化に必要な人材が十分に確保されていなかった。博物館においてデジタル化に必要なのにもかかわらず不足している人材は、「質を確保するための専門職員」と「量を確保するための専門職員」の二者に大別される。このことを踏まえて、以下では、「専門性の不足」と「人員数の不足」について論じる。

専門性の不足

デジタル化のための技術的な専門性を持つ職員が博物館内で不足していることを表している発話が分類されたのが、サブカテゴリー「専門性の不足」である。今回のインタビューの対象はすべてすでにデジタル化に取り組んでいた博物館であったが、すべての博物館においてデジタル技術を取り扱うことを専門とした職員が雇われていたわけではなかった。この点については、第三章のアンケート結果（85頁図16を参照）が示したように、IT専門家を雇用する博物館の割合が低いことに呼応している。

そもそも博物館でデジタル化の専門家が不足している理由として、「給料が安いので、良い専門職員を確保するのが難しい（N2）」との説明があった。デジタル化に関連する技術を必要としている職場は博物館以外にもあるため、質の高い専門職員の確保が課題となるのである。これは、デジタル化作業を今後拡大していく際の限界も反映している。そして、デジタル化関連の専門家が不在のまま館内でデジタル化を行うなかで、技術的な問題が認識されるようになった状況を示すものもあった。

私たちはメタデータや画像といった情報をすべて集め、それらを連携させます。技術的な面についてはMicrosoft Excelを使っているだけです。ですが、ヴァーチャル・ギャラリーのようなものをパソコンで作るには、私や同僚ではなく、高度な専門家に依頼することになります。（R3）

このように、デジタル化のその先を目指すための専門性は元々の館内の職員では達成できないものであった。つまり、前項では「ハードウェアの専門家」や「デジタル画像の専門家」がデジタル化を行う博物館において活躍している様子を示したが、必ずしもすべての博物館に必要な職員が揃っていたわけではない。この点について、博物館によっては有期のプロジェクトスタッフや外部の業者と契約を結んだ上で、館内に常勤の専門性のある職員がいないことについて懸念を示していた。また、すでに当該の専門職員がいても、一人いるだけではまだ足りない、という場合も見受けられた。

もちろん、もう一人写真家がいることは、博物館にとってとても良いことでしょう。もしこの仕事に〔従事する人が〕二人いたら、私たちはもっと〔デジタル化が〕できます。例えば私は時々ウェブサイトの仕事をしなければならないのですが、今日は別の仕事があって、そして何か問題が起こって、そしてほかにも、となるとすべてのことが押し押しになって、これが課題なっているのです。（R4）

以上のように、専門性のある職員が不足しつつもデジタル化を行うなかで、デジタル化を行う担当の職員は専門性の不足を感じていた。このことは、専門性のある職員が不在のなかでも博物館のデジタル化は遂行できる、としても、博物館のデジタル化にはデジタル化関連の専門性のある職員は必要である、ということを示している。

人員数の不足

不足している人材のうち、デジタル化を進めるための作業に投入できる人手と時間の不足を示しているのがサブカテゴリー「人員数の不足」に分類された発話である。前述した発話にも見られたように、メタデータの作成に時間がかかる等、デジタル化には人手がかかるものである。そのため、特にデジタル化に専従できる職員がいない（少ない）ことが言及されていた。例えば、「多くの〔収蔵資料を〕デジタル化することに専念できる人材が不足している（N３）」という発話が示すように、各館に収蔵されている膨大な量の資料をデジタル化していくためには、一定水準の人員数が必要なのである。

デジタル化に専従できる職員がいないと、本項に前述したように「ＩＣＴに精通した学芸員」がほかの仕事と並行してデジタル化の作業を行うこととなる。回答者の一人は、普段の自身の経験をもとに、並行してデジタル化することにより作業時間が足りないことを次のように語った。

私たちはいつも十分な時間がありません。常に急いでいて「あー、もう四半期の三か月目だ」となっています。私たちにはデータ入力の目標値があって、例えば私は五〇点の資料をＬＩＭＩＳに登録しないといけません。ＬＩＭＩＳの仕事だけであれば、多すぎるわけではありません。ですが、私たちは他の仕事をしなければならず、簡単ではないのです。（Ｒ３）

人員数の不足の解決策は、人員の補充である。しかし、デジタル化を担当する部署に新たに職員を雇用する裁量がない等、そもそも館内のリソースが不足している場合、その解決策は現実的ではない。その板挟みの様子もインタビュー中の発話のなかに現れていた。

仕事の量は増加していますが、私たちにはそのため〔デジタル化のため〕の追加の職員がいません。そ

れに、プロジェクト中を除くと、私たちは〔追加の職員を〕雇えないのです。（N1）
私たちにはそのため〔デジタル化のため〕に追加で職員を雇う必要があり、その職員にはパソコンを用意することになるのですが、そうなると博物館はそのための財源を探さないといけないのです。（R5）

リソース不足によるデジタル化のための人員の不足は、第四章で分析した地方自治体立博物館における課題にも挙がっていたものである。ただし、調査した年（二〇一七年）の一館あたりの平均年間デジタル化点数は国立博物館が約三千点、地方自治体立博物館が約四百点であり、二つの博物館群のデジタル化に取り組んでいる水準には大きな差があるにもかかわらず、両者には同様の課題がある。規模の大小を問わずデジタル化の量をこなすための人員が不足しているということは、博物館が一定水準のデジタル化を持続的に行う場合、従来の職員数のまま「追加」の業務として進めるには負担が過大であったということである。

研修プログラム

博物館の職員がデジタル化を行うことができるようになることを主旨としたプログラムについての発話を、サブカテゴリー「研修プログラム」はまとめている。このインタビューで言及されたのは、特にLIMISセンターで実施されている博物館専門職員向けのデジタル化の研修プログラムとその活用についてであった。

二〇二〇年現在、ＬＩＭＩＳセンターでは「博物館に保管されている物の写真を撮る」、「デジタル画像を保存・配信の準備をする」、「ＬＩＭＩＳを使って仕事をする」といった内容の研修プログラムが提供されている（第二章（４）71頁参照）。これらのプログラムへの参加に関する発話には次のようなものがあった。

私たちが研修に行ったときは、どうやって機材を使うのか、どうやってカメラを使うのか、どうやってＬＩＭＩＳのシステムに履歴を入力するのか、すべて〔についてのレクチャー〕がありました。そして、私たちは習得したのです。（Ｒ２）

インタビューを回答者した職員本人が、デジタル化を担当するにあたりＬＩＭＩＳセンターでの研修を受けて必要な専門知識を得たといった経緯を説明する発話もあった。

私は以前、ヴィリニュス〔のＬＩＭＩＳセンター〕に行きました。そこではＬＩＭＩＳの職員が写真撮影について教えてくれました。そこに行く前は、私はカメラの機能について知りませんでした。オート設定を使っていましたが、それではいけません。どうやって使うのかを知らないと。（中略）彼らは教えてくれました。二日間あって、どうやって〔収蔵資料の写真撮影を〕するのか見せてくれました。（Ｒ４）

私はＬＩＭＩＳに関連しては二年しか仕事をしていません。ＬＩＭＩＳを運用しているヴィリニュスの美術館〔リトアニア国立美術館〕の研修に行って、私はその研修に参加して、システムの使い方等の情報を得て、そこから始まりました。〔ここでの〕仕事を始めたのです。（Ｒ３）

以上のように研修プログラムは、専門性を身に着ける方法を提供することにより、各博物館の専門職員がデジタル化の即戦力となるように補助をしていた。特に、調査時点でデジタル化の責任者となっていたような職員にも研修プログラムによってデジタル化に習熟した例を見ると、この研修プログラムがリトアニア国内の博物館のデジタル化の人材育成において重要な役割を担っていたと考えられる。この研修プログラムの効果は、前述した「専門性の不足」を各館の負担なく解決する方法であるいっぽう、その効果は各博物館がデジタル化のために十分な人員を雇用できないことと表裏一体であると言えよう。

働かない人／理解しない人

博物館のなかには、デジタル化に無関心である（もしくは以前はデジタル化に無関心であった）人も働いている。このような保守的な態度の職員について、四人の回答者による発話があり、これらをサブカテゴリー「働かない人／理解しない人」に分類した。これらの発話は、例えば、「年配の同僚がいるが、彼らは〔収蔵資料情報を〕ＬＩＭＩＳに入力したがらない（Ｒ２）」のように、職員によってはデジタル化に関する取り組みに消極的であることへの懸念を示すものであった。このような事態に対して、変化を起こそうと試みたり、無理に職員全員にパソコンを使わせる必要はないとの結論を出したりと、それぞれの博物館に応じた対処方法が取られていた。

〔一部の〕年配の保守的な職員は、すべてをオンラインで見せる意義を理解せず、未だに保守的な考えを持っています。見せるな、隠せ、と。それは問題なのです。ですが、我々は変えようと試みています。（N1）

ですので、おそらく最初のうちは全員〔の参画〕は必要ないのだと思います。若手の職員が部署内でパソコンに関連した仕事をすればいいのです。ええ、〔新しいものに〕反対することは自然なことだと思います。（N2）

他方、デジタル技術（デジタルカメラ）の利用について、初めは理解が得られなかったものの、徐々に対話のなかで理解が得られたエピソードを語った発話もあった。

昨年亡くなった前の館長は、かなり年配でなぜ我々がこの仕事〔デジタル化〕をするのか、その目的は何か、なぜなのか、といったことを理解するのが難しく、そのため彼女は私にたくさんの質問をしました。そして、後になってデジタルカメラを購入してくれました。（R4）

デジタル技術が急速に出現し博物館に入ってきた以上、誰もがすぐにそれを受け入れられるわけではないのは当然である。特に、長年博物館で専門性を発揮してきた職員にとってはなおさらである。パソコンの利用やデジタル化の意義を理解しない人やできない人に対して、インタビューの発話のなかでは懸念と理解の両方が見られた。デジタル化を行うに当たっては、館内でその意義を共有することも一つの障壁になりうるということであるいっぽう、それは解決可能であることをインタビューの回答者らは示した。

（6）どこでデジタル化するのか？：「組織構造」

博物館は組織であり、デジタル化はその組織構造のなかで営まれていることの一つである。カテゴリー「組織構造」では、それぞれの博物館の組織構造において、デジタル化がどのように分担されているのか（もしくは一か所で担っているのか）についての発話をまとめたものである。組織構造のなかでのデジタル化の分担状況を示すものとして、デジタル化の担当部署についての発話が数多く見られた。第三章に示した調査1の結果のグラフである図16（85頁）は、デジタル化の専門部署はリトアニア国内でほとんど普及していなかった様子を示していたが、インタビュー中の発話の多くは専門部署がなくとも、兼任部署によってデジタル化を担っていたことを示していた。また、博物館内の部門を超えて、デジタル化作業を分担している例も少なからず見られた。

このカテゴリーには、さらに細かい分類としてサブカテゴリー「担当部署」、「部門間チーム」、「サポートセンター」を定義した。それぞれの定義（発話の分類基準）については、表9の通りである。以降では、それぞれのサブカテゴリーに分類された発話を引用し、デジタル化の手順について述べる。

担当部署

デジタル化を実施するにあたって、その担当部署を設置している旨の発話を分類したのがサブカテゴリー「担当部署」である。担当部署といっても、デジタル化のみを担当する部門を特別に設置している場合と、収蔵管理部門が追加でデジタル化の業務も実施している場合の両方があった。これらの二種類の担当部署は、デジタル化に特化しているかどうかの差異に加えて、部署としての機能も異なっていた。以下では、それぞれをサブカテゴリーに分け、前者を「専門部署」と後者を「兼任部署」として、それぞれの発話をもとにさらに詳述する。サブカテゴリーそれぞれの定義（発話の分類基準）については、表9の通りである。

専門部署

デジタル化の実施のための専門部署についての発話を分類したのが、サブカテゴリー「専門部署」である。これは、博物館のなかでデジタル化を行うための機能を部門として独立させることについて述べたものである。インタビューにおいては、六人の回答者がデジタル化の専門部署について言及し、そのうち三人が実際に設置されている当該部署について述べ、残りの三人は当該部署が館内にない旨を述べた。

すでにデジタル化のための専門部署を設置していた博物館の回答者は、当該部署が設立されるに至った経緯とともに、それらがどのような役割を担う部署であるのかを説明していた。

デジタル化のための独立した部署〔を作ったの〕は、増え続ける〔デジタル化の〕仕事のためです。ただ自然に〔部署が〕分かれるようになりました。誰かがすべての〔デジタル化の作業の〕調整をしなくてはならないからです。（N2）

この発話は、増加したデジタル化の業務を調整する必要性から「自然に」部署として独立したとあり、この場合の専門部署はデジタル化を行う主体ではなく、館内で行うデジタル化を取りまとめる位置づけのものであった。同様の位置づけの部署を設立したもう一館の博物館においては、デジタル化を行うにあたり発生していた課題の解決の側面からその設置経緯を述べていた。

すべての人が同じように働くわけではありません。なので、この部署が設立されました。すべてが一律に行われるように。（中略）館内には〔デジタル化が〕嫌いな人がいます。〔デジタル化を〕やらない人もいます。この部署が作られたのは、〔デジタル化を〕やる人とやらない人がいるからです。（R4）

以上に見るように、実際にデジタル化の専門部署が設置されている場合、専門部署の主な機能はデジタル化作業の調整であったといえる。いっぽう専門部署がないことを示す発話は、「独立した部署は、当館にはありません（R1）」という簡潔なもののほかに、部署の設置の障壁があることを述べたものもあった。

ええ、私たちは〔デジタル化の〕部署のようなものの計画を作成しています。ですが、この計画はほかの部署の計画に基づいて承認されないといけません。あと、当館の館長〔の承認〕ですね。（R３）

この発話は、デジタル化の部署の設置には博物館内の他部署の理解を得ることの必要性を示している。これは、すでにデジタル化の部署がある博物館における設置の経緯が前述したように館内で広がったデジタル化作業の調整と整理であったことと繋がっている。デジタル化の専門部署の設置は、設置した博物館内のデジタル化の普及と理解を反映したものであるのだ。

兼任部署

博物館によっては、ほかの業務を主に担う部署内でデジタル化を担当していた場合も見られた。こうした兼任部署においてデジタル化を実施している様子についての発話をサブカテゴリー「兼任部署」に分類した。兼任部署でデジタル化を担当している博物館のほとんどにおいて、兼任している部署の本来の役割は収蔵資料管理だった。一部の発話においては、ほかの仕事と並行してどのようにデジタル化を行っているのかの説明があった。

デジタル化はこの部署で行っています。ここ〔の部署〕では収蔵資料の保存をしているので、我々は資料を選んで、収集して、保存をして、そしてデジタル化をするのです。大変な仕事です。（R１）

また収蔵資料管理部門がデジタル化を担当する理由についての推測も発話のなかには見られた。

ＬＩＭＩＳは〔データの公開の〕ためだけではなく、開発者のアイディアによると、紙の本〔収蔵資料管理目録〕をＬＩＭＩＳで置き換えたいみたいです。だから、〔デジタル化の〕作業がうちの部署に来たのです。（Ｎ３）

リトアニアの博物館においては、原則的には収蔵資料管理目録等の収蔵資料管理のための書類を手書きで作成することになっている（第二章（２）50頁から51頁を参照）。パソコンで作成するための要項も載っているが、上記の発話によるとそれをＬＩＭＩＳにより代替することを目指している過程において、収蔵資料管理部門がデジタル化を担当していたということである。ただし兼任部署は、専門部署のようにデジタル化を管理する場所ではなく、デジタル化を他の業務の傍で実施する役割を負っていた。

私たちは調査研究の報告書を作っています。ええ、私たちが書いて、機関誌を出版しています。それに学術会議に行って調査研究について、新しいことやリトアニア史において興味深い発見について発表しています。それに、後は展示も作成しています。デジタルの、ヴァーチャル展示のみではなく、現物資料を用いた普通の展示も作っています。私たちはたくさんのプロジェクトに関わっていて、ＬＩＭＩＳの仕事は主な仕事ではありません。（Ｒ３）

専任部署は博物館のなかで行われているデジタル化を調整する役割であったが、それと対比して兼任部署は館内のデジタル化を一手に引き受け、日々の業務の一部として行っていた。他方、第四章に述べたように国立博物館より小規模な地方自治体立博物館においては、担当部署さえもないところがほとんどであったことを考えると（104頁図23を参照）、本項で述べたように館内の一部署がデジタル化の役割を担うこと自体、先進的な取り組みの一環であるように見える。

部門間チーム

このカテゴリーは、いくつかの部署間でデジタル化を分担している博物館についてまとめたものである。前項では、デジタル化に取り組むための専門部署もしくは兼任部署について述べたが、その有無にかかわらず、複数部署でデジタル化を分担して行っている博物館が見られた。

〔デジタル化を行う〕ほかの職員は他部署で働く人々です。収蔵資料管理部門、イコン画コレクション部門、歴史コレクション部門、それぞれの職員がデジタル化をできます。ええ、彼らはデジタル化をするためのグループのメンバーです。そうやって、私たちは館内で収蔵資料のデジタル化をしているのです。（N４）

このように収蔵資料の専門性に合わせたデジタル化の分担のために部門間チームでデジタル化に取り組

む博物館があるいっぽう、様々な専門性の職員がデジタル化の段階に合わせて関わることによって、結果的に部門の壁を越えて協働している例もあった。

ええ、まず最初の人が、主に技術的な仕事をしまして、そしてそれを公表する段階になったら私たちはそれを受け取って、そして他の専門家がそれを使って仕事をできるようになります。最後の成果は多くの入力の結果であり、多くの人が取り組んだ結果なのです。（R5）

こうした役割分担を行う意義としては、博物館の職員の間で専門性に偏りがあることにある。したがって、餅は餅屋といった専門特化の分担のほうがデジタル化を遂行しやすい、という背景が見られた。

テクノロジーはテクノロジー、博物館の専門職員は専門職員、デザイナーはデザイナーです。なので、全員が専門性を発揮して働くようにしなくてはならないのです。（R3）

デジタル化のための部署間の連携は、博物館をあげてデジタル化に対して積極的に取り組む姿勢の現れでもあると考えられる。上記の専門部署の設置は博物館をあげてデジタル化への理解を示していることの現れであったことを考えると、専門部署の設置に至る前段階において部門間チームによるデジタル化への取り組みが行われていたのだと考えられる。

サポートセンター

ここでは、外部機関によるデジタル化のための支援、特にデジタル技能拠点のサポートセンターの役割についての発話を、サブカテゴリー「サポートセンター」に分類した。第二章（3）で前述したように、「デジタル文化財の更新と保存の実施計画二〇一五年〜二〇二〇年（表2表番号10）」で定められたデジタル化技能拠点としては、リトアニア国立美術館のＬＩＭＩＳセンターが全国デジタル化技能拠点指定されたほか、国立Ｍ・Ｋ・チュルリョーニス美術館、シャウレイ「アウシュロス」博物館、リトアニア海博物館が、地域デジタル化技能拠点に指定された。インタビューの発話においては、これらの複数のデジタル化技能拠点への言及があった。

例えば、大きな絵画については、私たちはヴィリニュス〔ＬＩＭＩＳセンター〕に、大きなスキャナーのところに持って行きます。（中略）ええ、〔大きな資料のデジタル化は〕ヴィリニュスに持っていきます。（Ｒ2）

私たちは彼ら〔Ｍ・Ｋ・チュルリョーニス博物館〕に専門家を要請しています。彼らは撮影が難しい資料の写真を撮ったり、あとは館内で技術的な問題が起こったときも〔Ｍ・Ｋ・〕チュルリョーニス〔博物館〕にお願いします。彼らはサポートセンターのようのものですから。（Ｒ3）

これらの拠点の、利点の一つは特別な機材があることである。カテゴリー「デジタル化の運用」のサブカテゴリー「機材の使用」に前述したように、大判のスキャナー等の博物館によっては未導入の機材を使えるという面で、サポートセンターに頼れることのメリットは大きい。もう一つは、技術的な助言を得られることである。これは、カテゴリー「人材」のサブカテゴリー「専門性の不足」に前述したように、国立博物館においてもデジタル化に関する技術的な専門性を持った職員がいない場合があり、そういった博物館のニーズに応えるものであるといえる。

また、サポートをする側においても、自らの部門が国内の博物館がデジタル化するために大いに貢献していたことを認識していた。

国立デジタル技能拠点の前は各博物館が別々に〔デジタル化に〕取り組んでいましたが、今は私たちがすべての博物館の〔デジタル化の〕キュレーターをしています。ですので、私たちは写真家とともにほかの博物館を手法的な面や機材的な面で補助し、新しい技術でのデジタル化〔の実現〕やLIMISのシステム〔の維持〕をしています。（N1）

以上の発話が示すように、デジタル技能拠点は博物館のデジタル化の補助として、すでに各博物館がデジタル化をするプロセスの一部に組み込まれていた。また、サポートセンターが国内の博物館内に設置されていることにより、民間業者に委託しなくとも、各博物館がデジタル化の選択肢を増やすことに一役買っている様子が見られた。

（7）なぜデジタル化をするのか？：「目的と動機」

リトアニアの調査対象のそれぞれの博物館が「なぜ」デジタル化をしているのか、についての発話を分類したのがカテゴリー「目的と動機」である。デジタル化は、博物館がインターネットを介して自館のコレクションを公開することにも貢献するため、博物館による広報の役割を果たすものである。いっぽう収蔵資料管理の側面からは、従来の収蔵資料を管理の方法に取って代わり、博物館の内部の仕事を円滑にするという展望がある。特に、リトアニアでは従来、手書きの収蔵資料目録の作成が義務付けられていたが、ＬＩＭＩＳはその代替手段をなりうるものである。さらに、デジタル化を開始したきっかけとして、意図的な動機だけではなく「自然の流れ」があったとの発話もあった。

このカテゴリーには、細かい分類としてサブカテゴリー「広報」、「収蔵資料管理」、「自然の流れ」を定義した。それぞれの定義（発話の分類基準）については、表9の通りである。以降では、それぞれのサブカテゴリーに分類された発話を引用し、デジタル化の手順について述べる。

広報

一つ目のデジタル化の主な目的として、広報、すなわち、博物館やその収蔵資料について広く一般に普及することが挙げられた。そこで、デジタル化によって来館者や社会全体に向けて発信できることについての発話を「広報」に分類した。デジタル化による広報とは、広い意味ではインターネットにおける情報発信のことである。まず、その情報発信の手段の幅広さについて説明する発話があった。

〔デジタル化した収蔵資料のデータを〕フェイスブックに載せて、当館の複数のウェブサイトに載せて、LIMIS、EUROPEANA、それにePaveldasにも載せます。なので、資料を載せる方法はたくさんあり、多くの人が見ています。（R2）

インターネット上で広報する手段は様々であるが、その目的や動機にはいくつかのパターンが見られた。それらのパターンの一つは、まずはより多くの人に対して博物館やそのコレクションについて知ってもらおう、というものである。インターネットへのアクセスは通常、実際の博物館のように地理的な制限がなく、博物館の潜在的な来館者を世界中に広げることが可能である。そのことがデジタル化の目的に繋がっていた。

出発点として、みんなに見せたいという〔思い〕があります。リトアニアのなかだけではなく、国外の、別の国でも〔見せたいの〕です。インターネットなら、それぞれのパソコンで見られますから。（R2）

社会とのコミュニケーションの側面においても、ヴァーチャル展示を行うことは大事なことです。自館を見せて、自館の成果を、面白い部分を見せることは大事なことです。この一環として、当館の

ウェブサイトの片隅に今週の収蔵資料のコーナーを作って、ＬＩＭＩＳに載せているのとほぼ同じデータを載せています。（Ｎ３）

また、博物館に所蔵するものを宣伝することによって、実際の来館を誘引するという目的もみられた。例えば、「私たちが持っているものを見せることで、当館の展示の魅力を伝える手段でもあります。（Ｎ３）」の発話のように博物館にどのような収蔵資料があるのかを見せて認知度を上げることによって、博物館において展示した資料それぞれの価値の付加に繋げていた例があった。

広報のためとしては、確実に〔デジタル化したものを使う〕ほうがいいです。簡単ですし一般の人々が見つけたらここにあると分かるので、直接問い合わせが来ます。何を聞けばいいのか分かる〔ようになった〕のです。（Ｒ１）

このほかに、デジタル化が博物館の既存の機能に取って代わった例への言及もあった。その一つとしては、「デジタル化によってプレスリリースが活性化した（Ｎ１）」ことによって、従来の広報活動を強化していた。また、別の博物館では、社会に対する説明責任を確保するために、デジタル化された収蔵資料をオンラインで公開することを採用した例もあった。

この宮殿〔博物館の建物〕の復元工事の間は賛否両論があり、社会は何にお金を使ったのか知りたがっていたので、これ〔資料のオンライン公開のウェブサイト〕は我々が何を購入しお金がどこへ行ったのか見せるために作りました。（中略）なので、人々が見られるということは結構大事だったのです。（N3）

このように、オンラインの様々な手段での情報発信に繋がることによって、デジタル化は世界中の人々に情報を提供する可能性を広げた。従来の、博物館への来館にあった地理的な制限を越えて、世界中に向けて博物館やその資料について伝えられるようになった。そして、潜在的な来館者に対しても、博物館の魅力を伝え来館を誘引するとともに、博物館そのものの、社会への説明責任を確保する役割を果たしていたのである。

収蔵資料管理

もう一つのデジタル化の主要目的としては、収蔵資料の電子管理を実現することが挙げられた。第二章で前述したように、リトアニアの博物館では収蔵資料管理を紙の書類によって行うことが定められていた。これらの書類はパソコンで作成することが定められていたが、あくまでも印刷することを前提としたものであり、完全に電子データのみによるパソコン上やネットワーク上の管理はリトアニアの博物館においては想定されていなかった。それでも、デジタル化の目的として収蔵資料管理に言及する発話は多く見られた。

なお、リトアニア語で収蔵資料管理を示す用語「apskaita（リトアニア語で「登録」）」に対応して、ほとんどの回答者は英語で解答する際も「収蔵資料管理」の代わりに「収蔵資料の登録」という表現を使っていた。以降の発話の日本語訳では、「収蔵資料の登録」を「収蔵資料管理」と読み替えて記述することとする。

インタビュー中の発話のなかで多かったのは、LIMISに加えて手書きの帳簿を利用しているという例である。二つの手段を併用するということは、それに伴ってその分仕事が増えるということである。回答者のなかには、その過程を丁寧に説明した人もいた。

大変ですよ。すべてを帳簿に手書きして、それを全部インターネットに、パソコンに入力して、写真を撮って、そのすべてです。つまり私たちは二重で仕事をしています。（中略）ええ、二度手間です。だから彼ら〔年配の職員〕には大変だと思います。（R2）

このように、二重の手間になることを承知の上で、それでもあえて併用することを選んだ理由を語った発話も見られた。

ええ、かなり仕事は多いです。ですが、〔管理のための〕紙の帳簿と、職員が使うための館内のデータベースの両方が必要なのです。それに、社会のためのものと、調査のためのものと、資料保全のためのものと、分けることはいいことだと思っています。（中略）決まっていることではないですが、あえて〔分けて〕やっています。（N3）

紙の帳簿と並行して電子管理を試みる博物館があるいっぽう、デジタル化を行いながら収蔵資料管理を行うために、時期を見極めていた博物館もあった。調査時点で収蔵資料の電子管理を見送った博物館では、「ドキュメンテーションと収蔵資料管理については（中略）七万五〇〇〇点の収蔵資料があるので後々に〈取り組むことに〉なる（R2）」という発話があった。他方、調査時点ですでにそのタイミングが来ていた例も見られた。

デジタル展示や博物館へのデジタル訪問といったものが少しずつ有名になったからです。だんだん有名になってきて、初めはただデジタル化をしていましたが、今は他の目的で使い始めています。（R5）

また、LIMISのみを用いて収蔵資料管理をしているのは、「すべてコンピュータ上で行っている（中略）私たちは収蔵資料の管理をLIMIS上のみで行っている（R5）」との発話があった博物館一館のみであった。LIMISのサブシステムの一つであるLIMIS-Mは、「収蔵資料や文化遺産の電子収蔵資料管理のためのサブシステム」として設計され、LIMISは電子的なコレクション管理を行うことがその開発の目的に組み込まれているが、このLIMISの開発意図に沿った使い方をしていたのは調査時点においては例外的な少数であった。

自然の流れ

デジタル化に取り組む理由として、上記に述べたような明確な目標に基づく戦略的なもののほかに、より曖昧な「自然の流れ」についての言及もあった。そうした発話は、サブカテゴリー「自然の流れ」に分類した。

同時にやってきたのだと思います。要因の一つはｅＰａｖｅｌｄａｓでしたが、経済的な状況も上向きになっていました。そこで、ほとんどの博物館専門職員がそれぞれパソコンを使って働くようになったのです。（Ｎ１）

ここで名前の挙がったｅＰａｖｅｌｄａｓは、リトアニア国立マジュヴィーダス図書館が運営するリトアニアのすべてのデジタル文化財のデータベースである。そうした博物館の外部のシステムが構築されたことによる働きかけ以上に、社会の変化、この場合は経済状況の発展のほうがパソコンを使い始めるための要因としては大きなものとして認識されていた。社会の流れのほかに、パソコンを使う利便性への言及もあった。

自然に起こったのだと思います。ニーズがあったりとか、仕事を管理できる可能性があったりしたことによって〔パソコンが使われるようになりました〕。（中略）新しいものを使う可能性があって、それによって仕事が楽で便利になったのです。（Ｎ２）

初めは、新しい博物館になりたかった〔という期待があって〕、外国の経験から何が必要なのか理解するようになって、自然の流れによるものでした。パソコンはどこでも使われるようになって、博物館も〔使うようになったの〕です。（N３）

このように、パソコンを使うことが選択肢を広げ、便利だと認識され、いわば当然のこととなっていったことが、博物館がパソコンを使う「自然の流れ」だったのだ。ただし、パソコンを使用することとデジタル化を始めることには飛躍があり、必ずしも結びついていたわけではないが、「自然の流れ」が、博物館が新しいテクノロジーを導入することを後押ししていたのである。また、この「自然の流れ」という語を使ったのは三館の国立博物館のみであったが、この語は社会の発展や技術の革新が博物館のデジタル化に与えた影響の片鱗を示している。

（８）調査３の総括：博物館におけるデジタル化の実践の要素

調査３では、リトアニアの博物館におけるデジタル化がどのように実施されているのかを理解することを目的として、質的データの収集と分析を行った。質的データの収集のため、各博物館でデジタル化に取り組む責任者を対象とした半構造化インタビューを行った。調査対象は、リトアニア国内で先進的なデジタル化の実施をしている国立博物館とし、調査への協力を得られた九館において行った。インタビュー中の会話は録音し、その録音を書き起こした。質的内容分析（ＱＣＡ）を用いて、書き起こしたテキストを分析した。収集したデータ等を基に分析枠組みを構築し、「運用」、「人材」、「組織構造」、「動機と目的」の四つの主要なカテゴリーにインタビューの発話を分類した。

これらのカテゴリー「運用」、「人材」、「組織構造」、「動機と目的」はそれぞれ、デジタル化にあたって、何を・どのように実施するのか、誰が実施するのか、どこで実施するのか、なぜ実施するのか、という問いへの答えである。したがって、各カテゴリーを記述した節題は、これらの問いの形式にした。

まず、デジタル化の実施について、何を・どのように行うかについての発話を分類したのが、「運用」のカテゴリーである。デジタル化の手順として回答があった内容は、「収蔵資料の選定」、「メタデータの入力」、そして、「デジタル画像の生成」、「デジタルデータの管理」であった。それらに並行して、「機器の使用」をしていることも述べていた。このカテゴリーの回答は、デジタル化において実施する事項が本書冒頭の定義に述べたものに留まらないことを示した。

次に、博物館のなかにおいて誰がデジタル化に関わるのかをまとめたのが、「人材」のカテゴリーである。インタビュー中では、誰がデジタル化を行うか、ということのほかに、どのような人がデジタル化に際して足りないのか、デジタル化を行わないのは誰か、という視点からの回答もあった。主な館内のデジタル化の担い手は「現在デジタル化を担当している人材」として、「ハードウェアの専門家」、「デジタル画像の専門家」、「データ入力の人員」、「ＩＣＴに精通した学芸員」が挙げられた。そのほかに、デジタル化を行うに当たって必要なのに足りない職能の人を「不足している人材」、館内の職員をデジタル化で育てている様子を「研修プログラム」、さらにデジタル化の実施に後ろ向きな職員を「働かない人／理解しない人」としてインタビューの発話の引用から描写した。

さらに、博物館のなかのどこでデジタル化を行っていたのかについて、「組織構造」のカテゴリーでは整理した。ここでは、博物館内の具体的な場所というよりも、博物館の組織内の位置づけを示した。主にどの部署においてデジタル化を実施しているのかについて、デジタル化の専門部署であるかどうかを含めて述べたのが「担当部署」、館内で部署の垣根を超えてデジタル化を行っている様子を整理したのが「部門間チーム」、さらに館外に（特にデジタル化技能拠点）のサポートを受ける際のことを示したのが「サポートセンター」であった。

ここまでに述べた三つのカテゴリーはデジタル化の実施の手順そのものについて着目していたが、なぜデジタル化するのかという点を整理したのが「動機と目的」のカテゴリーである。大きな動機と目的としては、デジタル化したコンテンツによって社会一般に博物館について伝える「広報」と、データベースを用いた電子管理を展望する「収蔵資料管理」が挙がった。これらに加えて、明確な意図よりも経済成長等の「自然の流れ」がデジタル化に関連する取り組みを進めていたことも示された。

以上より、調査3においては、リトアニアの博物館におけるデジタル化に関わる要素を明らかにした。カテゴリーやサブカテゴリー同士の関連については分析のなかの随所で言及したものの、この調査の成果はあくまでもデジタル化に関してどのような要素があるのかの列挙に留まっている。したがって、博物館においてデジタル化がどのような協働と流れにおいて行われているのかについては、これらの要素を再構築し、その妥当性を検証する必要がある。その試みについて、次章の調査4において述べることとする。

注

1　Schreier 2012: 1.

2　Schreier 2012: 6.

3　Schreier 2012: 6.

Acknowledgement: This chapter is derived in part from an Article published in *Journal of Baltic Studies*, 28 Feb 2023, Association for the Advancement of Baltic Studies, available online: https://www.tandfonline.com/doi/full/10.1080/01629778.2023.2185271

第六章　国立博物館におけるデジタル化実践モデルの提唱と検証（調査4）

（1）「デジタル化」の定義の再考

リトアニアの博物館において、デジタル化の実施に関わる手順はどのように進められ、どのような人が関わっているのだろうか。本章の調査4では、前章の調査3で明らかにしたその要素を組み立て、そのモデルを構築し、さらにインタビュー調査によってその検証を行うことを目指す。

本書の出発点として、「デジタル化」の定義を、冒頭において次のように示した。

「デジタル化」は、具体的には、まず資料それぞれをデジタルカメラによって撮影し、もしくはスキャナーを用いてスキャンをし、画像データを作成する。そして同時に資料に付随する情報（メタデータ）を入力し、画像と対応するように管理を行う。さらに、作成された各収蔵資料の画像イメージとメタデータ（付随する情報）の蓄積によりデータベースを構築する。博物館の現物資料をデジタルデータの形式に変換する一連のプロセスである。

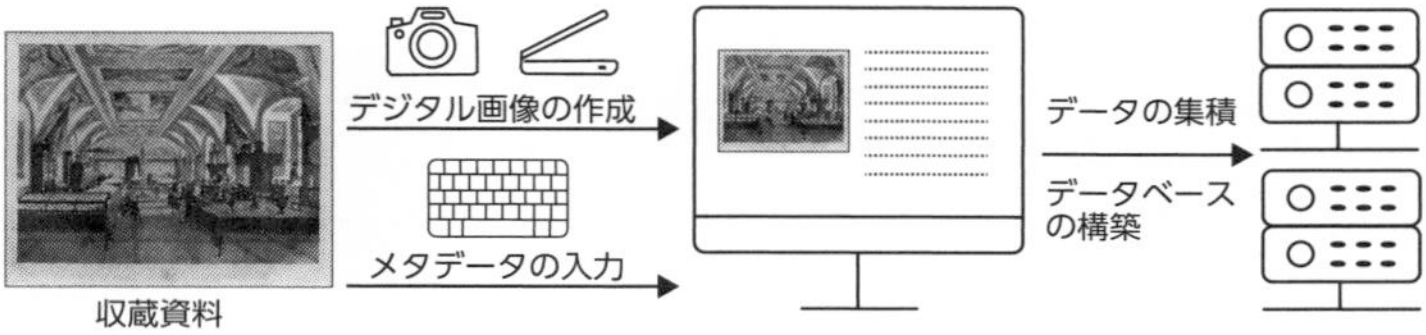

図1　デジタル化の定義（筆者作成）。

この定義を図として表した図1を再掲する。

ミーハンの指摘するように、博物館学において博物館の「デジタルのモノ」の共通の定義はなく、各デジタルアーカイブのプラットフォームが定めるものに留まっている。[1] また、冒頭で前述したようにデジタル化のガイドラインもすでに多く定められている。これらが示すのは、デジタル化の成果物やその目指す方法については記述されてきたいっぽうで、個々の博物館における、いわば営みとしてのデジタル化を記述する方法は確立されていないということである。

前章に示した調査3では、リトアニアの九館の国立博物館におけるインタビューをもとに、各博物館がどのようにデジタル化を行っているのかを「運用」、「人材」、「組織構造」、「動機と目的」の四項目に整理した。インタビューに用いた手法は、質問紙の順番や項目に必ずしも基づかない半構造化インタビューであり、当初想定していた項目以外についての発話もあった。そのこともあり、特にデジタル化の「運用」についての発話において説明された各博物館におけるデジタル化の実践は、本書の想定していたデジタル化の定義の枠には収まらないものであった。

本章では、まずは調査3の結果、特にＱＣＡの分析枠組みの主要カテゴリー「デジタル化の運用」の項目をもとに、各博物館におけるデジタル化の実践のモデル化を試みる。その上でこのモデルをもとにしたインタビュー調査を、国立博物館十九館を対象として行う。

次節では、まずはこのモデルの構築を行う。そして次々節では、その検証のためのインタビュー調査の実施の手法について述べる。この調査4では十九館すべてから調査の協力が得られることとなり、その得られた全館分のデータとその分析を本章の後半では示す。

（2）調査3の結果に基づくデジタル化実施モデルの構築

本節では、調査3の結果から博物館内におけるデジタル化の手順の流れのモデル化を行う。調査3で論じた、インタビュー結果を分析したQCAの枠組みにおいて、博物館内のデジタル化の手順を具体的に表していたのが主要カテゴリー「デジタル化の運用」である。そのサブカテゴリー「収蔵資料の選定」、「メタデータの入力」、「デジタル画像の生成」、「デジタルデータ管理」、「機材の使用」は、デジタル化のプロセスに関わる要素を示している。

まず、「メタデータの入力」、「デジタル画像の生成」、「デジタルデータ管理」は、図1に表した本書のデジタル化の定義の内容と一致するものである。前章（4）に見るように、これらについては断片的な言及にとどまらず、具体的な説明を伴っていることから、デジタル化として館内で行われていることの一部は、本書のデジタル化の定義が捉えることができていたと考えられる。したがって、図1に表したデジタル化の定義を軸として、そこにデジタル化の要素を足していくことにより、さらに詳細なモデル構築をしていくこととする。

本書で定義したデジタル化の構成要素のうち、「デジタル画像の生成」は、「機材の使用」の発話より、デジタルカメラによる撮影とスキャンの二つの方法があることが明らかになっている。さらに、主要カテゴリー「人材」のサブカテゴリー「デジタル画像の専門家」より、撮影にあたっては専門技術が必要とされているいっぽう、スキャンについては技能に関する言及がなかった。したがって、これら二つの手順は館内で携わる人が異なる可能性が高いので、「デジタル画像の生成」は「デジタル撮影」と「スキャン」に分けて記述することとする。

また、「データ管理」は、定義におけるデータベースの構築を指しているというよりも、データの保管を示していると思われる。いっぽう主要カテゴリー「人材」のサブカテゴリー「データ入力の人員」は、ＬＩＭＩＳへの登録作業が、メタデータの入力や画像の作成とは別に生じていることを示唆しており、こちらはデータベース構築に資する作業である。したがって、作成されたデータは「保存」と「ＬＩＭＩＳへの登録」の二つの方向で保存・蓄積されているといえる。

他方、「選定」はここまでに述べたすべての作業に先立って行われているものであった。これは、メタデータの入力・デジタル撮影・スキャン（以降では、これらをまとめて「デジタルデータの作成」とする）を行うもととなる現物資料を博物館の収蔵資料から選ぶ作業である。調査３の結果では、優先順位や選定基準をもとに行われていた。

以上に加えて、主要カテゴリー「目的と動機」では、デジタルデータをその作成後に「広報」と「収蔵資料管理」に用いることが、そもそもデジタル化を行う目的であることを明らかにした。これらはデジタ

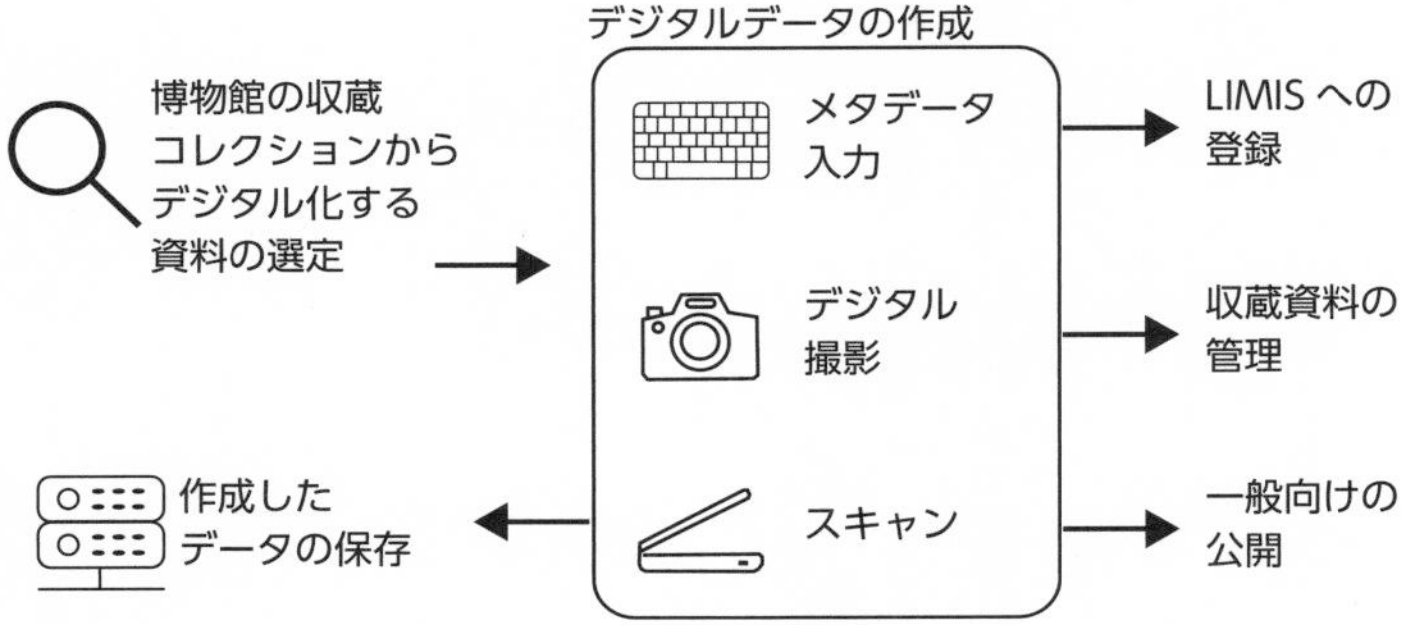

図 27　デジタル化実践モデル（仮説）。

ル化の目的のみならず、デジタルデータ作成後の手順を示しているともいえる。

ここまでに述べた内容をまとめると、博物館内でデジタル化を行うプロセスは次のようになる。まず、博物館の収蔵コレクションからデジタル化を行う現物資料の選定を行う。選定した資料について、デジタルデータの作成（メタデータの入力・デジタル撮影・スキャン）を行う。作成されたデータは、館内で保存されるほか、LIMISへ登録される。さらに、それらのデータは、収蔵資料管理と一般向けの公開にも使われる。この一連の手順の流れを示したのが、デジタル化実践モデル（仮説）（図27）である。

このモデルは、前述のように調査3の結果をもとに作成したものであるものの、リトアニアの国立博物館（のうちの調査に協力した九館）すべての実践を反映したものではない。調査3の分析は質的内容分析（QCA）を用いており、分析枠組みに沿ってそれぞれのインタビューの発話をコード化したものを、その結果として示した。ゆえに、図27はいわばモンタージュ写真のようなものであり、リトアニアの博物館におけるデジタル化の取り組みを反映したものであるか否かについては、検証が必要である。その検証のため、調査を行うことにした。

（3）調査手法：インタビュー調査（面接・メール）

調査対象

この調査では、調査3と同じくリトアニアの国立博物館を対象とした。調査開始時の二〇一八年現在、リトアニアには四館の国立総合博物館と十五館の国立専門博物館があった。それらすべての博物館にインタビュー調査への協力を打診し、すべての博物館が同意した。したがって、インタビュー調査への同意を得られた博物館十九館を調査の対象とすることにした。

データ収集方法

本章の調査では、リトアニアの国立博物館を対象とした対面インタビューおよびメールインタビューを行った。回答者として想定したのは、博物館内でデジタル化を担当する博物館専門職員だった。インタビューの会話に主に用いた言語はリトアニア語であった（一部の調査は英語であった）。調査にあたり、事前に回答者に質問紙を配布した。質問紙には前節に示した図27のデジタル化実践モデルの図を掲載し、その図を基に、各項目について質問を行った。

対面のインタビュー調査では、録音した音声そのものを公開しないことを前提として、会話をすべて録音することの同意を回答者から得た。調査後、録音した会話をもとに筆者がデジタル化実践モデルをもとにした各博物館のデジタル化の手順を示すフローチャートを作成した。作成したものを調査対象者に電子メールで送付し、内容に間違いはないか・補足はないかについての確認を依頼した。都合がつく場合は、再度対面して確認をした。

メールインタビュー調査では、メールに返信する形で質問紙の質問への回答を得た。回答において不明瞭なことがある場合は、再びメールで質問をして回答を得た。対面のインタビュー調査と同じく、それらの回答をもとに筆者がデジタル化実践モデルをもとにした各博物館のデジタル化の手順を示すフローチャートを作成した。作成したものを調査対象者に電子メールで送付し、内容に間違いはないか・補足はないか、についての確認を依頼した。

調査期間は二〇一八年七月から二〇一九年八月までであった。調査の実施概要は表10に示した。二〇一八年に調査を行った館については、二〇一九年にあらためて最新の状況と齟齬がないかの確認を調査対象者に依頼した。表10には最終確認を行った日についても記載した。

データ分析方法

上記に述べたように、この調査の手順では、調査が終わった時点において、十九館分のデジタル化の手順を示すフローチャートが作成できている。調査開始時は、このフローチャートをもとにリトアニアの博物館におけるデジタル化の実施状況の傾向を分類して分析しようと計画していた。しかし、完成した十九館分のフローチャートを見ると、まずは十九館全体にみられる傾向から、もとにしたモデルの仮説に修正が必要であると考えた。そこで、次節ではどのような修正が適しているのかを論じ、次々節では修正した

表 10　調査４の実施概要

No.	博物館名	調査種別 (対面の実施日)	最終確認日
N1	リトアニア国立美術館	メール	2019 年 2 月 25 日
N2	M.K. チュルリョーニス国立美術館	対面 (2019 年 7 月 4 日)	2019 年 7 月 8 日
N3	リトアニア大公宮殿博物館	対面 (2019 年 8 月 16 日)	2019 年 8 月 16 日
N4	リトアニア国立博物館	対面 (2019 年 7 月 4 日)	2019 年 7 月 4 日
R01	カウナス第九要塞博物館	対面 (2019 年 7 月 5 日)	2019 年 7 月 5 日
R02	「アルカ」ジェマイティア博物館	メール	2019 年 2 月 26 日
R03	リトアニア教育歴史博物館	対面 (2019 年 8 月 22 日)	2019 年 8 月 22 日
R04	カウナス・タダス・イヴァナウスカス動物学博物館	対面 (2018 年 9 月 3 日)	2019 年 3 月 5 日
R05	リトアニア海洋博物館	対面 (2018 年 8 月 22 日)	2019 年 7 月 23 日
R06	リトアニア航空博物館	メール	2019 年 2 月 25 日
R07	マイローニス・リトアニア文学博物館	メール	2019 年 3 月 6 日
R08	リトアニア野外博物館	メール	2019 年 8 月 28 日
R09	リトアニア演劇・音楽・映画博物館	対面 (2019 年 3 月 4 日)	2019 年 3 月 4 日
R10	シャウレイ「アウシュロス」博物館	対面 (2019 年 3 月 1 日)	2019 年 3 月 1 日
R11	トラカイ歴史博物館	メール	2019 年 3 月 6 日
R12	ヴィリニュス・ガオン・ユダヤ歴史博物館	メール	2019 年 2 月 27 日
R13	ヴィタウタス大公戦争博物館	メール	2019 年 3 月 4 日
R14	リトアニア民族宇宙学博物館	メール	2019 年 2 月 26 日
R15	ヴァスロヴァス・インタス国立岩石博物館	メール	2019 年 3 月 14 日

モデルに基づく十九館分のデジタル化の手順を示すフローチャートを示すこととする。

（4）デジタル化実践状況に関わる八項目とモデルの修正

この調査では、前述のように対面のインタビューとメールインタビューにより、各博物館においてデジタル化がどのように行われていたのかを図27を提示した上で各項目への回答を得た。そして、得られた回答を項目ごとに筆者がまとめた。また、それぞれの項目に補足情報があった場合は、付記した。調査の結果、リトアニアの国立博物館十九館分の、「資料の選定」、「メタデータの入力」、「デジタル撮影」、「スキャン」、「データの保存」、「ＬＩＭＩＳへの登録」、「収蔵資料管理」、「一般向けの公開」の八項目のデータが得られた。

調査を計画した当初は、得られたデータを事前に構築したモデルに当てはめて比較分析や分類を行おうと考えていた。また、調査の際も、各回答者によるこのモデルに対する修正等の指摘はなかった。しかし、十九館分の回答から、項目によっては図27に示した元のモデルの仮説からのずれが見られた。

そこで、本節ではまず回答を得た八項目それぞれの内容を述べる。必要があれば適宜モデルの修正箇所についても論じる。それらをもとに、本節の末尾では修正したモデルを提示する。

デジタル化する資料の選定

この項目ではそれぞれの博物館において、デジタル化する資料をまずどのように選定するのかについて回答を得た。いずれの博物館においても、デジタル化に先立って事前に選ぶ作業が行われていることが分かった。調査3の分析結果は、インタビューの発話から他の博物館活動に付随して選ぶ場合と、資料そのものの質に基づいた優先順位による選定が行われたことを示していた。ただし、調査3の事前に用意した質問項目には収蔵資料の選定についてのものは含まれていなかったため、これらは会話の流れで言及した内容のみであり、本調査においてあらためて各館にデジタル化の際の資料の選定について聞いた。そのプロセスは多くの場合二つの段階に分かれていた。大まかな年次計画の設定と、その計画を遂行する上で具体的にどの資料をデジタル化するか決める作業である。

メタデータの入力

デジタル化におけるメタデータの入力は、冒頭に示した定義にも含まれている要素であり、デジタル化の根幹を構成しているといえる。調査3は、メタデータ入力は手間と時間がかかる作業であり、メタデータ入力のための情報を作成するために特に時間がかかると示していた。いっぽうこの調査においてメタデータに関わる事項を聞いたところ、メタデータの入力よりもそのデータの準備に力点を置いている博物館が多くあり、そこでは収蔵資料そのものに関する知識の必要性が強調されていた。

デジタル撮影

収蔵資料の撮影は、デジタル化の際にデジタル画像を作成する手段のひとつである。調査3は、撮影は「デジタル画像の専門家」が行っていたことを示し、デジタル化にあたって不足していた人材として「専門性の不足」が挙げられていたことを明らかにした。これらをふまえると、専門性を要する資料の撮影における専門家、すなわち写真家の必要性が読み取れた。

しかし、実際の運用を詳しく見ると、写真家が撮影している博物館は少なくないものの、むしろ「ICTに精通した学芸員」の活躍が見られた。調査3において、彼らはITに詳しい助っ人として説明されていたが、LIMISセンターの研修を受けた博物館専門職員が撮影を担うようになった例が複数見られた。

スキャン

デジタル画像を作成するもう一つの手段が、平面資料のスキャンである。但し、デジタル撮影とスキャン以外の画像の作成方法はインタビュー中では指摘されなかった。

スキャンは、スキャナーを使って平面のもの（主に紙資料）を読み込ませてデジタル画像を作成するプロセスであるが、あまりにシンプルなこともあり、調査3においてはほとんど言及されていなかった。この調査の結果、スキャンは「デジタル画像の専門家」が従事することのほうがめずらしく、「ICTに精通した学芸員」、もしくは、メタデータ担当の職員が兼任、というケースも多かった。シンプルな作業であるためか、意識的に問わないと、たとえ多くの人が携わっていたとしても、インタビューではデータが落ちてしまうことを、この要素はよく示している。

データの保存

博物館において組織的にデジタルデータの作成を行う際には、その取扱い方法、特に保存方法が重要である。リトアニアの博物館においては、ＬＩＭＩＳ、特にサブシステムのＬＩＭＩＳ-Ｍへのアップロードが、冒頭に示した定義の「データベースの構築」に該当する。しかし、調査３「デジタルデータ管理」で明らかになったように、各館の独自の方法によって作成したデータの管理をしていた例もあり、特定のシステムを利用しているとも限らなかった。そこで、「データの保存」という観点から回答を得たところ、ＬＩＭＩＳのサーバー、その他館内共有サーバー、外付け記憶媒体、職員への個人ＰＣの四つの方法が見られた。

ＬＩＭＩＳへの登録

ＬＩＭＩＳへのデータのアップロードは、ＬＩＭＩＳを活用するリトアニアの国立博物館においては、大切なプロセスのひとつである。調査３では「データ入力の人員」としてＬＩＭＩＳの入力作業に人員数が必要であることを示しており、デジタル化における「人員数の不足」の発話のなかにおいてもＬＩＭＩＳへの登録を念頭に置いていた。

今回の調査の回答では、各館でＬＩＭＩＳに関わる職員の人数についてのデータが得られた。ＬＩＭＩＳに関わる人とは、ＬＩＭＩＳへのアクセス権を持っている人、ＬＩＭＩＳに登録している人、データを確認しＬＩＭＩＳへのアップロードを承認する人、である。ＬＩＭＩＳに登録したデータを一般に公開するにあたり、一定の役職者の承認制を採用している博物館は複数見られた。

収蔵資料の管理

本書でこれまで述べてきた複数の調査結果によるとデジタル化の目的として、収蔵資料管理（すなわちパソコンによる電子管理）は、リトアニアにおいてはあまり人気がなかった。調査2は、地方自治体立博物館のうち、収蔵資料管理をデジタル化の目的として重視していたのはたった一六％であったことを示した。調査3においても電子管理の評判は芳しくなく、その原因として、文化省令「博物館収蔵コレクションの保存・管理・収蔵ガイドライン（第二章表2表番号7）」によって、受領・移転証明書、博物館収蔵資料管理簿、収蔵資料目録の手書きを続けることが定められていたこともあり、二度手間、三度手間になることが挙げられていた。

今回の調査においては、以上の事情があるにもかかわらず、部分的もしくは全面的にデジタル化したデータの収蔵資料管理への活用が見られた。博物館収蔵資料管理簿と収蔵資料目録については、手書きと印刷（もしくは「手書きをやめた」）に分かれたが、新規収蔵資料受け入れの際の書類（受領・移転証明書）は電子での作成の方が多数派であった。また、新規収蔵資料に限って電子管理を行っている博物館もあった。実務面では、デジタルデータの活用の普及が進んでいたということであろう。

一般向けの公開

資料のデジタル化は、博物館にとってインターネットを介してより広く発信するためにも重要である。アクセス性の向上という意義については、本書冒頭に述べた通りであり、調査3は、その担い手本人らによって、デジタル化は世界中の人々に自館の情報を届けるメリットが様々な側面から示された。さらに調査2の結果は、地方自治体立博物館においてではあるものの、過半数がデジタル化の目的として広報が重要であると回答した。

しかし実際の博物館のプロセスにおいて、その成果の広報への活用はめざましいものではなかった。デジタル化の画像の活用の「可能性」のみ示すもの、印刷物（カタログ等）や館内での展示での活用が多くみられたものの、オンラインの発信に用いられているのはデジタル展示やウェブサイトへの掲載に限られていた。デジタル化に伴う、特別かつ多様な取り組みについての言及はなかった。

以上をふまえると、博物館における、デジタル化のモデルの流れは次の通りである。

まず、デジタル化する資料を選定する。選定の第一段階にはデジタル化の年間計画の策定があり、第二段階ではさらに詳細に優先順位や選定基準を以て具体的に何をデジタル化するのかを決定する。ただし、年間計画のない博物館もある。

次に、デジタルデータを作成する。具体的な手順としては、メタデータの準備、デジタル撮影、スキャンを並行して行う。特にメタデータの準備においては、館内の特定の文書や資料を参照することがある。また、デジタル撮影については、担当するのが写真家である場合もあれば写真家以外であることもある。

これらの作成したデータは保存される。保存方法としては、LIMISのサーバー、その他の館内の共有サーバー、外付け記憶媒体、職員の個人PCのいずれか、もしくは複数が用いられる。

保存されたデータは、さらにLIMISへの登録、収蔵資料の管理、一般向けの公開に用いられる。

LIMISへの登録の際、館内で担当しているのは、LIMISのアクセス権を持っている人、そのうちデータの登録を行う人、そして登録したデータを確認して承認する人である。承認する人がいる場合、データ登録する人はLIMISに下書きのみを登録し、公開の判断は承認する人が行う。

収蔵資料管理においては、新規収蔵資料の文書の作成にあたって、収蔵資料のデジタルデータを活用する場合がある。ただし、まだ手書きで文書を作成している場合もある。

一般向けの公開においては、それぞれの実施状況は電子コンテンツへの活用、印刷物への活用、活用の可能性を示唆するのみ、のいずれかに当てはまる。具体的な活用方法が例示される場合もある。

以上の流れに沿って、図27を修正した図を図28に示した。

（5）修正したモデルに基づくデータの分析

本節では、調査で得られたデータの再整理を行う。筆者が調査の実施時に回答者に示したデジタル化のモデルの仮説は、各博物館の回答と照らし合わせると、全体的な流れに誤りはなかったものの、具体性に欠いている箇所が散見された。そこで修正した図28を基に、本調査で得られたデータを再整理し、各博物館におけるデジタル化の実施状況を示すとともに、全体的な傾向を考察することとした。この修正したモデルに基づいてデータを分析すると、デジタル化についての計画を立て、デジタルデータを作成し、作成したデータを活用するといった段階を踏むことで、最初の計画が最後の活用に繋がっていることもあれば、まだうまく機能していないこともあることが分かる。また、デジタル化に関する業務の規模、および、館内の部署間の連携状況についても、このフローチャートによって把握することもできる。

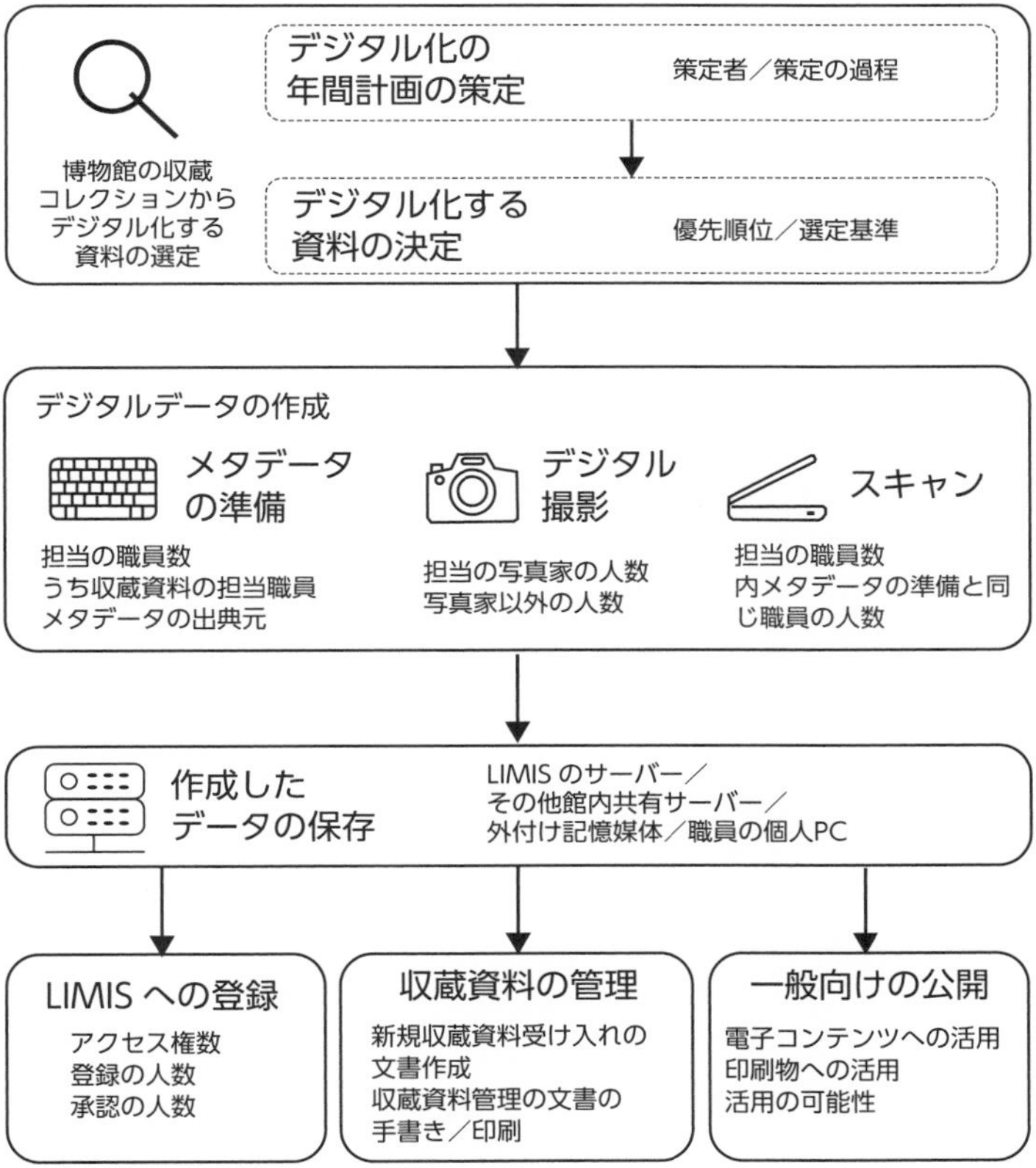

図 28　デジタル化実践モデル（修正）。

紙幅の都合上、調査への協力を得られた一九館分のフローチャート全てを示すのではなく、項目ごとに表にまとめたものを示す。表は、計画立案の過程（表11）、デジタルデータ作成の過程（表12）、データの取り扱いと活用の過程（表13）に分けて示した。これらの表中では、博物館名ではなく、表10に示した番号により博物館を識別することとする。

表11　調査結果1　計画立案の過程

No.	年間計画の策定	資料の決定
N1	年次計画：一万一二〇〇点の資料の撮影とスキャン。 資料の選定：美術部門・応用美術部門・民俗美術部門の資料保存・調査担当者が行う。	デジタル化必須：展覧会での展示、展覧会カタログ・作品集の掲載、修復の前後の資料 優先：新規収蔵資料、唯一性のある・最も古い・内容や材料の面で価値のある資料
N2	館の年次計画に合わせてデジタル化する収蔵資料の種別を決定（コレクション管理部長と博物館専門職員の協議による）。	基準：唯一性／価値がある、展示／出版用、他館からの要請、新規収蔵資料
N3	年次目標にデジタル化する資料の点数を定められ、各専門職員が資料を選定。但し、館内システムにはできるだけ多く入力することになっている。	基準：来館者にとって面白いもの、めずらしい／価値があるもの、他館の専門職員や研究者にとって有用なもの、新規収蔵資料、他の目的用にデジタル画像等を既に作成してあるもの
N4	出版やコミュニケーションプロジェクト担当の専門職員がデジタル化する資料を決定。	優先：新規収蔵資料、唯一性のあるもの、最も古いもの、内容や材料の面で価値のあるもの
R01	年間にデジタル化を行う点数が定められている。	基準：新規収蔵資料（優先）、古い資料（テーマごと）
R02	デジタル化の年次計画（二〇一九年は年間一三六〇点のデジタル化）はコレクション管理部長と三つの部門の長が決定する。	優先：資料の保存状態、制作予定のヴァーチャルコンテンツの内容との関連のあるもの

No.	年間計画の策定	資料の決定
R03	館の年次活動計画に基づいてデジタル化の計画を策定。	優先：新規収蔵資料 既収蔵資料：年間一八〇点、各職員がテーマごとに重要な資料を選定しデジタル化
R04	事前の計画はなし。	基準：科学的に重要、歴史的に重要、撮影の機会があるもの、依頼のあったもの
R05	年次計画として、デジタル化の対象となる資料種別をコレクション理事会が定める。	新規収蔵資料は全て簡易なメタデータのみＬＩＭＩＳに登録。その他優先：歴史的価値／重要性、美学的価値／重要性、科学的価値／重要性があるもの
R06	コレクション管理部長が年間計画を策定、デジタル化の資料の種別と点数を部署ごとに割り振る。	優先：一時保管・展示後に他機関に移す資料、保存状態が悪いもの、面白いもの、依頼のあったもの
R07	各部門の年次計画を立てる際に、部門長と学芸部長が協議の上、デジタル化する資料を決定する。	優先：利用頻度の高いもの、特に価値のある資料のリストに記載のもの、新規購入資料
R08	年初に、デジタル化を行う職員が年間のデジタル化の計画を策定。	優先：展示している資料
R09	年次計画によりデジタル化の資料点数が定められている（二〇一九年は三二六五点）。	優先：最も価値のあるもの、最も古いもの
R10	何をデジタル化するのかについては、各コレクション管理部門で決定している。計画の全容はデジタル化センターで調整している。	最優先：新規収蔵資料（メタデータの作成（一〇〇％）、画像の作成（約八〇％）） 優先する：価値があるもの、展示・修復・貸出により収蔵庫から動かすもの、その他テーマ毎
R11	博物館の共通計画の中にデジタル化について策定（二〇一九年：四三一〇点）。資料は職員が選ぶ。	優先：考古学資料、陶器、印刷物、美術品 二〇一九年以降は新規収蔵資料を全てＬＩＭＩＳに登録
R12	デジタル化とＬＩＭＩＳへの登録の計画は学芸部長（副館長）が監督し、他の博物館活動との兼ね合いを見て決定する。	優先：価値、保存状態、博物館専門職員や館外からの必要性に応じる コレクションごとにデジタル化する

No.	年間計画の策定	資料の決定
R13	博物館の年間・三箇年の活動計画の中でデジタル化の計画を策定する（学芸部長や他の職員の提案に基づき、館長が決定）。	優先（五〇〇〇点／年）：保存状態の悪いもの、脆いもの、褪色しやすいもの、状態が悪化しやすいもの（糊等）が添加されているもの
R14	毎年収蔵資料の登録（確認）が行われている。未登録資料を選定しデジタル化するが、登録済資料も必要に応じてデジタル化する。	基準：新規取得資料、登録を行っている資料（収蔵資料管理目録を参照）
R15	コレクション専門部長が館長と共に年ごとの計画（六〇点のデジタル化）を策定する。	優先：展示されている資料

表11には、デジタル化する資料を選ぶ段階における各博物館の方針がまとめられている。前述したように、デジタル化する資料を選ぶプロセスは、年次計画の設定と、具体的な資料の決定の、二段階に分かれていた。

まず、一館を除くすべての博物館において、年間計画が策定されていた。その内容は、量的な目標もしくは質的な目標によって構成され、その両方を含む場合もあった。質的な目標は一年間にデジタル化する点数のことであり、質的な目標とは対象とする資料の大枠を定めたものである。年次計画の段階で対象の資料リストを作成する等の詳細は定められていないようだった。

それらのデジタル化の年間計画を誰が策定するのか、全員からではないものの回答が得られたので表11に記載した。全体の傾向としては、策定の主体となっていたのは担当の専門職員または管理職であった。中には、担当の専門職員の選んだものをもとに管理職が決定をしていた例もあった。

次の段階として、デジタル化する資料が決定された。全ての博物館において、何らかの選定基準もしくは優先順位を採用していた。回答にあった選定基準や優先順位は、調査3の分析結果であるカテゴリー「デジタル化の運用」のサブカテゴリー「収蔵資料の選定」の内容（他の博物館活動に付随するものと、資料そのものの性質に基づいているも）と一致する（139頁から144頁を参照）。選定基準には共通項もあるものの、一律で同様のものが用いられていたわけではない。つまり、各博物館が自館の方針等に基づいてそれぞれのデジタル化の方針を持っていたと推察される。

以上は、リトアニアの国立博物館では組織的にデジタル化に取り組んでいたことを裏付けている。年間計画の決定プロセスは、デジタル化は一部の職員が隅で自主的に進めているものではなくて、博物館の方針として組織的に取り組むべき業務とみなされていたということを示唆する。また、客観的かつ選定基準が設けられていることは、デジタル化が属人的な作業ではなく、様々な職員が関わって遂行されている様子を示している。

表12 調査結果2 デジタルデータ作成の過程

	メタデータの入力	デジタル撮影	スキャン
N1	データ準備 人数非公開 入力四名（LIMISセンター）	写真家六名（LIMISセンター）	二名（LIMISセンター）
N2	データ準備 人数非公開 各資料の専門家	写真家四名（デジタル化センター）	二名（デジタル化センター）
N3	六名（収蔵資料の専門職員）	写真家二名 その他六名（メタデータと兼任）	六名（メタデータと兼任）
N4	データ準備：各資料の専門家入力：コレクション部門と収蔵資料管理部門の博物館専門職員	写真家二名 写真スタジオで撮影、博物館の他の活動の撮影も行う。	平面資料を扱う各コレクション部門の職員一名ずつ
R01	二名がメタデータ入力・撮影・スキャンを兼任して担当（写真家ではない）。撮影は館内利用用に新規収蔵資料のみ。データ準備は各資料の専門職員のいる部署において行う。		

R02	一名がメタデータ入力・撮影・スキャンを兼任して担当（写真家ではない）。データ準備は各資料の専門職員のいる部署において行う。		
R03	四名（収蔵資料管理部門）	一名（来館者サービス部門のデザイナー）	一名（撮影と兼任）
R04	データ入力：各資料の専門職員、二名はメタデータ専任	一名（収蔵資料管理部門）	実施なし
R05	七名（様々な部門の専門職員）	写真家一名 他に、メタデータとの兼任の場合もあり	七名（メタデータと兼任）
R06	七名 内三名が新規収蔵資料を担当 内四名が古い資料を担当	写真家一名	二名（収蔵資料管理部門） 展示企画部門の職員一名が公開用に編集
R07	六名	写真家一名	六名（メタデータと兼任）
R08	一名	写真家一名	一名（撮影と兼任）
R09	担当の職員一九名（全ての部門の職員）	撮影：写真家（人数非公開） 編集：各部門の職員（人数非公開）	一九名（全ての部門の職員）
R10	コレクション管理部門の専門職員全員	写真家二名（館内他業務と兼任・デジタル化センター）	デジタル化センター（二名）各コレクション管理部門の専門職員
R11	一二名（複数部門）	写真家一名　その他二名	八名（複数部門）
R12	六名（資料保存担当者）	写真家一名（ＬＩＭＩＳの管理担当）	七名　内メタデータと兼任六名 内撮影と兼任一名
R13	一一名（複数部門）	写真家一名（ＬＩＭＩＳセンターで研修を受講）	担当職員数名（複数部門） メタデータとの兼任もいる。
R14	一名（収蔵資料管理部門）が入力、学芸部長が確認	写真家以外一名（ＬＩＭＩＳセンターで研修を受講、メタデータと兼任）	一名（メタデータと兼任）
R15	一名（学芸部長）	写真家以外一名	一名（収蔵資料保存の担当者）

次に表12は、デジタルデータの作成の際に、「メタデータの入力」「デジタル撮影」「スキャン」の三項目それぞれに館内のどのような属性の職員が何人ずつ関わったのかを示している。国立博物館は、特に職員数が多い博物館（四五〇人）から少ない博物館（十四人）まで、規模が様々であるが、デジタル化に従事する職員の数にもばらつきがあった（職員数については、付録「ミュージアムガイド」を参照のこと）。デジタル化を担当する職員の最も少ない博物館では二、三名でデジタルデータの作成を行っていたいっぽうで、多いところでは部署全体をあげて取り組んでいた。

担当する職員の属性は、調査3の分析結果である、「現在デジタル化を担当している人材」のうちの「デジタル画像の専門家」、「データ入力の人員」、「ICTに精通した学芸員」と大体一致している。この調査から分かったことによる補足として、メタデータの入力の際には、その入力の前段階としてのデータの準備（収蔵資料についての精確な情報の整理）を担当する職員がいる例があった。そしてその役は、収蔵資料を熟知している専門職員が担っていた。

また、調査3では明確に示されていなかったスキャンを担当する職員について、この調査では新たに明らかになった。デジタル撮影における写真家のような、スキャンの技能に特化した専門家への言及はなく、兼任が多く見られた。メタデータの入力と兼任している場合もあれば、撮影と兼任している場合もあった。撮影と兼任している場合を除いて、主に「ICTに精通した学芸員」がスキャンをしていた。

また、これらの三項目は、デジタル化の実施状況を示す指標として、調査1のアンケートでは実施の有無の回答を得た事項であり、リトアニアの国公立博物館においては後発普及型に該当する項目であった（84頁から87頁を参照）。また、調査3の結果において、デジタルデータの作成について述べていたのは、

「メタデータの入力」と「デジタル画像の生成」の二つのサブカテゴリーであり、内容は表12の三項目と一致する（１４０頁から１４１頁、表9参照）。他のデジタルデータの作成方法に言及がなかったことから、これらの三項目は前世紀末に始まり、調査時点においてもなお、収蔵資料についてのデータ作成ための限られた手法の全てであるといえる。

表13 調査結果３　データの取り扱いと活用の過程

	データの保存	LIMISへの登録	収蔵資料の管理	一般向けの公開
N1	その他館内共有サーバー 必要に応じて複数の職員がアクセス可	アクセス権数一一五 ＬＩＭＩＳセンターの職員が入力と画像の対応	収蔵資料管理の文書は手書き 電子管理は未実施	電子コンテンツ、印刷物 博物館活動の広報 国内外のプロジェクト
N2	その他館内共有サーバー 本館に設置、本館の職員全員がアクセス可能	登録：収蔵資料を扱う部署の職員 承認：デジタル化センターのセンター長	新規収蔵資料受入の文書作成：ＬＩＭＩＳ 収蔵資料目録：手書き	デジタル画像を出版物、電子コンテンツに利用
N3	職員の個人ＰＣ	アクセス権一〇名 登録六名	収蔵資料目録：手書き 新規収蔵資料に係る手続きにＬＩＭＩＳは不使用。	ウェブサイト内の「今週の収蔵資料」に掲載 その他活用の可能性
N4	その他館内共有サーバー 館内のデジタル画像アーカイブ	調査時は未実施 （二〇二二年現在はＬＩＭＩＳへの登録を実施）	新規収蔵資料の文書は、電子的に作成し印刷。 二〇一八年より電子管理	デジタル画像を出版物、電子コンテンツに利用
R01	その他館内共有サーバー 一部は職員ＰＣにも保管	アクセス権六名 登録一名（メタデータ・撮影・スキャンと兼任）	ＬＩＭＩＳで新規収蔵資料の管理、収蔵資料目録は手書き、受領・移転証明書は印刷（二〇〇七年以降）	活用の可能性あり 出版用の画像とデジタル化の画像は異なる
R02	外付け記憶媒体 学芸部長が管理、定期的に（年に一度）更新	八名（アクセス権限あり）がＬＩＭＩＳを用いる業務に従事	収蔵資料管理簿は手書き	デジタル画像を出版物、電子コンテンツに利用

	データの保存	LIMISへの登録	収蔵資料の管理	一般向けの公開
R03	その他館内共有サーバー／職員個人のPC	五名が登録、コレクション管理部長が承認	新規収蔵資料のための主な手続き LIMIS 収蔵資料目録：手書き	活用の可能性あり
R04	その他館内共有サーバー／外付け記憶媒体	データの作成者が登録、コレクション管理部長が確認 アクセス権一九名	管理方法（LIMIS利用）は各種の収蔵資料の担当部署によって異なる。	活用の可能性あり
R05	LIMISのサーバー／その他館内共有サーバー	登録七名（メタデータと兼任）、コレクション管理部長が承認	新規収蔵資料の受入れ手続きの書類はLIMIS 収蔵資料目録は印刷	活用の可能性あり
R06	LIMISのサーバー メタデータはすぐにLIMIS-Mに保存、画像は個々の職員のPCで保存後にアップロード	アクセス権九名 登録六名（複数部署） コレクション管理部長が承認	LIMIS-Mを用いて収蔵資料管理に必要な書類を作成	デジタル画像を出版物、電子コンテンツに利用
R07	LIMISのサーバー 個々の職員のPCに保存し、LIMISにアップロード後は削除。	アクセス権一七名 資料保存部門の職員（人数不明）が登録、コレクション管理部長が承認、館長等の数名が確認	収蔵資料管理簿は手書 収蔵資料受け入れのデータの一部は電子管理	デジタル画像を用いて制作した展示あり
R08	職員個人のPC	アクセス権二六名 データ作成をした職員がそのまま登録	回答なし	活用の可能性あり
R09	職員個人のPC	登録一九名（アクセス権は一九名の職員とコレクション管理部長）	受領・移転証明書、収蔵資料目録：LIMIS 収蔵資料管理簿は手書	印刷物への活用
R10	LIMISのサーバー／その他館内共有サーバー	LIMISを用いる職員全員にアクセス権限あり	新規収蔵資料の手続の文書：LIMIS 収蔵資料目録は印刷	回答なし

	データの保存	LIMISへの登録	収蔵資料の管理	一般向けの公開
R11	ＬＩＭＩＳのサーバー／職員の個人ＰＣ	アクセス権限一四名 登録一二名	博物館収蔵資料管理簿と収蔵資料目録は手書 データは電子管理	ヴァーチャル展示とカタログに利用
R12	その他館内共有サーバー データセットごとに館内のアクセス権限を設定	アクセス権　収蔵資料管理部門の職員全員 登録八名	収蔵資料管理簿は手書 ＬＩＭＩＳ上で扱える範囲でデータを管理に活用	デジタル画像を出版物、電子コンテンツに利用
R13	ＬＩＭＩＳのサーバー／外付け記憶媒体／職員の個人ＰＣ（保存場所はケースバイケース）	アクセス権一七名 登録六名、館長が承認	全てＰＣ上で実施	デジタル画像を出版物、電子コンテンツに利用
R14	データは全て各職員のＰＣに保存、六ヶ月毎に外部記憶媒体に移行。	アクセス権三名、登録一名 館長はデータ確認のみ	資料受入の文書等を電子で作成、電子管理は未実施	ヴァーチャル展示・展示室での展示に用いる
R15	外付記憶媒体（学芸部長が二カ所に分けて保管）	学芸部長と収蔵資料保存担当者にアクセス権	ＬＩＭＩＳにデータを登録 収蔵資料管理簿：電子	デジタル画像は記事に活用

デジタル化のプロセスの終盤を整理した表13では、作成したデータの取扱いについて四項目に分けて示している。作成されたデータは、まず保存される。保存については、保存方法をまとめた。そして、各館では作成したデータをＬＩＭＩＳに登録する。この過程については、データの作成と同じく、従事している人数をまとめた。そして、実際の博物館の運用にフィードバックする過程として、収蔵資料の管理に使うこともあれば、一般向けの公開に使うこともあり、この二項目については、その用途をまとめた。

データの保存の方法は、どのように各博物館がデータを安全にしまっているのかを示していた。まず、ＬＩＭＩＳのサーバーを保存先とみなしている博物館とそうではない博物館があった。また、ＬＩＭＩＳ

のサーバーに保存しても、それ以外にバックアップとして別の場所に保存している場合もあった。ＬＩＭＩＳのサーバー以外の場合、博物館のデジタル化を担当した職員以外からのアクセス性にばらつきがあった。館内のサーバーを使っていた場合は、様々な職員によるデジタル化したデータへのアクセスを前提としていたと見られるが、職員の個人用パソコンや外部記憶媒体では、アクセスできる人は限られる。今回の調査では対象となっていないが、博物館内でのデジタルデータの運用方法は、博物館ごとに異なる多様なものであると考えられる。

ＬＩＭＩＳへの登録は、ＬＩＭＩＳのアクセス権のある職員が行っている。アクセス権については、調査3の分析結果の「人材」のサブカテゴリー「データ入力の人員」に引用された発話に見るように、ＬＩＭＩＳの業務に従事する職員に与えられるものである。各館内でデジタルデータの作成に携わる職員の人数にばらつきがあったのと同様に、ＬＩＭＩＳへのアクセス権のある職員数も博物館ごとに異なる。最低限の三人のみに付与されている館もあれば、百人以上に付与されている館もある。これは、表12の内容と同じく、各博物館におけるデジタル化の実施の規模を反映している項目であるといえる。

作成したデジタルデータの収蔵資料管理への活用にあたっては、前述した通り、三種類の従来から作成している書類に言及があった。文化省令によって作成が規定されている受領・移転証明書、収蔵資料目録、収蔵資料管理簿である（50頁から51頁参照）。これらのうち博物館収蔵資料管理簿と収蔵資料目録については、手書きを続けている博物館と電子システム・印刷に完全に切り替えたところで二分している。この結果は、調査2において、地方自治体立博物館の約半数が紙の帳簿のみを用いており、残りの半数が電子システムと併用もしくは電子システムのみを使っていたことと呼応する（１０４頁図22参照）。紙の帳簿を主な収蔵資料管理の手法として規定していた当時の「ガイドライン」（51頁参照）がデジタルデータの活用に大きく影響していたといえる。

ただし、新規収蔵資料の手続きに必要な書類は、多数の博物館でパソコンやＬＩＭＩＳを使って作成されている。この書類は、受領・移転証明書のことを指している。これは、表10の「資料の決定」の選定基準や優先順位として、多くの博物館が新規収蔵資料を挙げていたことと繋がっている。つまり、博物館の戦略として、新規収蔵資料のための手続き書類を簡略化する一環として、新規収蔵資料を優先的にデジタル化していたと推察される。

一般向けの公開については様々なコンテンツへの活用について回答があった。それらの中には、表10の「資料の決定」の選定基準や優先順位として、挙げられていたものもある。このことは、他の博物館活動に付随してデジタル化する資料を選定し、そしてそれを、当初予定通り他の博物館活動に活用している、ことを示している。また、活用する可能性のみ指摘した博物館もいくつか見られた。

以上に示したように、この調査の結果、リトアニアの博物館のデジタル化の実施状況をもとに、博物館におけるデジタル化の実施のプロセスを一つの流れとして示すことができた。しかし、3点の表にまとめた情報からわかるように、この修正したモデルは博物館におけるデジタル化の実施方法が一様であることを示すのではなく、むしろ、似通った手順に見られる差異の中に、それぞれの博物館によるデジタル化の運営方針の多様さを示している。デジタル化を継続的に実施している博物館であるリトアニアの国立博物館は、一つのグッド・プラクティスを追い求めているのではなく、試行錯誤の中で各博物館の中でデジタル化を受容する道を探っていたのだと考えられる。

（6）調査4の総括：デジタル化の具体像の傾向としてのモデル

この調査では、積極的にデジタル化に取り組んでいるリトアニアの国立博物館における実践を基にデジタル化の一連のプロセスの具体像を明らかにすることを目指した。調査3の結果をもとにデジタル化の実施手順のモデルを構築し、インタビュー調査によってそのモデルの検証や修正を行った。さらに、各博物館のデジタル化の手順をモデルに沿って整理した。対象はリトアニアの国立博物館十九館すべてであり、そのすべてからこの調査では協力が得られた。

調査の前に、デジタル化の手順のモデルの構築を行った。調査3の結果をもとに、デジタル化をする資料の選定、画像とメタデータの作成、それらのデータの保存、ＬＩＭＩＳへの登録、収蔵資料管理や広報に活用しているという一連のプロセスを、デジタル化のモデルとして仮説を立てた。次に、このモデルを提示して行ったインタビュー調査の結果より、このモデルを修正し、より実際に即したものを構築した。修正にあたってモデルの骨組の大きな変更はなく、資料の選定とデジタル画像の作成の項目を細分化させ、構成の一部を変更した。

修正したモデルをもとに、再度インタビューで収集したデータを整理することによって、国立博物館十九館分のデジタル化の手順のプロセスを説明する表を三点作成した。

調査4の結果が示すのは、リトアニアの国立博物館十九館それぞれにおいて、デジタル化がどのように取り組まれていたのか、その状況の描写である。そして、この調査で明らかにした一連のプロセスは、博物館の収蔵資料管理等の活動とデジタルデータの作業が結びついていることを示した。すなわち、デジタル化という手段が目的化することなく、データを作成したその先、データベースを構築したその先を見据えていた。

調査対象一九館それぞれの博物館がどの程度の規模なのか、実際にどのような資料を収蔵しているのか、どのような展示をしているのか、そういった点については付録のミュージアムガイドを参照されたい。また、各博物館が実際にデジタルデータを作成してＬＩＭＩＳに登録した資料を参照できるように、付録のデジタルミュージアムガイドにはＬＩＭＩＳの使用方法について概要をまとめた。リトアニアの博物館以外の「記憶機関」のデジタル化した資料を参照できるように、すべての機関のデータを集約しているアグリゲータのePaveldasについても、資料の参照方法を掲載した。そちらも併せて参照されたい。

注

1　Meehan 2022.

第Ⅲ部　総括

第Ⅲ部「インタビュー調査――国立博物館のデジタル化の実践」では、デジタル化を持続している博物館に着目し、その実践についてインタビュー調査によって得られたデータを基に分析を行った。デジタル化を持続的に行っていくためには、行き当たりばったりの対応ではなく、組織的にデジタル化のプロセスを維持していたと考えられる。そのプロセスを理解することを目的として、質的調査によるデータ収集と分析を行った。具体的には、調査対象の各館内において、デジタル化がどのように遂行されているのかについて明らかにすることを試みた。

第五章（調査3）では、各博物館におけるデジタル化の実践について、その手順や関わっている職員等の詳細について明らかにするために、半構造化インタビューによるデータ収集を行い、質的内容分析（QCA）による分析を行った。国立博物館十九館のうち、調査への参加に同意した九館のデジタル化についてよく知っている職員を対象とした。インタビューを書き起こしたテキストは、それぞれ分析単位に区切り、筆者が構築した分析枠組みに基づいて分類を行った。そして、その分類ごとにインタビューへの回答の分析をした。

分析枠組みは、「デジタル化の運用」、「人材」、「組織構造」、「目的と動機」の四つの主要カテゴリーによって構成された。「デジタル化の運用」では、デジタルデータの作成そのもの以外に、資料の選定やデータの保存といったプロセスがあることを示した。「人材」では、博物館のなかでデジタル化に関わる人材について幅広く網羅した。まず、現在活躍している職員の職能のほかに、必要だけど不足している職員、その補充を一部担っているＬＩＭＩＳセンターの研修、そして、デジタル化に関して働かない／理解しない人についても整理し、様々な側面から人材について明らかにした。「組織構造」では、博物館内でデジタル化を担う部門について、担当する部署、部門の垣根を超えたデジタル化チーム、そして、館外のデジタル化専門拠点への依頼の観点からまとめた。「目的と動機」では、デジタル化の目的として、博物館について広く周知する広報を行うこと、博物館内の資料を電子管理すること、そして、明確な目的の他に「自然の流れ」によってデジタル化が普及したことを明らかにした。

これらは、リトアニアの国立博物館におけるデジタル化に関する要素を網羅的に明らかにしたものであった。したがって、館内で実際にどのようにデジタル化をしているのかを理解するためには、各館のデジタル化の手順としてそれぞれの要素を一連の流れとして組み立てる必要があると考えた。

そこで第六章（調査４）では、調査３で明らかにしたそれらの要素を組み立て、そのモデルを構築することにより、リトアニアの博物館において、デジタル化の実施に関わる手順はどのように進められ、どのような人が関わっているのかを明らかにすることを試みた。構築したモデルをもとに、リトアニアの国立博物館十九館を対象としたインタビュー調査を行い、このモデルが有効なものであるのかを検証した。調査への参加に同意したのは十九館すべてであったため、検証によって修正したモデルにより十九館分のデジタル化の手順を示した。

調査の結果、各項目における共通項等から、このモデルを修正し、より詳細なものを構築した。修正にあたってモデルの骨組みの大きな変更はなく、資料の選定の項目を細分化させ二段階のプロセスに改めた。さらに、データの保存については、一時保存のような趣旨も見られたため、データ作成とＬＩＭＩＳへの登録・収蔵資料管理・広報の間のプロセスとして構成を変更した。また、各項目の指標（担当者人数）等を示し、内容がいくつかの分類に限られる場合はその選択肢を示した。

この修正したモデルをもとに、リトアニアの国立博物館十九館分のデジタル化のプロセスの整理をした。各博物館の収蔵資料のデジタル化は、博物館の収蔵資料管理等のデジタル以外の活動とデジタルデータ作成の作業が結びついていることを考察した。

リトアニア共和国の博物館を対象として現地でのフィールド調査を行うことによって、デジタル化の実践について、特にその中断と持続の観点からどのようにデジタル化がリトアニアの博物館において受容されているのかを明らかにした。この結果は、リトアニアの国立博物館のみについて限定的な知見をもたらすにとどまらず、他地域も含めた博物館におけるデジタル化の実施について研究を進めていくためのモデルを構築し、検証し、提示したものでもある。地域を限定した調査研究であるため、結果の普遍性を示すために十分なデータが揃ったとはまだ言い難いものの、今後の様々な地域を対象とした研究を進めていく上での足がかりを示せたと思う。

終章

デジタル化は博物館にとって、一過性のイベントではなく、連綿と続く取り組みである。そうではあるものの、博物館が一度デジタル化を始めたら、そのままデジタル化をし続けることもあれば、開始後に中断してしまうこともある。本書の冒頭では、この前提が抜け落ちていた。そして、このことこそが、本書で述べてきた成果の柱である。

リトアニアの博物館におけるデジタル化という実践は、その中断も含めて、デジタルデータの作成やデータベースの構築に留まらない、従来の博物館活動や館内の様々な部署を巻き込んだものであった。断続的な実施が一部に見られた博物館群においてはその障壁を、持続的な実施が見られた博物館群においてはその受容状況を、明らかにした。その経緯を、あらためて順を追って簡潔に整理する。

第Ⅰ部「リトアニアの博物館制度とデジタル化」では、リトアニア共和国の博物館について、その歴史と制度について概要を整理した。

前半の第一章では、その歴史的な沿革を簡潔に辿った。特に、一九世紀半ばのロシア帝国占領下にあったリトアニアにおける最初の博物館の設立以降の初期の博物館、第一世界大戦後に国家回復したリトアニアが独立していた期間（一九一八年〜一九四〇年）の後の国立博物館となる規模の博物館の設立、ソ連占領下（一九四〇年〜一九九〇年）における文化省の設立と博物館制度の構築、ソ連からの独立回復以降（一九九〇年〜）の国内の博物館におけるデジタル技術の導入と欧州との繋がりについて述べた。

後半の第二章では、現在の博物館政策やデジタル文化財政策を整理した。まず独立回復後のリトアニアの博物館制度の根幹にあるリトアニア共和国博物館法の内容について論じた。その上で、博物館の活動を実質的に定めている文化省令やデジタル文化財政策の方針を示した文書についてその内容を整理した。以上を踏まえて、現在のリトアニアのデジタル化の中心にあるシステムＬＩＭＩＳ（リトアニア博物館情報統合システム）について説明した。

第Ⅱ部「アンケート調査――デジタル化の取り組みの全体的な傾向」は、リトアニアの博物館におけるフィールド調査のうち、リトアニア国内の博物館のデジタル化の全体像を把握することを試みたアンケート調査の結果をまとめた。

前半の第三章では、その分析においてはリトアニア文化省公表の統計データを参照することにより、リトアニアの国公立博物館におけるデジタル化の導入と継続を定量的に分析した。

後半の第四章では、特に継続に課題があるとみられた地方自治体立博物館におけるデジタル化を継続するにあたっての阻害要因を明らかにした。

第Ⅲ部「インタビュー調査――国立博物館における持続的なデジタル化」は、リトアニアの博物館におけるデジタル化の実施について、より詳しく調査した結果とその分析・考察を示した。

前半の第五章では、リトアニアの博物館におけるデジタル化の実施についてその具体的な手順等を明らかにすることを試みたインタビュー調査である調査3の結果を論じた。国立博物館九館を対象とした半構造化インタビューを行い、その書き起こしのテキストを質的内容分析によって分析した。それにより、デジタル化の実践について「デジタル化の運用」、「人材」、「組織構造」、「目的と動機」の四つの観点から分析を行い、どのような要素がリトアニアの博物館のデジタル化の実践には関わっているのかを明らかにした。

後半の第六章では、調査3で明らかにした要素を組み立てることによってリトアニアの博物館におけるデジタル化の実施状況をモデル化し、そのモデルをもとにインタビュー調査を行った。インタビューは国立博物館を対象に行い、十九館すべての国立博物館による協力を得られた。取得して整理したデータをもとにモデルを検証して修正し、すべてのリトアニアの国立博物館におけるデジタル化の状況を比較できる形で提示した。

第Ⅱ部と第Ⅲ部に示した調査1〜調査4は、いずれもリトアニアに渡航して行った。調査1〜調査3は二〇一七年に実施し、調査4は二〇一八年から二〇一九年にかけて実施した。

デジタル化モデルの構築へ

本書の冒頭で定義した「デジタル化」(図1)は、博物館のなかで収蔵資料の電子データを作成し、それを蓄積していくまでの一連のプロセスとして示した。その定義をもとに調査を行い、デジタル化の全体の傾向を分析し、デジタル化の実施に関わる要素を導き出し、構築し、検証して修正したものが、「デジタル化実践モデル（修正）」（図28）である。データの作成と蓄積のみならず、その前段階の資料の選定プロセス、および、後の段階のデータの活用の方法についてもカバーしたモデルとなっている。また、館内のどのような人が各プロセスに関わっているのか、データはどのように共有されているのかについても扱っており、デジタル化は単なるデジタル技術の活用ではなく、館内で横断的に行われるものであることを示している。

このデジタル化モデルは、デジタル化の実践の過程そのものを示したものであるものの、間接的には博物館におけるデジタル化の位置づけを示すものでもある。資料の選定は、博物館の活動方針や収集方針と連動してデジタル化が行われていることを示している。また、作成したデータの保存方法は、館内の情報共有方法を反映したものである。そして、収蔵資料管理や一般向けの公開における作成したデータの利用方法は、それぞれの博物館がどのような方針でデジタルデータを使用する傾向にあるのかを示している。すなわち、デジタル化はいくつかの軸によって従来の博物館活動を連動するものであり、複数の動機が組み合わさっていることが、デジタル化の継続の要因になっていると考えられる。それは同時に、技術的な要因以外のものがデジタル化の障壁になりうることを示唆している。

リトアニアの博物館では第二章に述べたように政策によってデジタル化が導入されるようになり、中心となっているシステムのＬＩＭＩＳもいわばトップダウンで作られた。特に数値目標を示した政令は、デジタル化自体が自己目的化しかねないものであったが、各博物館の現場においては、デジタル化の実践が従来の博物館における実践と繋がる形で解釈されたといえる。

なお、本書で述べたこれらのデジタル化の定義やデジタル化のモデルは、博物館におけるデジタル化の実施について、調査によって理解することを目的として記述したものである。したがって、デジタル化の実施を行うにあたってのあるべき姿・理想像を反映したものではない。フィールド調査をもとに作成したため、現実にリトアニアの博物館において実施されている様子を反映したものである。このモデルのリトアニアの以外の地域の博物館において当てはまるか否かについては、それぞれの地域のデータをもとに検証が必要である。これまでに分かったことを土台に、さらに研究を進めていくことを今後の展望としたい。

当たり前のことを研究対象とすることについて

さて、読者諸氏のなかには、今まさにデジタル化を担当している方や、これまでに関連する取り組みに関わってきた方等、筆者よりもデジタル化のプロセスそのものを熟知している方々がいると思う。もしあなたがそのうちの一人であるのなら、この本に書かれていることは当たり前のことばかりだと思ったかもしれない。筆者が行った調査はいずれも、誰も知らない新事実の発見ではなく、日常の実践について明らかにすることを目的としたものであったため、その結果に意外性のあるひねりがないことはご容赦いただきたい。

では、なぜフィールド調査の対象として、当たり前のことに着目したのか。

デジタル化を行うための、閉じられたコミュニティ内でゆるやかに共有されている知識は、いずれ何らかの理由で廃止になったり、別の手段にとって代わられたりした際に、痕跡もなく消えていってしまうだろう、と筆者は考えている。私たちが今、この瞬間に、「当たり前」だと思っていることは、おそらく一年後、三年後、一〇年後の未来から見ると、当たり前とは限らない。そして今当たり前として共有されていることは、時間が経った後で職務遂行のためのノウハウとしてとしての価値がなくなったとしても、博物館がどのようにテクノロジーを受容してきたのかを理解するために重要な記録となる。今は当たり前のことだとしても、緻密にフィールドワークを行って記録し、分析することには意義があるのだ。

本書の初出情報

本書は、筆者が令和三年度にお茶の水女子大学大学院人間文化創成科学研究科に提出した博士論文「博物館のデジタル化―リトアニア共和国とＬＩＭＩＳの事例研究―」に加筆修正を加えたものである。博士論文を構成する筆者の論文・研究ノートは、次の通りである。

第一章、第二章
木村文　２０１７「歴史的影響下におけるリトアニアの博物館の現状について」『博物館雑誌』第42巻第2号：69-98頁
木村文　２０１８「ＬＩＭＩＳ：リトアニア博物館情報統合システム」『博物館雑誌』第44巻第1号：２１１-20頁
第三章
Kimura, Aya. 2018. “Digitization Practices at Lithuanian Museums after the LIMIS Implementation (2008–2017).” *Museologica Brunensia.* 7 (2): 19-33.
第四章

Kimura, Aya. 2019. "Challenges to be Digital: The Case of Lithuanian Municipal Museums." *The Future of Tradition in Museology*: 90.
Kimura, Aya. "Difficulties in Launching Digitization at Museums: Case at Lithuanian Municipal Museums." *Museum and Society*. 20(2): 236-249.

第五章
Kimura, Aya. "The elements of museum digitization procedure: a case of Lithuanian museums." *Journal of Baltic Studies*. (2023): 1-21.

第六章
書き下ろし

謝辞

本書の公刊までに多くの方にお世話になりました。

まずは、お茶の水女子大学大学院にて、博士論文の指導と審査をしてくださった元岡先生、大瀧先生、長澤先生、太田先生、近藤先生、奈良女子大学大学院の藤田先生に感謝を申し上げます。自由にリトアニアへと調査に出向く筆者を広い心で受け入れてくださった先生方のおかげで、博士論文を完成させることができました。また、研究を進める中で、なぜリトアニアで研究をするのか、なぜ博物館のデジタル化を研究するのか、繰り返しの問いの中で鍛えてくださいました。ありがとうございました。

また、リトアニアで研究を始めることを決めたのは、政策研究大学院大学文化政策プログラム修士課程在籍中でした。突然リトアニアに単独で行って研究テーマを決めた筆者を温かく見守りつつ修士論文を指導してくださった垣内先生、今野先生に感謝を申し上げます。

また、修士課程在籍中の東京都美術館でのインターンでは、中で働く方々の手によって博物館が動いていることを目の当たりにし、今の研究の関心を抱くきっかけをいただきました。受け入れてくださった山村学芸担当課長、アートコミュニケーション係の稲庭さん、熊谷さん、河野さん、また、とびらプロジェクトを担当されていた東京藝術大学の伊藤先生に感謝を申し上げます。

リトアニアでは、これまで多くの方に支えられて、幾度も調査を遂行することができました。リトアニア語をひと言も話せなかった筆者に丁寧に教えてくださった先生方に感謝を申し上げます。また、最初にリトアニアの博物館について教えてくださった文化省の皆さんとヴィリニュス大学の先生方に感謝を申し上げます。そして、リトアニアに渡航するたびに歓迎し、激励してくれる友人たちに感謝します。

大学院修了後、最初に奉職した広島大学Ｔｏｗｎ＆Ｇｏｗｎ未来イノベーション研究所では、金子先生、三好先生、ＴＧＯの善村さん、高瀬さん、大野さん、福山さん、成田さん、渡辺さん、引地さん、井田さんにお世話になりました。また、人間社会科学研究科Ｔｏｗｎ＆Ｇｏｗｎ構想推進担当に異動後は、小林研究科長、江頭先生、原室長、吉野先生、高橋さんにお世話になりました。感謝を申し上げます。

初めて教壇に立った目白大学では、小林先生、時本先生、辻川先生、大山先生、謝先生、バドナガル先生、服部先生、スタッフの西田さん、佐々木さんにお世話になりました。感謝を申し上げます。

さて、筆者は二〇二三年一〇月一日より、帯広畜産大学人間科学研究部門人文社会学・言語科学分野に奉職しています。諸先生方に多くをご教示いただきながら、日々を過ごしています。感謝を申し上げます。

そして、紙幅の都合上書ききれませんでしたが、大学や学会等で多くの方々との出会いがあったからこそ、この本を上梓することができました。みなさま、ありがとうございました。

出版にあたっては、花伝社の平田勝社長と編集者の大澤茉実さんにご尽力いただきました。大澤さんは、博士論文と並行でリトアニア語から翻訳したグラフィックノベル『シベリアの俳句』(花伝社、二〇二二年)を最善の形で世に出すために共に奮闘してくださった戦友でもあります。ありがとうございました。

最後に、頻繁に遠くのリトアニア行っては調査をしてくる筆者を、いつも家族が支えてくれました。母と父と、夫の裕亮に感謝の言葉を贈ります。いつもありがとう。

木村 文

参考文献一覧

Eidintas, Alfonsas, Alfredas Bumblauskas, Antanas Kulakauskas and Mindaugas Tamošaitis. 2012. *Lietuvos istorija*. Vilnius : Vilniaus universitetas. = 2018　梶さやか・重松尚訳『リトアニアの歴史』明石書店

EGMUS. 2019. *THE DIGITAL MUSEUM: SURVEY QUESTIONS*.

Europeana. “Discover Europe’s Digital Cultural Heritage.” https://www.europeana.eu/en (September 1, 2022).

Falk, John H. 2012. *The Museum Experience Revisited*. 1st edition. Walnut Creek, Calif: Routledge.

Google. “Google Arts & Culture.” https://artsandculture.google.com/ (September 2, 2022).

ICOM - International Council of Museums. 2020. *Museums, Museum Professionals and COVID-19: Survey Results*. https://icom.museum/wp-content/uploads/2020/05/Report-Museums-and-COVID-19.pdf (March 30, 2022).

Internet Archive. “Internet Archive: Digital Library of Free & Borrowable Books, Movies, Music & Wayback Machine.” https://archive.org/ (September 2, 2022).

Kapleris, Ignas. 2013. “Information and Communication Technologies (ICT) Transference in Lithuanian Museums.” *Museologica Brunensia* 2(3): 16–25.

Kasekamp, Andres. 2010. *A History of the Baltic States*. Macmillan Education UK. = 2014 小森宏美・重松尚訳『エストニア・ラトヴィア・リトアニア　石器時代から現代まで』明石書店

Leshchenko, Anna. 2015. "IDigital dimensions of the museum: Defining cybermuseology's subject of study." *ICOFOM Study Series* 43: 237-241.

Lietuvos dailės muziejus. "IRIS Web." http://www.rinkinys.ldm.lt/iris/limis.htm (September 1, 2022).

____. "Turai.Limis.Lt." https://turai.limis.lt/ (September 2, 2022).

Lietuvos nacionalinis dailės muziejus. "Informational System - LIMIS." https://www.limis.lt/limis-diegimas-lietuvos-muziejuose (September 1, 2022).

____. "Istorija | Lietuvos Nacionalinis Dailės Muziejus." https://www.lndm.lt/informacija/istorija/ (September 1, 2022).

____. "Welcome - LIMIS." https://www.limis.lt/pradinis (November 3, 2022).

Lietuvos Respublikos kultūros ministerija. "Muziejai." https://lrkm.lrv.lt/lt/veiklos-sritys/muziejai-1 (August 2, 2023).

____. "Pradžia | Muziejų veiklos statistinių rodiklių sistema." *Muziejų veiklos statistinių rodiklių sistema*. http://statistika.lrkm.lt/muzieju-veiklos-statistika/pradzia/17 (November 3, 2022).

Lietuvos Respublikos Seimo kanceliarija. "Dokumentų Paieška." https://e-seimas.lrs.lt/portal/documentSearch/lt (September 1, 2022).

____. "I-930 Lietuvos Respublikos Muziejų Įstatymas." https://e-seimas.lrs.lt/portal/legalActEditions/lt/TAD/

TAIS.18317?faces-redirect=true (August 2, 2023).

LM ISC LIMIS. “Muziejininkų Mokymai 2022 Metais - Muziejinių Vertybių Skaitmeninimas.” https://www.emuziejai.lt/muziejininku-mokymai-2022-metais/ (September 1, 2022).

____. “Muziejinių Vertybių Skaitmeninimo Mokymų Klasės - Muziejinių Vertybių Skaitmeninimas.” https://www.emuziejai.lt/lm-isc-limis/muziejiniu-vertybiu-skaitmeninimo-mokymo-klases/ (September 1, 2022).

____. “Teisės Aktai - Muziejinių Vertybių Skaitmeninimas.” https://www.emuziejai.lt/skaitmeninimas/teises-aktai/ (September 1, 2022).

____. “Eksponatų Skaitmeninimo Paslaugos 2023 Metais-Muziejinių Vertybių Skaitmeninimas.” https://www.emuziejai.lt/eksponatu-skaitmeninimo-paslaugos-2023-metais/ (August 2, 2023).

Marty, Paul F. 2008. “An Introduction to Museum Informatics.” In *Museum Informatics*, 1st edition. New York: Routledge.

Minerva Project. 2003. *Progress Report of the National Representatives Group: Coordination Mechanisms for Digitisation Policies and Programmes 2003.*

____. 2004. *Progress Report of the National Representatives Group: Coordination Mechanisms for Digitisation Policies and Programmes 2004.*

____. 2005. *Progress Report of the National Representatives Group: Coordination Mechanisms for Digitisation Policies and Programmes 2005.* https://www.minervaeurope.org/publications/globalreport/globalrep2005.htm (August 2, 2023).

____. 2006. *Progress Report of the National Representatives Group: Coordination Mechanisms for Digitisation Policies and Programmes 2006.*

____. 2007 *Progress Report of the National Representatives Group: Coordination Mechanisms for Digitisation Policies and Programmes 2007.* https://www.minervaeurope.org/publications/globalreport/globalrep2007.html (August 2, 2023).

Martynas Mažvydas National Library of Lithuania. "Pagrindinis | epaveldas.lt." https://www.epaveldas.lt/ (September 1, 2022).

Meehan, Nicole. 2022. "Digital Museum Objects and Memory: Postdigital Materiality, Aura and Value." *Curator: The Museum Journal* 65(2): 417–34.

Mukienė, Danutė. 2010. "Lithuania: The Development of the Lithuanian Integral Information System for Automated Stocktaking, Digitisation, Preservation, Search, and Access to Museum Assets." *Uncommon Culture*: 136–41.

____. 2011. "Lithuania: The Development of Digital Publications in Lithuanian Museums in 1995 - 2010." *Uncommon Culture*: 126–31.

Nacionalinis M. K. Čiurlionio dailės muziejus. "History of the Museum." https://ciurlionis.lt/our-history/ (November 3, 2022).

National Museum – Palace of the Grand Dukes of Lithuania. "Important dates | Nacionalinis muziejus Lietuvos Didžiosios Kunigaikštystės valdovų rūmai." https://www.valdovurumai.lt/en/palace-history/

important-dates (September 1, 2022).

National Museum of Lithuania. "About the Museum - Lietuvos Nacionalinis Muziejus." https://lnm.lt/en/about-the-museum/ (September 1, 2022).

____. "The House of Signatories - Lietuvos Nacionalinis Muziejus." https://lnm.lt/en/museums/the-house-of-signatories (September 1, 2022).

Parry, Ross. 2005. "Digital Heritage and the Rise of Theory in Museum Computing." *Museum Management and Curatorship* 20(4): 333–48.

Peacock, Darren. 2008. "The Information Revolution in Museums." *In Museum Informatics: People, Information, and Technology in Museums*, Routledge, 59–76.

Potts, Timothy. 2020. "The J. Paul Getty Museum during the Coronavirus Crisis." *Museum Management and Curatorship* 35(3): 217–20.

Rindzevičiūtė, Egle. 2008. *Constructing Soviet Cultural Policy : Cybernetics and Governance in Lithuania after World War II*. Linkoping, Sweden: Linkoping University Press. http://liu.diva-portal.org/smash/record.jsf?pid=diva2%3A113892&dswid=-1810 (September 1, 2022).

____. 2010. "Soviet Lithuanians, Amber and the 'New Balts' : Historical Narratives of National and Regional Identities in Lithuanian Museums, 1940–2009." *Culture Unbound* 2(5): 665 – 694.

____. 2011. "National Museums in Lithuania : A Story of State Building (1855-2010)." In Linköping University Electronic Press, 521–52. http://urn.kb.se/resolve?urn=urn:nbn:se:liu:diva-77054 (September

1, 2022).

Schreier, Margrit. 2012. *Qualitative Content Analysis in Practice*. 1st ed. Los Angeles: SAGE Publications Ltd.

The EGMUS group. “EGMUS - Complete Data.” https://www.egmus.eu/nc/nl/statistics/complete_data/country/0/year/0/?itemM%5B2%5D=item_2a%2Citem_2b%2Citem_2c%2Citem_2d&itemM%5B13%5D=item_13a%2Citem_13b%2Citem_13c%2Citem_13d%2Citem_13e&itemT=0&yearCountry=&idCountry=&druck=0#fn8 (November 9, 2022a).

____. “EGMUS - Home.” https://www.egmus.eu/ (November 9, 2022b).

The Internet Archive. “Internet Archive: Digital Library of Free & Borrowable Books, Movies, Music & Wayback Machine.” https://archive.org/ (September 2, 2022).

UNESCO. 2020. *Museums around the World in the Face of COVID-19*. https://unesdoc.unesco.org/ark:/48223/pf0000373530/ (April 15, 2021).

UNESCO World Heritage Centre. “Vilnius Historic Centre - UNESCO World Heritage Centre.” *UNESCO World Heritage Convention*. https://whc.unesco.org/en/list/541 (November 3, 2022).

Vytauto Didžiojo karo muziejus. “History.” *Vytautas the Great War Museum*. https://www.vdkaromuziejus.lt/en/about-us/history/ (September 1, 2022).

Williams, David. 2009. “A Brief History of Museum Computerization.” In *Museums in a Digital Age*, Routledge.

栗原祐司「ＩＣＯＭ博物館定義見直しの動向」https://www.bunka.go.jp/seisaku/bunkashingikai/hakubutsukan

/hoseido_working/08/pdf/93395901_04.pdf（２０２３年９月５日閲覧）

国立国会図書館関西館電子図書館課　２０１７「国立国会図書館資料デジタル化の手引：２０１７年版」https://doi.org/10.11501/10341525（２０２２年９月２日閲覧）

――　２０１８「国立国会図書館資料デジタル化の手引　録音資料編（カセットテープ、ソノシート）」https://dl.ndl.go.jp/view/download/digidepo_11114983_po_digitalguide201806.pdf?contentNo=1&alternativeNo=.

政府統計の総合窓口「社会教育調査 平成30年度 統計表 博物館調査（博物館）平成29年度間 １２０博物館における情報提供方法―ファイル―統計データを探す」https://www.e-stat.go.jp/stat-search/files?page=1&layout=datalist&toukei=00400004&tstat=000001017254&cycle=0&tclass1=000001138486&tclass2=000001138488&tclass3=000001138494&stat_infid=000031924450&tclass4val=0（２０２２年11月９日閲覧）

――「社会教育調査 平成30年度 統計表 博物館調査（博物館類似施設）平成29年度間１４８博物館類似施設における情報提供方法―ファイル―統計データを探す」https://www.e-stat.go.jp/stat-search/files?page=1&layout=datalist&toukei=00400004&tstat=000001017254&cycle=0&tclass1=000001138486&tclass2=000001138488&tclass3=000001138495&stat_infid=000031924478&tclass4val=0（２０２２年11月９日閲覧）

――「社会教育調査 令和３年度（中間報告）総括表１総括表」https://www.e-stat.go.jp/stat-search/files?page=1&layout=datalist&toukei=00400004&tstat=000001017254&cycle=0&tclass1=000001167426&tclass2=000001167508&stat_infid=000032220694&cycle_facet=tclass1%3Atclass2&tclass3val=0（２０２２年11

月3日閲覧）
セゾン美術館編　1992「チュルリョーニス展：リトアニア世紀末の幻想と神秘」セゾン美術館
デジタルアーカイブの連携に関する関係省庁等連絡会・実務者協議会　2017「デジタルアーカイブの構築・共有・活用ガイドライン」https://www.kantei.go.jp/jp/singi/titeki2/digitalarchive_kyougikai/guideline.pdf.
研谷紀夫・北岡タマ子・高橋英一・三橋徹　2011「文化資源のデジタル化に関するハンドブック」東京大学大学院情報学環・凸版印刷共同研究プロジェクト（2022年9月2日閲覧）
独立行政法人 国立公文書館　2018「公文書館等におけるデジタルアーカイブ・システムの標準仕様書」https://www.archives.go.jp/about/report/pdf/da_180330.pdf.
中井和夫・井内敏夫・伊東孝之編　1998『ポーランド・ウクライナ・バルト史』山川出版社
人間文化研究機構 国立歴史民俗博物館　2011「転写資料記述のための概念モデル —アナログ資料とデジタル資料の連続した管理と利用のために—」https://www.rekihaku.ac.jp/research/list/joint/pdf/2007digital_p_01.pdf.（2022年9月2日閲覧）
文化庁「博物館法の一部を改正する法律（令和4年法律第24号）について｜文化庁」https://www.bunka.go.jp/seisaku/bijutsukan_hakubutsukan/shinko/kankei_horei/93697301.html（2022年9月1日閲覧）
――「博物館法の一部を改正する法律　新旧対応表」https://www.bunka.go.jp/seisaku/bijutsukan_hakubutsukan/shinko/kankei_horei/pdf/93697301_03.pdf（2023年2月2日閲覧）
――「令和4年度博物館法改正の背景」https://www.bunka.go.jp/seisaku/bunkashingikai/hakubutsukan/

hakubutsukan04/03/pdf/93747001_05.pdf（２０２３年２月２日閲覧）

付録　ミュージアムガイド

本書の本論では、リトアニアの国立と地方自治体立の博物館を対象として行った調査について述べた。付録のミュージアムガイドでは、調査の対象となった博物館73館を紹介する。調査の対象の分類と同じく、国立総合博物館、国立専門博物館、地方自治体立博物館に分けてリストを示す。50館以上ある地方自治体立博物館は郡ごとにまとめた。

記載する項目は次の通りである（①〜③の番号は国立総合博物館の項に対応）。

名称（日本語仮訳・リトアニア語）
巻末ミュージアムマップ（A・B）における位置情報
本館所在地（国立博物館のみ）
デジタル化関連機能
統計データ（収蔵資料点数、デジタル化点数、職員数、いずれも2021年時点）
ウェブサイトのURL
LIMIS個別ポータルのURL（デジタルミュージアムガイド参照）
①コレクション種別（国立博物館のみ）
②発信しているソーシャルメディアのプラットフォーム
③分館数（ある場合のみ）
概要（国立博物館のみ）

また、本書の調査対象ではないものの、リトアニアに渡航したらぜひ足を運んでいただきたい博物館のリストも末尾に記す。

それぞれの博物館について説明する前に、一点補足をする。リトアニアの博物館は、特に規模の大きなところは、巨大な建物一軒にすべての展示が詰まっているというよりも、複数の建物に分散して展示が行われている。例えば首都ヴィリニュスにある最大規模の博物館・美術館は、リトアニア国立博物館とリトアニア国立美術館であるが、どちらも国内に点在する複数の展示施設（分館）から成り立っている。しかも、そのうちのいずれも、「リトアニア国立博物館」、「リトアニア国立美術館」という名称ではない（旅行ガイドブックでは、適当に名称を記載している場合もある）。分館ごとに特色のある常設展・企画展を開催しているので、リトアニアで博物館に行こうと思っている方は旅行ガイドだけではなく、各館のウェブサイトで最新情報を確認して足を運んでほしい。

（1）国立総合博物館

リトアニア国立美術館 Lietuvos nacionalinis dailės muziejus

ヴィリニュス市（Didžioji g. 4, Vilnius, LT-01128）

デジタル技能拠点　LIMIS センター

収蔵資料点数：257,486 点　デジタル化点数：123,291 点　職員数：450 人

ウェブサイト https://www.lndm.lt

① 美術　② Facebook　YouTube　Instagram　X（旧 Twitter）

③ 9 館（国立芸術ギャラリー A-1B、ヴィリニュス絵画ギャラリー A-3D、ラドヴィラ宮殿美術館 A-3C、応用美術とデザインの美術館 A-2E、ヴィタウタス・カシウリス美術館 A-2C、パランガ琥珀博物館、時計博物館、プラーナス・ドミシャイティス美術館、ミニアチュール美術館）

リトアニアの博物館のデジタル化を牽引する美術館。リトアニアの美術史を通しで見たい方は、ヴィリニュス絵画ギャラリー（おおむね 19 世紀までの美術）と国立芸術ギャラリー（おおむね 20 世紀以降の美術）の両方に行くことをおすすめする。2020 年に改装が終わったラドヴィラ宮殿美術館は、常設展としてソ連時代の抗議の芸術（ウラジーミル・タラソフ・コレクション）を展示している。これらはいずれもヴィリニュス市内にあるが、国内各地に点在する分館もそれぞれ特色ある展示を行っている。LIMIS を運営・管理している部署の LIMIS センターはヴィリニュス絵画ギャラリーを同じ建物内にある。一般に公開している部署ではないため、訪問したい・見学したい場合は事前に連絡をして了承を得る必要がある。

国立芸術ギャラリー（筆者撮影、2016 年）。

ラドヴィラ宮殿美術館（筆者撮影、2023 年）。

リトアニア国立博物館 Lietuvos nacionalinis muziejus

ヴィリニュス市（Arsenalo g. 1, Vilnius, LT-01100）

収蔵資料点数：1,377,898 点　デジタル化点数：110,261 点　職員数：264 人

ウェブサイト https://lnm.lt

① 歴史　② Facebook　YouTube　Instagram

③ 11 館（新武器庫 A-2D、旧武器庫 A-2D、ゲディミナス城の塔 A-2D、署名者の家 A-3D、ヨーナス・シュルーパス博物館、ヴィンツァス・クディルカ博物館、ヨーナス・バサナヴィチウス生家、カジス・ヴァルネリス邸博物館 A-4D、歴史の家 A-2E、ヴィリニュスの城壁 A-4E、旧監獄 A-2E）

リトアニアでもっとも古く、もっとも収蔵資料点数が多い博物館である。有史以前の資料の展示、20 世紀の国家回復についての展示、歴史上重要な人物のテーマ展示等が、別々の建物に分かれて展示されている。最も新しい展示施設である歴史の家（Istorijų namai）は企画展示のみで構成されており、新鮮な切り口でリトアニア国立博物館の所蔵資料に接することができる。網羅的にリトアニアについて知りたい場合は（そして時間に余裕がある場合は）、複数の分館をめぐってみてほしい。ゲディミナスの丘の上に立っているゲディミナス城の塔（遺構）もこの博物館の分館であり、入場料を払うとなかに入り、登って、屋上からヴィリニュスの旧市街を一望することができる。なお、デジタル化に関しては長いあいだ保守的であった博物館であり、現在の館長の就任までは、LIMIS への収蔵資料の登録を一切行っていなかった。

新武器庫（筆者撮影、2016 年）。

ゲディミナス城の塔（筆者撮影、2023 年）。

Ｍ．Ｋ．チュルリョーニス国立美術館 Nacionalinis M.K.Čiurlionio dailės muziejus

カウナス市（V. Putvinskio g. 55, Kaunas, LT-44248） B-2C
デジタル技能拠点
収蔵資料点数：477,347 点　デジタル化点数：92,358 点　職員数：208 人
ウェブサイト https://ciurlionis.lt
① 美術　② Facebook　YouTube　Instagram　X　TikTok
③ 9 館（M. ジリンスカス美術ギャラリー（改修中） B-3D、カウナス絵画ギャラリー B-2D、A. ジムイドヴィンチウス博物館（悪魔博物館） B-1C、旧大統領官邸 B-2B、L. トルイキスと M. ラウスカイテ記念博物館（改修中） B-4E、ガラウネ夫妻記念博物館 B-2E、J. ジカラス記念博物館 B-2B、V. K. ヨニーナス・ギャラリー、M. K. チュルリョーニス記念博物館）

カウナス唯一の国立総合博物館。1930 年代にリトアニアを代表する芸術家のＭ・Ｋ・チュルリョーニスの絵画コレクションの収蔵することから始まった。開館に際しては、Ｍ・Ｋ・チュルリョーニスの妻ソフィアが尽力した。本館は開館当時から建物を現・ヴィタウタス大公戦争博物館と共有している。チュルリョーニスの作品は独立して本館と廊下でつながった離れとなっているギャラリーに展示されており、展示室はスキップフロアで螺旋をのぼるような構造になっている。分館はカウナス市内外に九館あるものの、本館の正面入り口から通りをはさんで斜め向かいにあるＡ・ジムイドジンヴィチス博物館が悪魔博物館として有名であり、展示室の半分は世界各国から集めた（そして集まってくる）悪魔の立体造形物で占められている。また本館から徒歩圏内のカウナス絵画ギャラリーには、リ

カウナス絵画ギャラリー（筆者撮影、2023 年）。

悪魔博物館（筆者撮影、2023 年）。

トアニア出身のアーティストであるジョージ・マチューナス呼びかけで始まった芸術運動「フルクサス」の常設展示があり、日本出身のアーティストの作品も多く展示されている。

リトアニア大公宮殿博物館 Nacionalinis muziejus Lietuvos Didžiosios Kunigaikštystės valdovų rūmai

ヴィリニュス市（Katedros a. 4, Vilnius, LT-01143） A-2D

収蔵資料点数：134,181点　デジタル化点数：92,621点　職員数：166人

ウェブサイト https://www.valdovurumai.lt

① 歴史　② Facebook　YouTube　Instagram　Pinterest　③ なし

リトアニアでもっとも新しい国立博物館であり、かつてのリトアニア大公国の歴史についての資料を収集・展示している。建物は、リトアニア1000年記念の年である2009年に竣工した、かつてのリトアニア大公の宮殿を復元したものである。復元は宮殿の遺構の発掘調査に基づいて行われたものであり、展示室の一部では遺構の上（のデッキ）を歩くことができる（グーグルストリートビューで閲覧可）。館内は4つのルート（Ⅰ発掘資料とリトアニアの歴史の解説、Ⅱ復元した宮殿、Ⅲ甲冑と民俗、Ⅳ企画展示）に分かれており、入館時に一部のルートのみか、全てのルートを回るか、選択することができる。時間の余裕のない場合は、復元した宮殿の様子を見ることができるⅡのルートを選択することをおすすめする。ウェブサイトには今週の収蔵資料のコーナーがあり、デジタル化の際のメタデータよりもさらに詳しい解説を掲載している。

リトアニア大公宮殿博物館（筆者撮影、2022年）。

中庭（筆者撮影、2023年）。

（2）国立専門博物館

カウナス第九要塞博物館 Kauno IX forto muziejus

カウナス市（Žemaičių pl. 73, Kaunas, LT-47435）
収蔵資料点数：79,228 点　デジタル化点数：20,621 点　職員数：58 人
ウェブサイト https://www.9fortomuziejus.lt
① 歴史　② Facebook　YouTube　③ なし

第九要塞博物館ホロコースト被害者慰霊モニュメント（筆者撮影、2017 年）。

20 世紀前半の歴史を保存し続けている博物館。第九要塞はロシア帝国占領下の 20 世紀初めに建設された要塞であるが、その目的の通りに使われることはなかった。1920 年代からは未決拘禁者・受刑者・政治犯の重労働刑務所として使われた。1941 年にドイツ軍がカウナスを掌握すると、要塞はナチスによる大虐殺の拠点となった。第二次世界大戦中にここで約 5 万人が命を落としたといわれている。博物館の敷地内では要塞が保存されて展示施設となっているほか、展示用の建物とホロコースト被害者慰霊モニュメントがある。要塞のなかは刑務所や収容所であった頃の様子を再現している。ただし一部はツアーガイドの同行がないと入れない。要塞内の展示の一室では日本領事代理の杉原千畝についての説明もある。カウナスの旧市街から路線バスで 40 分ほどの場所にある。周囲に観光客向けの食事をする場所はないので、そのことを念頭に来館を計画することをおすすめする。

カウナス・タダス・イヴァナウスカス動物学博物館 Kauno Tado Ivanausko zoologijos muziejus

カウナス市（Laisvės al. 106, Kaunas, LT-44253）B-2B
収蔵資料点数：307,072 点　デジタル化点数：5,508 点　職員数：71 人
ウェブサイト https://www.zoomuziejus.lt
① 自然　動物学　② Facebook　YouTube　Instagram
③ 1 館（ヴェンテ鳥類学ステーション）

1919年に設立。当初は動物学者のタダス・イヴァナウスカスのコレクションを中心とし、研究機関や教育機関の附属的な役割が色濃かった。1945年に独立した博物館となり、1948年に旧銀行の建物に移動し、現在に至る。動物園ではなく動物学博物館なので、主要な展示は標本と剥製のみである。動物園を見たい方は、同じくカウナス市内のリトアニア動物園(Lietuvos zoologijos sodas, 2023年秋まで改修中)に足を運んでいただきたい。

カウナス・タダス・イヴァナウスカス動物学博物館（筆者撮影、2017年)。

リトアニア航空博物館 Lietuvos aviacijos muziejus

カウナス市（Veiverių g. 132, Kaunas, LT-46338)
収蔵資料点数：24,168点　デジタル化点数：11,547点　職員数：23人
ウェブサイト https://www.lam.lt
① 技術　② Facebook　YouTube　Instagram
③ 2館（操縦士ステポーナス・ダリウス生家博物館、操縦士スタシス・ギレナス生家博物館）

かつての飛行場に設立された航空機を専門とした博物館。歴史のパネル展示、様々な飛行機の縮小模型、エンジン、小型飛行機やヘリコプターといった航空機の実寸のレプリカや実物が展示されている。展示の終わりの方にはヘリコプターの操縦シミュレーターが置いてあり、来館者が操縦を体験できるようになっている。カウナスの旧市街から路線バスで15分ほどの場所にある。

リトアニア海洋博物館 Lietuvos jūrų muziejus

クライペダ市（Smiltynės pl. 3, Klaipėda, LT-93100)
デジタル技能拠点
収蔵資料点数：92,806点　デジタル化点数：34,903点　職員数：165人
ウェブサイト https://muziejus.lt
① 自然　歴史　技術　② Facebook　YouTube　X

リトアニア海洋博物館（上)、野外展示（下)（筆者撮影、2023年)。

海洋をテーマとした博物館・水族館・イルカ館の複合施設。リトアニアで年間来館者数がもっとも多い博物館である。博物館と水族館の建物は、19世紀後半の要塞を修復したものである。海洋生物だけではなく、船舶についての展示も多い。イルカ館ではイルカの水槽の真上がステージとなっており、開館日は毎日イルカショーが開催されている。バルト海の海洋生物の保護活動も行っており一部公開されている保護施設ではリハビリ中のアザラシや海鳥の様子を見学できる。夏休みシーズンは家族連れで賑わうが、冬季は人出が少ないため週末しか開館していない。博物館はクルシュ砂州のリトアニア側の先端にあり、海に囲まれている立地である。クライペダの市街からアクセスするためにはフェリーに乗る必要がある。

マイローニス・リトアニア文学博物館 Maironio lietuvių literatūros muziejus

カウナス市（Rotušės a. 13, Kaunas, LT-44279）B-3A

収蔵資料点数：322,356点　デジタル化点数：14,138点　職員数：76人

ウェブサイト https://maironiomuziejus.lt

① 文学　② Facebook　YouTube　Instagram

③ 5館（スルオガ博物館、ユオザス・グルシャス博物館、ユオザス・トーマス＝ヴァイジュガンタス博物館 B-3A、サロメーヤ・ネリス博物館、児童文学博物館 B-2D）

リトアニアを代表する文学者の文学館。本館と5つの分館がいずれも、かつて作家や詩人が住んでいた家やアパートの一室を展示室としている。本館はリトアニアを代表する詩人マイローニスがかつて住んでいた住宅である。常設展示の前半はマイローニスの生前の館内の様子を再現したものであり、後半はリトアニアの文学の歴史を辿るものになっている。

マイローニス・リトアニア文学博物館（筆者撮影、2023年）。

サロメーヤ・ネリス博物館（筆者撮影、2023年）。

リトアニアスポーツ博物館 Lietuvos sporto muziejus

カウナス市（Muziejaus g. 7, 9, LT-44279, Kaunas） B-3A
収蔵資料点数：20,590点　デジタル化点数：856点　職員数：16人
ウェブサイト https://lietuvossportomuziejus.lt　①歴史　② Facebook　YouTube　③ なし

1991年に開館したスポーツを専門とする博物館。マイローニス・リトアニア文学博物館から徒歩一分。収蔵資料には著名アスリートからの寄贈品も多く、リトアニアの様々なスポーツの歴史を展示している。別館の屋根裏部屋のような展示室では、サーカスやバレエ、ボクシングの資料を見ることができる。2021年から国立専門博物館になったため、本書の調査の対象ではなかった。

リトアニアスポーツ博物館（2023年、筆者撮影）。

リトアニア教育歴史博物館 Lietuvos švietimo istorijos muziejus

カウナス市（Vytauto pr. 52, Kaunas, LT-44237） B-2E
収蔵資料点数：55,559点　デジタル化点数：5,383点　職員数：18人
ウェブサイト https://www.lsim.lt
① 歴史　② Facebook　YouTube　③ なし

リトアニア教育歴史博物館（筆者撮影、2022 年）。

教育がテーマの博物館であり、教育に関連する歴史的な資料のみならず、児童・生徒向けの双方向展示が充実している。常設展では教育の歴史の端緒として、学校ではなくリトアニア語の出版物から展示が始まる。リトアニアの 19 世紀後半の出版禁止の歴史に興味がある場合は必見。古い教科書の展示のほか、科学教育で用いられた教材も展示されている。カウナスの駅・バスターミナルから最も近い国立博物館である。また、この博物館の裏手の急な階段を昇った先に杉原記念館がある。

リトアニア野外博物館 Lietuvos liaudies buities muziejus

ルムシシュケス（L. Lekaričiaus g. 2, Rumšiškės）

収蔵資料点数：94,353 点　デジタル化点数：24,442 点　職員数：111 人

ウェブサイト https://www.llbm.lt

① 歴史　エスノグラフィー　民俗学　② Facebook　YouTube　Instagram　③ なし

リトアニア野外博物館（筆者撮影、2016 年）。

ヨーロッパ最大級の野外博物館。博物館の敷地全体がリトアニアの縮図となるように展示が配置されており、民族誌的地域ごとの特色の異なる農村風景が再現されている。住宅等の建物はリトアニア各地から移築されたものである。生活文化以外の展示として、1940 年代にシベリアに強制移送された時の移送に使われた家畜貨車や流刑地の墓標の展示もある。カウナスの郊外にあり、最寄りのバス停から博物館の入り口まで徒歩で約 15 分かかる。季節によって開館時間が異なるのでウェブサイトで確認が必要。

リトアニア演劇・音楽・映画博物館 Lietuvos teatro, muzikos ir kino muziejus

ヴィリニュス市（Vilniaus g. 41, Vilnius, LT-01119） A-3C

収蔵資料点数：460,707 点　デジタル化点数：33,295 点　職員数：48 人

ウェブサイト https://ltmkm.lt

① 美術　歴史　文学　劇場　音楽　映画　② Facebook　YouTube　Instagram　③ なし

文字通りリトアニアの演劇、音楽、映画についての資料を展示している博物館。展示内容は多岐に渡っており、リトアニア最初のオペラ座の模型、人形劇映画使われたパペット、演劇のパンフレット、楽器、カメラ等、展示室ごとにまとめられている。ヴィリニュス市内の中心にあり、観光のついでに寄るのにちょうどよい立地であるものの、内容が充実しているため時間に余裕を持って来館することをおすすめする。

リトアニア演劇・音楽・映画博物館（筆者撮影、2023 年）。

シャウレイ「アウシュロス」博物館 Šiaulių “Aušros” muziejus

シャウレイ市（Vilniaus g. 74, Šiauliai, LT-76283）

デジタル技能拠点

収蔵資料点数：277,054 点　デジタル化点数：96,017 点　職員数：94 人

ウェブサイト　https://www.ausrosmuziejus.lt

① 歴史　② Facebook　YouTube　Instagram　Pinterest

③ 8 館（シャウレイ歴史博物館、カイマス・フランケリス邸宅博物館、自転車博物館、写真博物館、詩人ヨヴァラス博物館、ラジオとテレビの博物館、ヴェンスラウスキス家博物館、粉屋の屋敷）

リトアニアの北西部の街シャウレイにある博物館群。写真、自転車、テレビ等、特色あるコレクションに特化した分館が並ぶ。国内でいち早く資料の電子管理を始めた博物館。デジタル化の拠点となっている分館は、写真博物館である。パンデミックの間に独自のヴァーチャル・ギャラリー（360° 画像）を制作して公開した。ヴィリニュス駅から列車で 2 時間、シャウレイ駅からは徒歩でアクセス可能。

カイマス・フランケリス邸宅博物館（筆者撮影、2023年）。

写真博物館（筆者撮影、2023年）。

観光名所「十字架の丘」へは、バスターミナルから路線バスまたはタクシーで行くことが可能であるが、郊外なので時間に余裕を持つこと。

トラカイ歴史博物館 Trakų istorijos muziejus

トラカイ（Kęstučio g. 4, Trakai, LT-21104）

収蔵資料点数：410,104点　デジタル化点数：49,813点　職員数：85人

ウェブサイト https://trakaimuziejus.lt

① 歴史　② Facebook　YouTube

③ 4館（メディニンカイ城、聖美術展示（トラカイ半島城）、カライメ博物館、トラカイ島）

トラカイ歴史博物館（筆者撮影、2016年）。

湖に浮かぶトラカイ城を中心とする博物館群。トラカイ城は14世紀から15世紀に築城され、いったん廃墟になった後、19世紀後半から約1世紀かけて修復・復元され、博物館として公開されるようになった。常設展示では、この城が辿った歴史を解説している。首都ヴィリニュスから長距離バスまたは長距離列車で30分程の距離の町・トラカイにある。分館では、トラカイに住むトルコ系の少数民族のカライム人についての常設展示をしている。

ヴィリニュス・ガオン・ユダヤ歴史博物館 Vilniaus Gaono žydų istorijos muziejus

ヴィリニュス（Naugarduko g. 10/2, Vilnius, LT-01141）

収蔵資料点数：41,456 点　デジタル化点数：10,904 点　職員数：48 人

ウェブサイト https://www.jmuseum.lt

①歴史　② Facebook　YouTube

③ 6 館（ホロコースト展示施設 A-3B、サミュエル・バク博物館 A-4C、パネリェイ展示、ジャーカス・リプスチス記念博物館（改修中）、リトアニアのホロコーストとヴィリニュスのゲットー記念博物館（開館予定）、リトアニアのユダヤ人の文化とアイデンティティの博物館（開館予定））

この博物館では、リトアニアにおけるユダヤ人の歴史と文化を展示しており、博物館そのものも厳しい歴史を辿って来た。1913 年に前身となる博物館が設立されたものの、その活動は第一次世界大戦により止まってしまう。戦間期に活動が再開するものの、ソ連に併合されたあとの 1949 年、ユダヤ人の文化や歴史を扱う博物館の意義が理解されずに閉館を余儀なくされた。1989 年に半世紀以上の時を経てユダヤ博物館の再開館が許可され、1991 年よりリトアニアの国立博物館となった。ホロコーストの展示施設は、その見た目から「緑の家」とも呼ばれている。建物の一階は仔細な資料に基づくパネル展示があり、階段を上がると屋根裏部屋がある。当時の様子を再現した屋根裏部屋には当時の日記を朗読した映像が流れている。杉原千畝についての展示もあり、どのような背景で「命のビザ」が発行されたのかを知るためにも重要な場所である。

サミュエル・バク博物館（上）、ホロコースト展示施設（下）（筆者撮影、2023 年、2016 年）。

ヴィタウタス大公戦争博物館 Vytauto Didžiojo karo muziejus

カウナス市（K. Donelaičio g. 64, Kaunas, LT-44248） B-1C

収蔵資料点数：307,144 点　デジタル化点数：36,667 点　職員数：87 人

ウェブサイト https://www.vdkaromuziejus.lt
① 歴史　② Facebook　YouTube　Instagram　Pinterest ③ ２館（戦争技術展示、地下印刷所「ＡＢ」）

ヴィタウタス大公戦争博物館（筆者撮影、2022年)。

戦争を主題にした博物館。歴史だけを扱っているわけではなく、時期によっては一角に入隊募集の展示もある。地下のクロークの横には戦没者の慰霊碑があるので、荷物を預ける際には静粛に。見どころは、飛行機『リトゥアニカ』の現物展示。1900年にリトアニア人初の大西洋を横断し到着間際に墜落した二人乗り飛行機がそのまま保存されている。Ｍ．Ｋ．チュルリョーニス美術館の本館と建物を共有しているが、来館者は中から行き来できない。

「アルカ」ジェマイティア博物館 Žemaičių muziejus “Alka”

テルシャイ市（Muziejaus g. 31, Telšiai, LT-87357）
収蔵資料点数：154,384点　デジタル化点数：19,131点　職員数：48人
ウェブサイト https://www.muziejusalka.lt
① 歴史　エスノグラフィー　民俗学　② Facebook　YouTube　Instagram
③ ２館（ジェマイティア農村展示、ジェマイティア教区博物館）

「アルカ」ジェマイティア博物館（筆者撮影、2017年)。

リトアニア北西のテルシャイの湖畔に展示施設と野外博物館がある。野外博物館は冬のあいだ閉鎖している。ジェマイティア地方の歴史、生活文化、美術等を網羅している。20世紀前半のアマチュア彫刻家によるキリスト像のコレクションが見どころである。

ヴィリニュスからテルシャイまで列車又はバスで3時間。テルシャイでの路線バスの情報は少ないので市内は徒歩で移動するほかない。博物館に近いのはバスターミナルなので、バスで移動したほうがよい。

リトアニア民族宇宙学博物館 Lietuvos etnokosmologijos muziejus

モレータイ（Žvaigždžių g. 10, Kulionių k., Čiulėnų sen., LT-33354）
収蔵資料点数：30,172 点　デジタル化点数：5,960 点　職員数：17 人
ウェブサイト https://etnokosmomuziejus.lt
① 歴史　② Facebook　YouTube

唯一の天文台を備えた国立博物館である。民族宇宙学（etnokosmologija）はこの博物館の構想とともに作られた新しい概念である。定期的に天体観測を催しており、フェイスブックでは自館の情報よりも宇宙関連の情報のシェアが多い。主要都市から公共交通機関で辿り着くのは難しい。

ヴァスロヴァス・インタス国立岩石博物館 Respublikinis Vaclovo Into akmenų muziejus

モセディス（Salantų g. 2, Mosėdis, LT-98271）
収蔵資料点数：8,392 点　デジタル化点数：453 点　職員数：14 人
ウェブサイト　https://www.akmenumuziejus.lt　①自然　地学

岩石を専門に扱う博物館である。屋内展示は修復された 18 世紀末建設の水車小屋内の展示室 3 室に、リトアニアの化石や貴石を展示している。その周りの 14.5 ヘクタールの広大な敷地は公園となっており、岩の野外展示や希少な植物が配置されている。なお、こちらも主要都市から公共交通機関で辿り着くのは難しい。来館する貴重な機会があったら、岩石と触れ合っていただきたい。

（3）地方自治体立博物館

ヴィリニュス郡

グリンツェヴィチューテ記念博物館「ベアトリチェの家」
Grincevičiūtės memorialinis butas-muziejus “Beatričės namai”

収蔵資料点数：2,955 点　デジタル化点数：2,775 点　職員数：2 人　A-2C
ウェブサイト　　ソーシャルメディア　Facebook

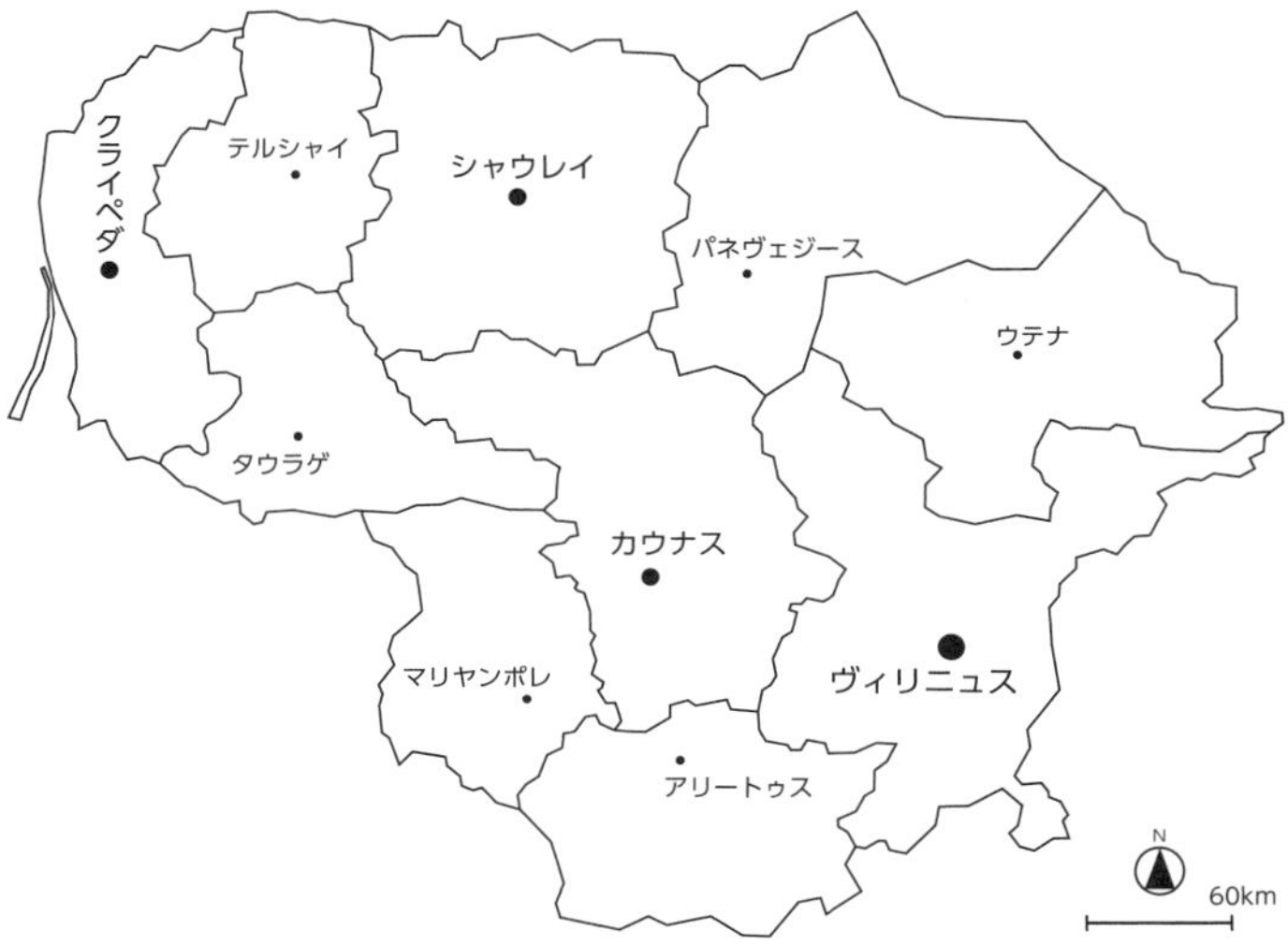

リトアニアの地図（郡）

ヴィンツァス・クレヴェス＝ミツケヴィチウス記念博物館

Vinco Krėvės-Mickevičiaus memorialinis butas-muziejus

収蔵資料点数：3,332 点　デジタル化点数：677 点　職員数：3 人　A-2B

ウェブサイト　ソーシャルメディア　Facebook

V. ミコライティス＝プーティナス記念博物館

V.Mykolaičio-Putino memorialinis butas-muziejus

収蔵資料点数：5,910 点　デジタル化点数：960 点　職員数：2 人　A-2B

ウェブサイト　ソーシャルメディア　Facebook

ヴェンスロヴァ記念博物館 Venclovų namai-muziejus

収蔵資料点数：15,093 点　デジタル化点数：1,804 点　職員数：2 人　A-2B

ウェブサイト　ソーシャルメディア　Facebook

シュラペーリス夫妻記念博物館 Marijos ir Jurgio Šlapelių namas-muziejus

収蔵資料点数：26,155 点　デジタル化点数：2,485 点　職員数：13 人　A-3D

ウェブサイト　　ソーシャルメディア　Facebook

マルクチェイ邸宅博物館 Markučių dvaro muziejus

収蔵資料点数：8,213 点　デジタル化点数：2,356 点　職員数：14 人

ウェブサイト　　ソーシャルメディア　Facebook　YouTube　Instagram

2023 年に「文学者 A・プーシキン博物館」から改称した。

ウクメルゲ地域博物館 Ukmergės kraštotyros muziejus

収蔵資料点数：46,596 点　デジタル化点数：4,046 点　職員数：35 人

ウェブサイト　　ソーシャルメディア　Facebook　YouTube

エレクトゥレーナイ地方自治体文学・美術博物館
Elektrėnų savivaldybės literatūros ir meno muziejus

収蔵資料点数：2,888 点　デジタル化点数：0 点　職員数：6 人

※デジタル化点数は 2019 年には 2,685 点だったので、記載ミスもしくは館内の集計方法の変更があったと思われる

ウェブサイト　　ソーシャルメディア　Facebook　Instagram

ナルシア博物館 Nalšios muziejus

収蔵資料点数：64,509 点　デジタル化点数：882 点　職員数：15 人

ウェブサイト　　ソーシャルメディア　Facebook　YouTube

カウナス郡

カウナス市博物館 Kauno miesto muziejus

収蔵資料点数：96,551 点　デジタル化点数：30,129 点　職員数：57 人

ウェブサイト　　ソーシャルメディア　Facebook　YouTube　Instagram　X

カウナス地域博物館 Kauno rajono muziejus

収蔵資料点数：19,506 点　デジタル化点数：1,751 点　職員数：19 人

ウェブサイト　　ソーシャルメディア　Facebook

カイシャドリアイ博物館 Kaišiadorių muziejus

収蔵資料点数：51,178 点　デジタル化点数：2,158 点　職員数：14 人

ウェブサイト　　ソーシャルメディア　Facebook　YouTube

ビルシュトナス博物館 Birštono muziejus

収蔵資料点数：9,906 点　デジタル化点数：665 点　職員数：11 人

ウェブサイト　　ソーシャルメディア　Facebook

プリエナイ地域博物館 Prienų krašto muziejus

収蔵資料点数：30,388 点　デジタル化点数：1,546 点　職員数：15 人

ウェブサイト

ヨナヴァ地域博物館 Jonavos krašto muziejus

収蔵資料点数：58,134 点　デジタル化点数：2,047 点　職員数：6 人

ウェブサイト　　ソーシャルメディア　Facebook

ラセイニアイ地域歴史博物館 Raseinių krašto istorijos muziejus

収蔵資料点数：52,143 点　デジタル化点数：7,045 点　職員数：19 人

ウェブサイト

ヴィルカヴィシュキス地域スヴァルキヤ文化センター博物館

Vilkaviškio rajono Suvalkijos (Sūduvos) kultūros centras-muziejus

※調査時（2017 年）には地方自治体立博物館に分類されていたが、2022 年現在は附属博物館に分類されている。

ウェブサイト

クライペダ郡

小リトアニア歴史博物館 Mažosios Lietuvos istorijos muziejus

収蔵資料点数：134,643 点　デジタル化点数：31,668 点　職員数：47 人

ウェブサイト　　ソーシャルメディア　Facebook　YouTube

パランガ避暑地博物館 Palangos kurorto muziejus

収蔵資料点数：10,024 点　デジタル化点数：4,302 点　職員数：11 人

ウェブサイト

ネリンガ博物館 Neringos muziejai

収蔵資料点数：9,079 点　デジタル化点数：511 点　職員数：15 人

ウェブサイト　ソーシャルメディア　Facebook　YouTube

シルーテ・ヒュゴー＝ショーユス博物館 Šilutės Hugo Šojaus muziejus

収蔵資料点数：65,436 点　デジタル化点数：6,625 点　職員数：19 人

ウェブサイト　ソーシャルメディア　Facebook

ガルジャイ地域博物館 Gargždų krašto muziejus

収蔵資料点数：16,534 点　デジタル化点数：518 点　職員数：18 人

ウェブサイト　ソーシャルメディア　Facebook

クレティンガ博物館 Kretingos muziejus

収蔵資料点数：85,669 点　デジタル化点数：15,433 点　職員数：41 人

ウェブサイト　ソーシャルメディア　Facebook　YouTube

ケダイニアイ地域博物館 Kėdainių krašto muziejus

収蔵資料点数：55,712 点　デジタル化点数：10,307 点　職員数：30 人

ウェブサイト　ソーシャルメディア　Facebook

ヴィースクパス・モティエユス・ヴァランチウス生家博物館 Vyskupo Motiejaus Valančiaus gimtinės muziejus

収蔵資料点数：1,633 点　デジタル化点数：577 点　職員数：4 人

ウェブサイト　ソーシャルメディア　Facebook

スクオダス博物館 Skuodo muziejus

収蔵資料点数：21,161 点　デジタル化点数：220 点　職員数：7 人

ウェブサイト

シャウレイ郡

ヨーニシュキス歴史文化博物館 Joniškio istorijos ir kultūros muziejus

収蔵資料点数：16,164 点　デジタル化点数：548 点　職員数：18 人

ウェブサイト　　ソーシャルメディア　Facebook

ケルメ地域博物館 Kelmės krašto muziejus

収蔵資料点数：30,283 点　デジタル化点数：1054 点　職員数：15 人

ウェブサイト　　ソーシャルメディア　Facebook

アクメネ地域博物館 Akmenės krašto muziejus

収蔵資料点数：8,542 点　デジタル化点数：3411 点　職員数：9 人

ウェブサイト　　ソーシャルメディア　Facebook

ダウギヴェネ文化史博物館 Daugyvenės kultūros istorijos muziejus-draustinis

収蔵資料点数：30,382 点　デジタル化点数：693 点　職員数：30 人

ウェブサイト　　ソーシャルメディア　Facebook　YouTube　Instagram

パネヴェジーズ郡

パネヴェジース地域博物館 Panevėžio kraštotyros muziejus

収蔵資料点数：120,530 点　デジタル化点数：8,565 点　職員数：35 人

ウェブサイト　　ソーシャルメディア　Facebook　Instagram

クピシュキス民俗博物館 Kupiškio etnografijos muziejus

収蔵資料点数：59,809 点　デジタル化点数：21,832 点　職員数：14 人

ウェブサイト　　ソーシャルメディア　Facebook

パスヴァリス地域博物館 Pasvalio krašto muziejus

収蔵資料点数：51,972 点　デジタル化点数：4,662 点　職員数：24 人

ウェブサイト　　ソーシャルメディア　Facebook

ビルジャイ地域博物館「セラ」 Biržų krašto muziejus “Sėla”

収蔵資料点数：170,896 点　デジタル化点数：32,764 点　職員数：52 人

ウェブサイト

ローキシュキス地域博物館 Rokiškio krašto muziejus

収蔵資料点数：114,759 点　デジタル化点数：5,555 点　職員数：35 人

ウェブサイト

テルシャイ郡

マジェイキアイ博物館 Mažeikių muziejus

収蔵資料点数：82,312 点　デジタル化点数：786 点　職員数：23 人

ウェブサイト　ソーシャルメディア　Facebook

リエタヴァス・オギンスキアイ文化史博物館

Rietavo Oginskių kultūros istorijos muziejus

収蔵資料点数：6,441 点　デジタル化点数：425 点　職員数：8 人

ウェブサイト　ソーシャルメディア　Facebook

ジェマイティア美術館 Žemaičių dailės muziejus

収蔵資料点数：13,916 点　デジタル化点数：700 点　職員数：27 人

ウェブサイト　ソーシャルメディア　Facebook

タウラゲ郡

パゲーギアイ地方自治体M・ヤンクス立博物館 Pagėgių savivaldybės M.Jankaus muziejus

収蔵資料点数：6,098 点　デジタル化点数：297 点　職員数：6 人

ウェブサイト　ソーシャルメディア　Facebook

タウラゲ地域博物館 Tauragės krašto muziejus

収蔵資料点数：19,139 点　デジタル化点数：2,702 点　職員数：20 人

ウェブサイト　ソーシャルメディア　Facebook　YouTube　Instagram

ユルバルカス地域博物館 Jurbarko krašto muziejus

収蔵資料点数：12,012 点　デジタル化点数：554 点　職員数：18 人

ウェブサイト　ソーシャルメディア　Facebook　YouTube

シラレ・ヴラダス・スタトゥケヴィチウス博物館

Šilalės Vlado Statkevičiaus muziejus

収蔵資料点数：24,052 点　デジタル化点数：132 点　職員数：11 人

ウェブサイト　ソーシャルメディア　Facebook

マリヤンポレ郡

マリヤンポレ地域・リトアニア大統領 K. グリニウス博物館

Marijampolės krašto ir Prezidento Kazio Griniaus muziejus

収蔵資料点数：44,361 点　デジタル化点数：1771 点　職員数：24 人

※合併により名称変更した。調査時旧名称マリヤンポレ地域博物館 Marijampolės kraštotyros muziejus

ウェブサイト　ソーシャルメディア　Facebook

リトアニア大統領K．グリニウス記念博物館

Lietuvos prezidento K.Griniaus memorialinis muziejus

※調査後にマリヤンポレ地域博物館と合併しマリヤンポレ地域・リトアニア大統領 K. グリニウス博物館になった

ザナヴィーカイ博物館 Zanavykų muziejus

収蔵資料点数：52,012 点　デジタル化点数：1717 点　職員数：8 人

ウェブサイト　ソーシャルメディア　Facebook　YouTube　Instagram

アリートゥス郡

アリートゥス地域博物館 Alytaus kraštotyros muziejus

収蔵資料点数：121,070 点　デジタル化点数：5,066 点　職員数：32 人

ウェブサイト　ソーシャルメディア　Facebook

メルキネ地域博物館 Merkinės krašto muziejus

収蔵資料点数：3,860 点　デジタル化点数：2,193 点　職員数：8 人

ウェブサイト　　ソーシャルメディア　Facebook

ラズディィヤイ地域博物館 Lazdijų krašto muziejus

収蔵資料点数：39,584 点　デジタル化点数：1,586 点　職員数：12 人

ウェブサイト　　ソーシャルメディア　Facebook

ドゥルスキニンカイ市博物館 Druskininkų miesto muziejus

収蔵資料点数：6,329 点　デジタル化点数：1,975 点　職員数：7 人

ウェブサイト　　ソーシャルメディア　Facebook

ウテナ郡

ウテナ地域博物館 Utenos kraštotyros muziejus

収蔵資料点数：78,798 点　デジタル化点数：4,887 点　職員数：18 人

ウェブサイト　　ソーシャルメディア　Facebook

イグナリナ地域博物館 Ignalinos krašto muziejus

収蔵資料点数：7,612 点　デジタル化点数：481 点　職員数：4 人

ウェブサイト　　ソーシャルメディア　Facebook

バラナウスカスと A. ヴィエヌオリス＝ジュカウスカス記念博物館

Baranausko ir A.Vienuolio-Žukausko memorialinis muziejus

収蔵資料点数：46,804 点　デジタル化点数：13,811 点　職員数：34 人

ウェブサイト　　ソーシャルメディア　Facebook

モレータイ地域博物館 Molėtų krašto muziejus

収蔵資料点数：35,164 点　デジタル化点数：10,304 点　職員数：23 人

ウェブサイト　　ソーシャルメディア　Facebook

ザラサイ地域博物館 Zarasų krašto muziejus

収蔵資料点数：24,174 点　デジタル化点数：2,924 点　職員数：15 人

ウェブサイト　ソーシャルメディア　Facebook

（4）その他

Mo美術館 Mo Muziejus

ヴィリニュス市（Pylimo g. 17, Vilnius, LT-01141） A-4C
ウェブサイト https://mo.lt/

Mo美術館（筆者撮影、2023 年）。

リトアニアで一番新しい現代美術館。かつて映画館だった場所に建っており、映画館の取り壊しの際に、高級住宅地ではなく、みんなのための文化の場が必要だという活動が起こり、現代美術の美術館が建設されることとなった。以前の映画館の看板は併設された公園に彫刻作品とともに展示されている。リトアニアの博物館・美術館ではめずらしく常設展示を行っておらず、収蔵作品をテーマごとに展示する企画展を年に 3、4 回開催している。20 世紀の美術作品を展示することにより、20 世紀リトアニアの歴史を振り返ることを主旨とした企画も多い。音声ガイド（リトアニア語・英語）を無償で提供しており、館外でも聞くことができる。美術館の二階には小展示室、三階には大展示室があり、それぞれ独立した展覧会が行われている。一階のチケットカウンターの奥はイベントスペースであるが、ガラス越しに収蔵庫の中を見ることができる。ヴィリニュス市の中心部にあり、アクセスのよい立地にある。

ケルナヴェ博物館 Kernavės archeologinės vietovės muziejus

ケルナヴェ市（Kerniaus g. 4A, Kernave ė LT-19172）
ウェブサイト https://www.kernave.lt/en/

ケルナヴェ博物館（筆者撮影、2016 年）。

リトアニアに5か所あるユネスコ世界文化遺産のひとつ、ケルナヴェ古代遺跡（ケルナヴェ文化保護区）にある博物館。ケルナヴェはかつてのリトアニアの首都があった場所とされ、5つの丘があり、博物館ではその丘から発掘された資料を展示している。屋外に広がる5つの丘の風景が美しく、丘には設置された階段で誰でも登ることができる。展示を見る前と後で、そこに見える風景の見え方が変わる場所である。ケルナヴェはヴィリニュスからバスで1時間ほどの場所にある。長距離バスでも直通便はなく、時間帯によっては乗り換えが必要なこともあるので、公共交通機関で行く場合は旅程に注意が必要である。

占領と自由への戦いの博物館 Okupacijų ir laisvės kovų muziejus

ヴィリニュス市（Aukų g. 2A, Vilnius, LT-01113） A-2B
ウェブサイト http://genocid.lt/muziejus/

旧 KGB の建物を保存して博物館として公開している。ガイドブックには KGB 博物館と書かれることが多い。情報がぎっしり詰まった展示なので、じっくり見るには時間の余裕が必要。初めて行く場合は、館内のガイド（英語あり・日本語なし）に頼むことをおすすめする。建物の地上の空間は部屋ごとにテーマの分かれた展示をしており、説明のしっかりとしたパネルが多めである。地下には、かつての収容施設をそのまま展示しており、解説はついていな

占領と自由への戦いの博物館（筆写撮影、2023 年）。

い。ひんやりとしたコンクリートの壁と床、骨組みだけのベッド、トイレ代わりのバケツ等、囚人の過酷な状況をうかがわせる。地下の展示の奥はかつての処刑場に繋がっており、綺麗に貼り替えられた部屋の中に、そこで何があったのかを示す説明がかいてあり、時おりヒューン、ヒューン、と銃の音が聞こえる。旧市街のヴィリニュス大聖堂から国会議事堂へと繋がる大通りに面しており、アクセスしやすい立地。ただし、観光のついでに行く場所ではない。

杉原記念館 Sugiharos namai

カウナス市（Vaižganto g. 30, Kaunas, LT-44229）B-E4
ウェブサイト https://www.sugiharahouse.com/

杉原記念館（筆写撮影、2023年）。

かつての在カウナス日本領事館の建物を、「命のビザ」の杉原千畝を記念する博物館として公開している。リトアニアを訪れた日本からの観光客がほぼ全員来館する場所でもある。展示の多くはパネル展示であるが、一室はかつての領事室を再現しており、領事の机につく杉原千畝の写真と同じ構図で写真を撮ることができる。COVID-19の流行により閉館の危機に瀕したが、クラウドファンディングにより存続できることとなった。大切な歴史を伝える場所であるが、ここを訪れたら、ぜひ、第九要塞博物館等ほかの博物館を訪れて、より広くその背景を知っていただきたい。

付録　デジタルミュージアムガイド

本書では、リトアニアの博物館で働く専門職員に博物館のデジタル化の実践について調査を行った結果を示した。デジタル化の成果はLIMISをはじめとするオンラインのプラットフォームで全世界に公開されており、読者諸氏にも見ていただきたい。そこでこのデジタルミュージアムガイドでは、リトアニアの博物館の資料をオンラインで提供しているウェブサイトを紹介する。既にリトアニアに興味を持っていて特定の資料を探している場合でも、とりあえず何があるか見てみたい場合でも、どちらの場合でもスムーズな閲覧をできるようなガイドとなることを願っている。

（1）LIMISポータル

LIMIS（Lietuvos integrali muziejų informacinė sistema、リトアニア博物館情報統合システム）はリトアニアの博物館における中枢となるシステムである。第二章（4）に述べたように、LIMISは3つのサブシステム、すなわち、LIMIS-M（データの収集機能）、および、LIMIS-C（データの管理機能）、LIMIS-K（データの公開機能）によって構成されている。LIMIS-Kは、一般に公開されている部分であり、「LIMISポータル」とも呼ばれている。リトアニア国立美術館が運営するウェブサイトとして、次のURLからアクセスできる。

https://www.limis.lt/

このポータルサイトは、2023年4月17日に全面リニューアルされ、ワンストップでリトアニアの博物館のあらゆる情報を参照できるようになった。旧LIMISポータルの内容を引き継いだのみならず、博物館の展覧会情報やイベント情報をまとめた „muziejai.lt" や2020年のロックダウンの際に先行公開された3Dツアー „turai.limis.lt" 等も統合された。また、旧LIMISポータルでは音声の再生が無効になっていたオーディオガイドも復活し、国内の様々な博物館の常設展示のオーディオガイドをオンラインで聞くことができるようになった。主な対応言語はリトアニア語と英語であるが、一部はドイツ語、フラン

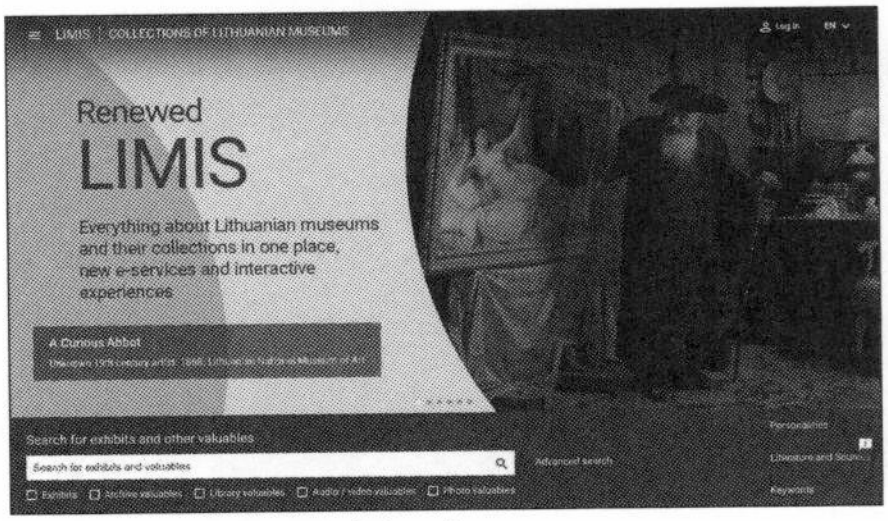

LIMISポータルのトップページ

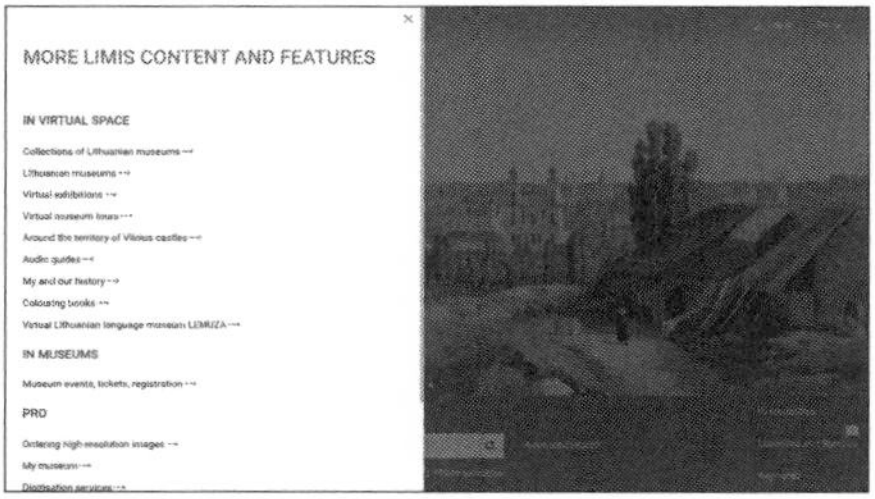

LIMIS ポータルのメニュー

ス語、ポーランド語、ロシア語にも対応している。さらに、リニューアルによりスマートフォンにも対応するようになったため、パソコンのウェブブラウザのみならず様々なデバイスから LIMIS を参照できるようになった。LIMIS ポータルトップページの左上にある「三」のようなアイコンを押すことによって、各サービスのメニューを表示することができる。

現在、一般ユーザーに英語で提供されている LIMIS のサービスは、次の通りである。

リトアニアの博物館のコレクション (Collections of Lithuanian museums) *

LIMIS ポータルのトップページ。LIMIS に登録された資料の検索・閲覧することができる。“Search for exhibits and valuables” と表記のある白い検索窓に検索したい資料のキーワードを入力して🔍マークを押すことで、簡易検索をすることができる。検索窓の近くの “Advanced Search” の文字をクリックすると、詳細検索のページに移行する。

リトアニアの博物館 (Lithuanian museums)

https://www.limis.lt/e-guide/

リトアニア国内の博物館の展覧会・イベント情報をワンストップで検索・閲覧できる。各博物館の開館時間や住所等の来館の際に役立つ情報も記載されている。特に、リトアニアの都市部以外にある博物館はウェブサイトがリトアニア語のみで対応していることも多いため、英語ですべての情報が手に入る点は観光で訪れる際も便利である。

ヴァーチャル展示 (Virtual exhibitions) *

https://www.limis.lt/v-exhibition/

各博物館が「ヴァーチャル展示」としてテーマごとにまとめた資料の閲覧をで

きる。展示というよりも資料のリストではあるものの、検索するだけでは辿り着けない新たな発見のあるコンテンツとして各博物館の知見が集結している。

ヴァーチャル博物館ツアー (Virtual museum tours)

https://www.limis.lt/v-tour/

360度写真を組み合わせた、文字通り画面上でヴァーチャルに各博物館を体験できる。元々は2020年にロックダウンにより国内の博物館が閉館せざるを得なくなった際に、いわばベータ版としてリリースされたものが、より見やすい形で公開されたものである。主要な博物館の常設展示の各室をぐるっと360度見渡せるほか、リトアニア語と英語のガイドによる解説もある。

ヴィリニュスの城郭周辺 (Around the territory of Vilnius castles)

https://www.limis.lt/v-castle/

リトアニア国立博物館新武器庫や大公宮殿博物館のあるゲディミナスの丘周辺（かつての城郭址）の歴史遺産を解説するコンテンツ。博物館以外のランドマークも扱っている。28地点についての画像と解説音声を閲覧できる。解説されているのはヴィリニュス旧市街の中心となる地区であり、観光で訪れる前の予習としても役立つ内容となっている。このコンテンツのみ、日本語に対応している。

オーディオガイド (Audio guides) *

https://www.limis.lt/a-guide/

リトアニア国内の博物館の展示のオーディオガイドを検索して聞くことができる。リトアニア語、リトアニア語手話、英語のコンテンツが主に公開されている。ユーザー登録すると、一般ユーザーもLIMISに登録されている資料を選んでオーディオガイドを作成し、公開することができる。

ヴァーチャルリトアニア語博物館 LEMUZA (Virtual Lithuanian language museum LEMUZA)

https://www.limis.lt/lemuza/

国内の博物館に収蔵されている様々なリトアニア語にまつわる資料（書籍等）

を参照しながら、リトアニア語の成り立ちや沿革を紹介するウェブサイト。リトアニア語と英語で閲覧することができる。各コンテンツに「ガイドビデオ」が用意されているが、リトアニア語のみの対応である。

高画質の画像のリクエスト (Ordering high-resolution images) *

https://www.limis.lt/about-high-resolution-images/

LIMIS にユーザー登録をすることによって、簡易に高精細な画像をリクエストすることができる旨説明している。

（＊マークは旧版から引き継いだもの。実際にアクセスしてリトアニア語で表示された際は、右上の LT の文字をクリックして EN を選ぶと、英語での表示に切り替わる）

実際に、詳細検索の機能を使って資料の検索・閲覧をする手順を以下に紹介する。

トップページの 2 か所ある “Advanced Search” のリンクをクリックすると、詳細検索のためのページが表示される。詳細検索のページの URL は次の通りである。

https://www.limis.lt/valuables/detailed/search

このページは、収蔵資料 (exhibits)、アーカイブ資料 (archive valuables)、図書資料 (library valuables)、視聴覚資料 (audio / video valuables)、写真資料 (photo valuables) ごとに検索できるようにタブが分かれている。

収蔵資料 (exhibits) の検索では、人 (Person (natural, legal)) として著者、作者、製作者、翻訳者、主なデータとして、収蔵資料管理簿番号 (Primary accounting No.)、説明文 (Description)、目録番号 (Inv. No.)、種類 (Type of valuable item)、題名／名称 (Title)、材質 (Material)、収蔵館 (Museum)、技法 (Technique of performance, manufacturing)、コレクション (Collection)、全文 (Full text)、文献 (Literature, source, publication)、の 11 項目を指定でき

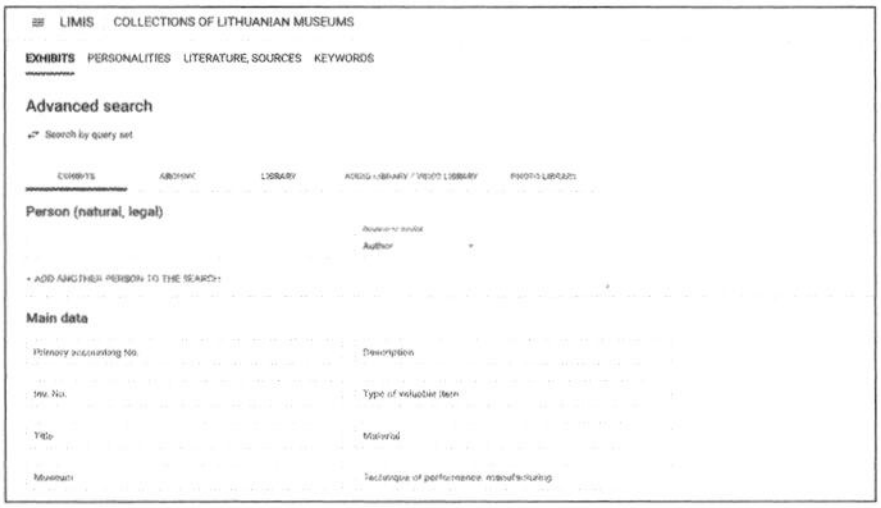

LIMIS の詳細検索のページ

る。

この他に、デジタルファイルの種別(Digital file type)、資料についての音声や画像（Audio and video records about the exhibit)、期間（Period)、所在地（Address)、展覧会（Exhibitions)、関連する場所、出来事、人（Related places, events, persons)、二次利用の可否（Rights of use）についても指定できる。

以上の項目は、博物館が収蔵資料の目録をパソコンを用いて作成する場合の項目と重複するものであり、博物館が実際に収蔵資料管理をする際に登録しているデータを基に検索することができるようになっている。

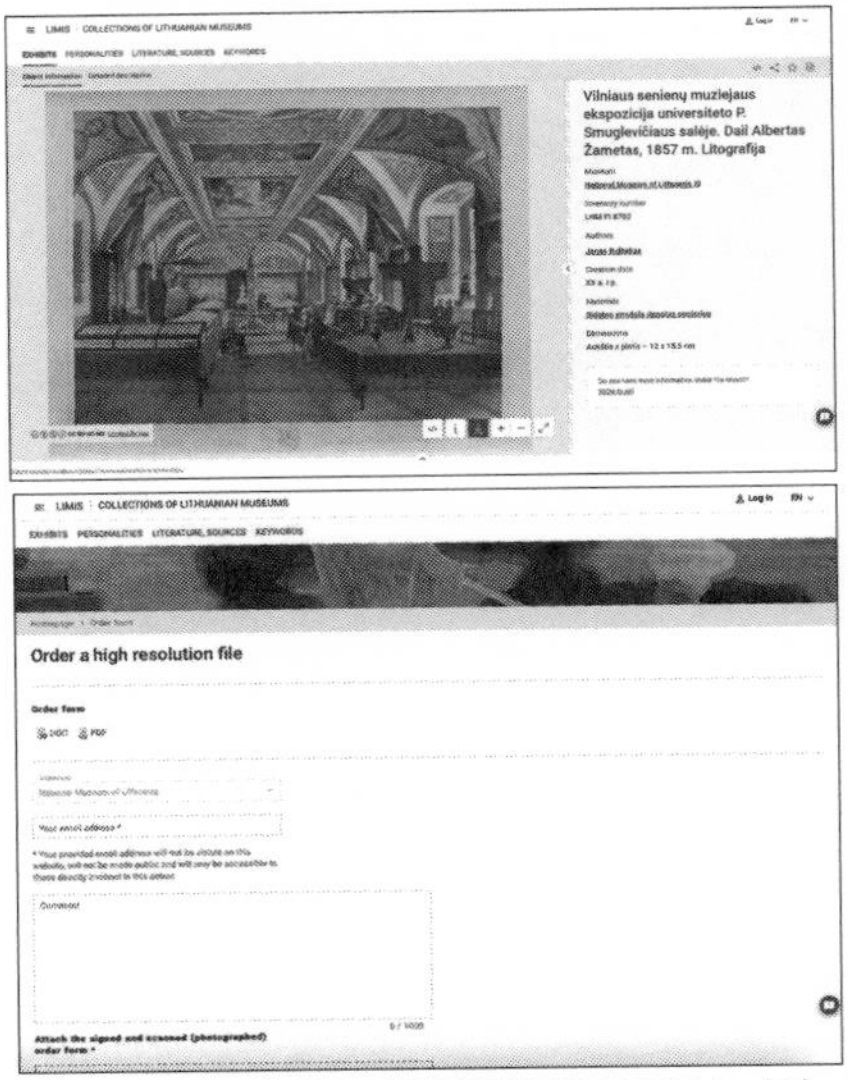

個別資料のページ（上)、高精細画像のリクエスト（下）

検索結果から個別資料のページにアクセスすると、右側にメタデータ、右側に画像が表示される。再利用できる画像については、画像の右下にその旨が表記される。スマートフォンで表示した場合や、Web ブラウザの幅が狭い場合は、画像のみが表示され、画像の真上のタブ（画像（IMAGE）と説明(DESCRIPTION)）をクリックすると表示を切り替えられる。題名とメタデータと補足情報は、収蔵館がリトアニア語でのみ作成している場合は、表示言語が英語であっても、リトアニア語のものが表示される。

画像の右下に表示されているアイコンのうち、下向きの矢印↓をクリックすると、画像のダウンロードができる。ダウンロードする画像のサイズが選べるほか、「高画質の画像のリクエスト（Order a high resolution file)」をクリックすると、所蔵する博物館宛にリクエストの申請書を送信するフォームが表示される。申請書の雛形は、Microsoft Word の docx. ファイルと PDF ファイルの両方の形式でダウンロードできるようになっている。

（2）ePaveldas

ePaveldas（アー・パーヴェルダス）は、リトアニア国立マジュヴィーダス図書館の運営する横断的なデジタルアーカイブである。リトアニア国立マジュヴィーダス図書館の所蔵する資料の他に、文書館、視聴覚アーカイブ、博物館の資料をデジタル化したものを検索・閲覧できる。但し、博物館の資料はLIMISからエクスポートされたものである。EUROPEANAにリトアニアの文化機関のデータをエクスポートする窓口の役割も担っている。現在のePaveldasのポータルサイトは2022年2月にリニューアルされたものであり、リトアニア語と英語の両方に対応している。次のURLからアクセスできる。

https://www.epaveldas.lt/main

以下では、主要なページのスクリーンショットを参照しながら、主なePaveldasでの資料の検索と閲覧の方法を紹介する。

トップページ

ePaveldasのURLにアクセスすると、まずトップページが表示される。切り替わる絵画の上に“Discover the items of Lithuanian cultural heritage”の文字が冒頭にあり（リンクはない)、その下に簡易検索の検索窓がある。キーワードのみのシンプルな検索である。検索窓の右横に“Advanced search”の文字があり、これをクリックすると詳細検索のページに移動する。

検索窓の下には、主な資料を主題ごとに集めた「コレクション」のバナーが表示されている。いずれのバナーをクリックしても、関連する資料の一覧のページに移動する。2022年10月現在、表示されている全ての「コレクション」の作成者は国立マジュヴィーダス図書館である。リトアニアの国立図書館のデジタル化している資料をざっと閲覧したい場合は、こちらが便利である。

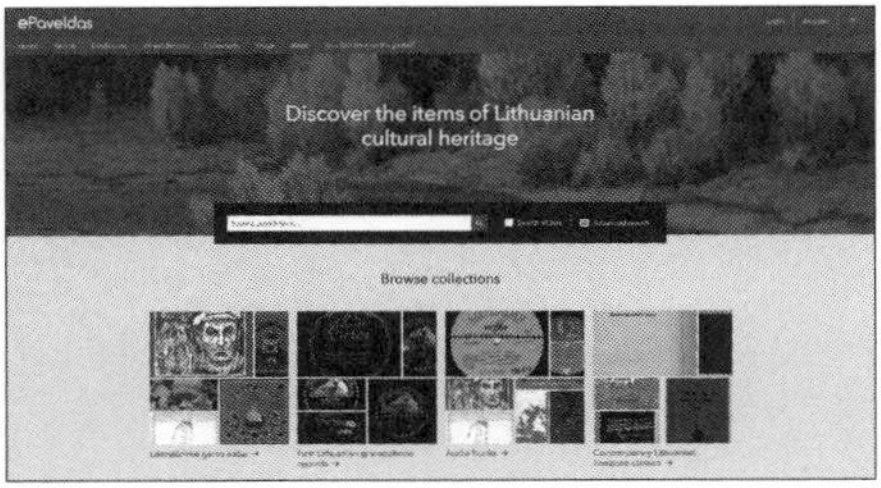

ePaveldasのトップページのスクリーンショット

詳細検索

詳細検索のページの検索項目は、タイトル（Title)、本文（Text words)、制作

者（Creator）、場所名（Spatial）、言語（Language）、主題（Subject）、年代（Temporal）、制作日／出版日（Date created/issued）、データ提供機関（Data provider）、資料番号（識別子）（Source (identifier)）、コンテンツ種類（Type of media）、資料種類（Type of object）の12項目である。

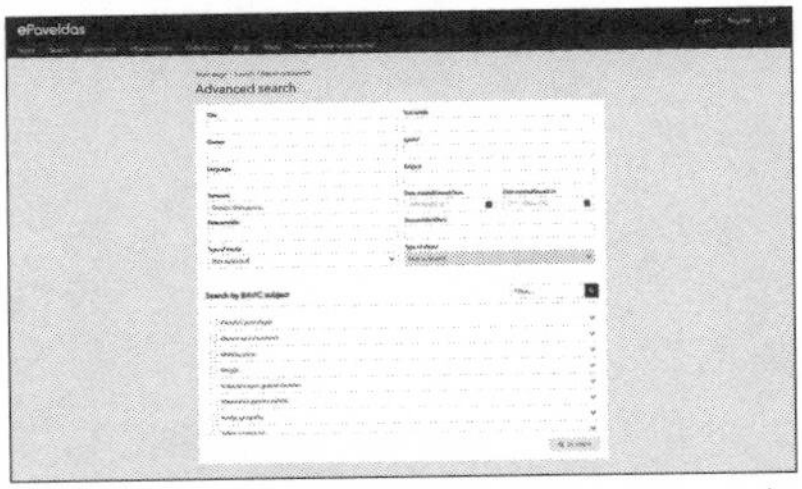

ePaveldasの詳細検索のページのスクリーンショット

このほかに、BAVICに基づくテーマ分類による検索もできる。BAVICは、Bendras asmenvardžių, vietovardžių ir istorinės chronologijos tezauras（人名・地名・歴史年表の総合シソーラス）の略であり、国立マジュヴィーダス図書館が2010年に作ったものである。

ePaveldasの検索結果のページのスクリーンショット

検索結果一覧のページでは、それぞれのサムネイル又はタイトルをクリックすることで、個別の資料ページに移動する。検索結果は、年代（Temporal）、著作権（Rights）、制作者（Creator）、データ提供機関（Data provider）、BAVICテーマ（BAVIC subject）、コンテンツ種類（Type of media）、資料種類（Type of object）によってさらに絞り込みをできる。さらに、絞り込みの項目の右端にある円グラフのマークをクリックすると、複数の円グラフが表示される。項目ごとの分類の分布となっており、さらに絞り込む補助の機能となっている。

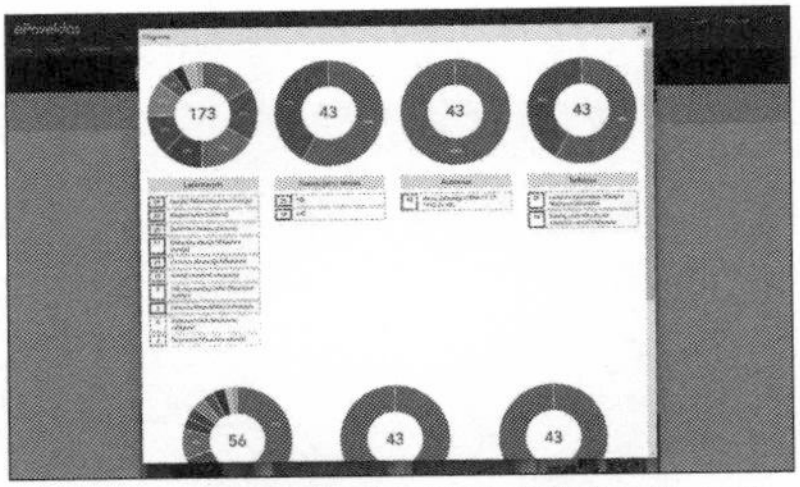

ePaveldasの検索結果（絞り込みの円グラフ）のページのスクリーンショット

個別の資料ページ

個別資料のページでは、主となっているのは上部に大きく表示されているデジタル画像である。画像は複数ある場合は、左右両端の矢印で別の画像を閲覧することができる。画面上で拡大・縮小することもできる。全ページがスキャンされ

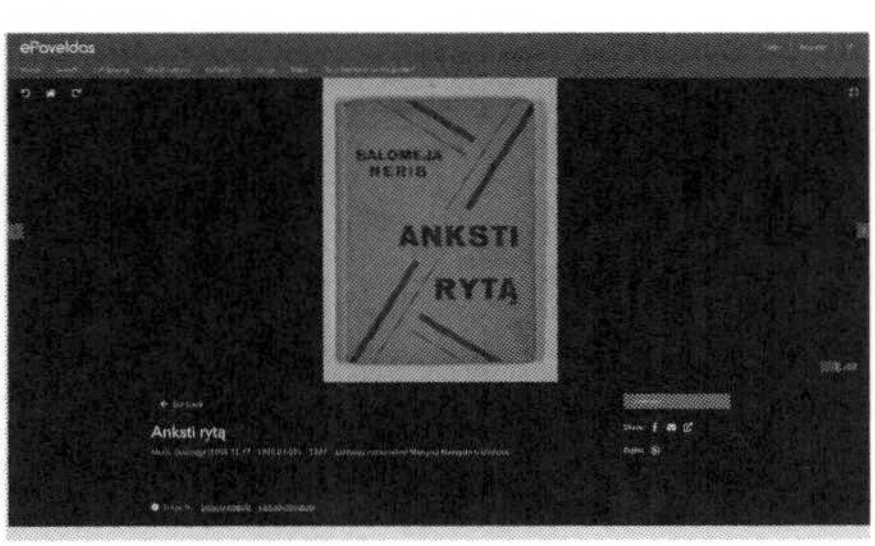

ePaveldas の個別の資料のページのスクリーンショット

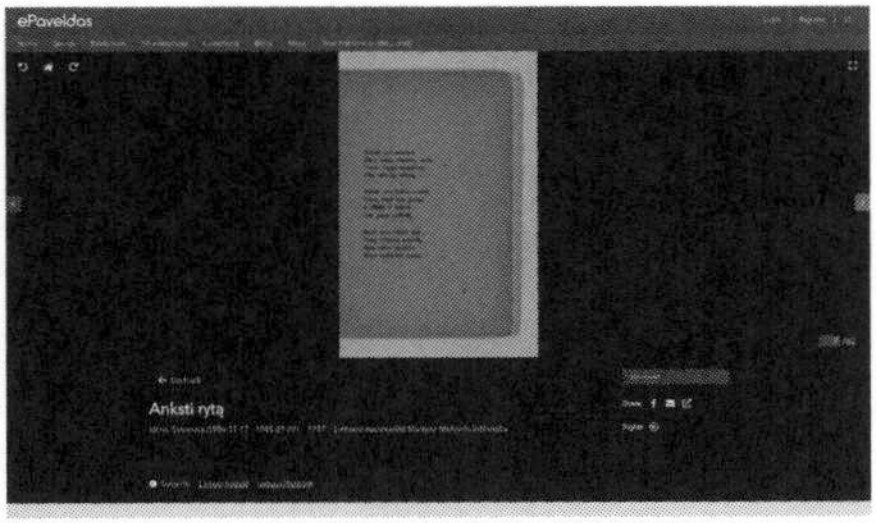

ePaveldas の個別の資料のページ（書籍のページをめくった場合）のスクリーンショット

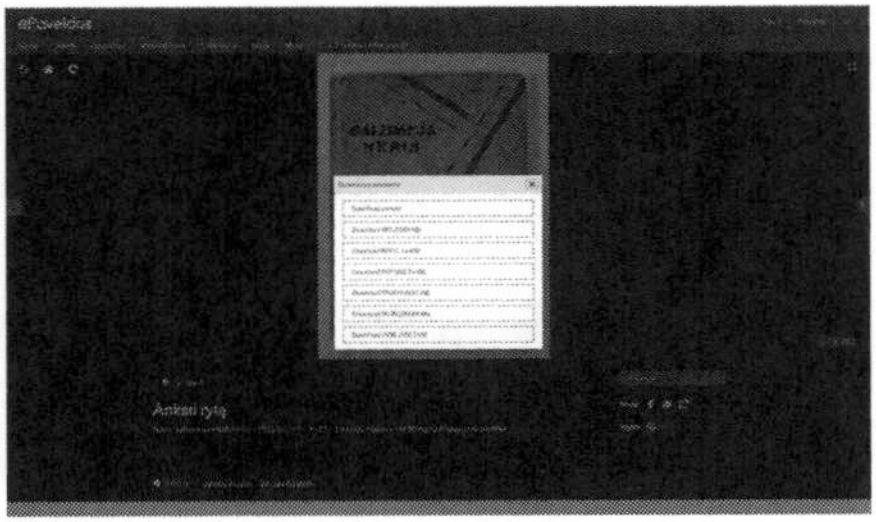

ePaveldas の個別の資料のページ（ダウンロードオプション）のスクリーンショット

ている書籍の場合は、このままページをめくって本を読むことができる。

画像の下には、左寄せで資料名が表示され、そのすぐ下に制作者名、制作年（出版年）、データ提供機関が記載されている。他の情報は、そのさらに下に表示されている "+All metadata" の文字をクリックすると情報が展開する。

資料名の左側の青い "Download" のボタンを押すと、資料の電子データがダウンロードできる。画像データ（JPEG 形式）のみの場合はそのままダウンロードが始まるが、書籍の場合（特に文字起こしされている作品の場合）は、TEXT ファイル、PDF ファイル、EPUB ファイル、MOBI ファイル、HTML ファイルと複数選べることがある。

ダウンロードの青いボタンの真下のアイコンは、Facebook や電子メール等により「シェア」するためのものである。さらにその下には、著作権についての表示がある。既にパブリックドメインになっている作品には © に斜線の入ったマーク、著作権で保護されている作品には "In Copyright" のマークが表示されている。パブリックドメインにはなっていないものの、二次利用を許可している場合は、該当するクリエイティブコモンズライセンスが表示されている。

前述の LIMIS に登録されている資料は、ePaveldas でも検索・閲覧可能である。博物館以外の機関に収蔵の図書資料や文書資料を含め広く検索したい場合は、ePaveldas の方が便利である。博物館に行って直接資料を閲覧したい場合や高精

細画像が必要な場合は、LIMIS の利用が適している。

(3) 博物館関連の統計データ

毎年リトアニア共和国文化省が博物館の統計データを公表していることは、リトアニアの博物館について研究する上で特筆すべき特色である。この統計データは、毎年各館が文化省に提出する年次報告書に記載されたものが基になっている。年次報告書は、博物館法第 4 条の定める「その他博物館」(私立博物館) 以外のすべての博物館による文化省への提出が博物館法によって義務付けられている (第二章 (1) 参照)。文化省が公表しているのは、各博物館の各項目の数値がわかるように一覧表にまとめたものである。

したがって、リトアニアの博物館を事例とした調査研究をする際は、各研究者が独自で収集したデータに加えて、統計データを用いた分析を行うことができる。また、統計データであれば調査時点よりも前に遡ることができるので、博物館の活動に関する数値で表せる事項について、その推移等の検証も可能である。特にデジタル化については、後述するように関連する 2 つの指標についてデータが得られるため、リトアニア国内の博物館のデジタル化の変遷を辿ることができる。

以降では、まず統計データの項目を示した上で、リトアニアの博物館の統計データの取得方法を示す。

文化省が公表する統計データの項目は、文化省による博物館が提出する年次報告書のひな形に基づいている。文化省が項目とともにそれぞれの定義を示しており、それに基づいて各館においてデータ入力がなされている。項目は 2008 年以降複数回変更されており、執筆時点の最新のものは 42 項目ある。統計データの項目は「博物館のコレクション」「博物館の活動:来館者と教育活動」「博物館の活動:常設展・展覧会・出版」「博物館の職員」「敷地と収入」の 5 分類に分かれており、博物館の活動に関するあらゆる指標を網羅している。統計の項目とそれぞれの分類を、表に示す。

本書執筆時 (2022 年現在)、リトアニア文化省のウェブサイト (リトアニア語) 内に博物館

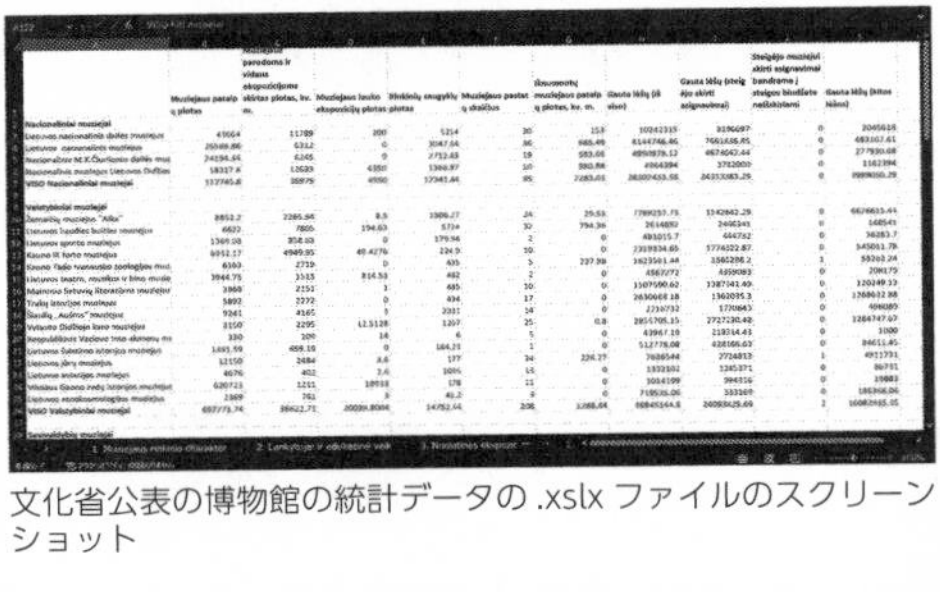

文化省公表の博物館の統計データの .xslx ファイルのスクリーンショット

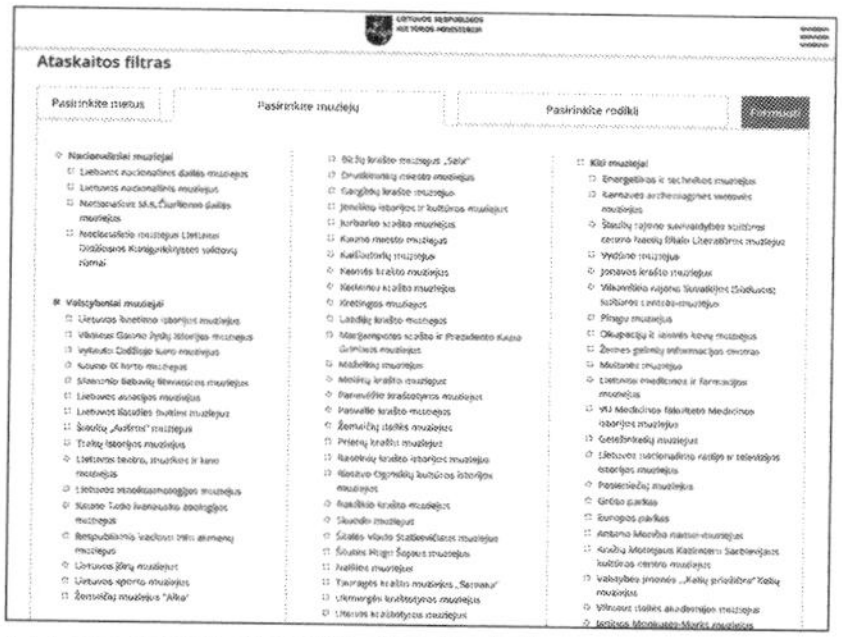

リトアニア文化省の博物館の統計データを提供しているダッシュボードのスクリーンショット（統計の項目を選ぶ画面）

の統計データをダウンロードできるダッシュボードを公開している。2008年から2021年までの13年分の統計データがダウンロードできるようになっている。参照したい項目のみを選んでデータのダウンロードができるようになっている。統計データの年度、博物館名（もしくは分類）、統計の項目を選択し、「Formuoti（生成）」のボタンを押し、遷移した先の画面で「Atsisiųsti ataskaitą（ダウンロードする）」のボタンを押すと、Microsoft Excelの.xlsxファイル形式でダウンロードされる。したがって、年ごとのデータ等に個別のURL等は付与されていない。本書で参照しているリトアニアの博物館の統計データは、特段の断りがない限り以上の方法で取得したものを指すものとする。メインページのURLは次のとおりである。

https://statistika.lrkm.lt/muzieju-veiklos-statistika/pradzia/17

また、リトアニア統計局の「公式統計ポータル」おいても博物館関連のデータの公表している。「公式統計ポータル」はリトアニア語と英語の両方に対応している。ここでは、英語でデータを参照する方法を示す。「公式統計ポータル」では、ダッシュボードにおいてデータを提供しており、参照したい項目を選ぶと該当するデータが表示される。「現代リトアニア（Modern Lithuania、1991年〜）」、「戦間期リトアニア（Interwar Lithuania、1918年〜1939年）」、「ソヴィエト・リトアニア（Soviet Lithuania、1940年〜1990年）」の3つの期間区分ごとにデータベースが分かれており、このうち博物館に関するデータがあるのは「現代リトアニア」と「ソヴィエト・リトアニア」である。以降では、「現代リトアニア」のデータ参照方法について詳述する。「公式統計ポータル」のURLは次のとおりである。

https://osp.stat.gov.lt/statistiniu-rodikliu-analize#/

「現代リトアニア」の博物館に関する項目は、大分類から順にPopulation and social statistics > Culture, the press, sport > Culture > Museumsを選択すると表

示される。

リトアニア統計局のデータは、文化省のデータと比べて項目数が少なく、博物館ごとのデータを参照することができない。一方、公表年数が多く、地域ごとに集計したデータを得ることができる。個別のデータについて検証するのではなく、長期的な視点で全体的な動向を把握するのには向いているデータである。以下の12項目のデータを取得できる。括弧内に取得できる年度を併記した。なお、デジタル化について示す指標はこの中に含まれていない。

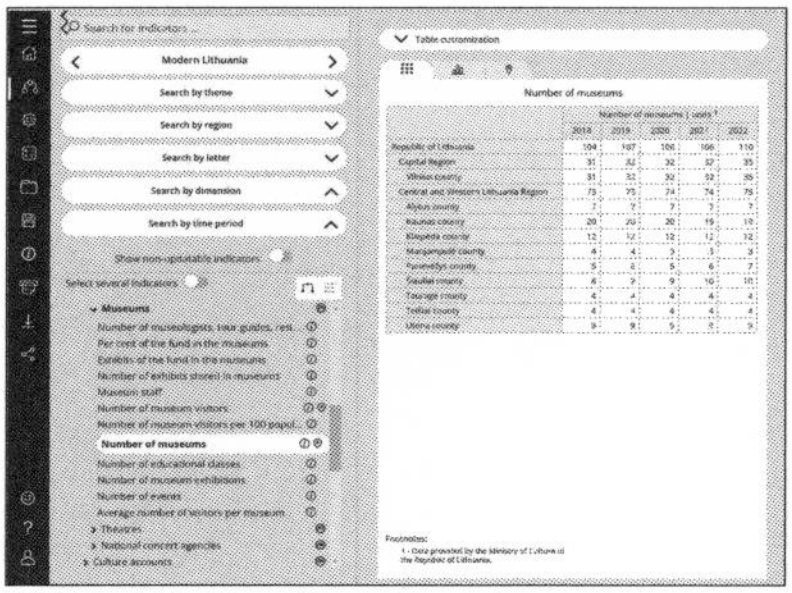

統計ポータルのスクリーンショット

・専門職員の人数（1991 年～ 2021 年）
・収蔵資料のうち展示した資料の割合（%）（1991 年～ 2021 年）
・展示した資料の点数（1991 年～ 2021 年）
・収蔵資料点数（1991 年～ 2021 年）
・職員数（1991 年～ 2021 年）
・来館者数（1991 年～ 2021 年、地域ごとのデータあり）
・人口 100 人あたりの来館者数（1991 年～ 2021 年）
・博物館数（1991 年～ 2021 年、地域ごとのデータあり）
・教育プログラムの回数（2017 年～ 2021 年）
・展覧会数（2017 年～ 2021 年）
・イベントの開催回数（2017 年～ 2021 年）
・1 館あたりの平均来館者数（1991 年～ 2021 年）

以上のように、リトアニアの博物館について研究するにあたっては、豊富な統計データが揃っている。多くの指標は 2008 年以降のものしか公表されていないものの、近年のデジタル化の動向を対象とする場合には十分なデータであるといえる。

表　リトアニア文化省公表の博物館関連の統計項目

分類番号		項目番号	分類
I	博物館のコレクション	1	収蔵資料の総点数
		2	取得した資料の点数
		3	収蔵資料目録に登録した資料の総点数
		4	年間の収蔵資料目録に登録した資料の点数
		5	年間の除籍した資料の点数
		6	デジタル化したデジタル文化財の総点数
		7	デジタル化したデジタル文化財の点数
		8	査定を行った資料の点数
		9	収蔵資料のうち保存修復が必要な資料の点数
		10	年間に保存修復を行った資料の点数
		10.1	修復を行った他機関等の資料点数
II 1.	博物館の活動： 来館者と教育活動	1	来館者数
		2	提供した教育プログラムの回数
		3	新しい教育プログラムのテーマの数
		4	開催した教育プログラムの回数
		5	年間の教育プログラムの参加者人数
		6	開催した館内イベント数
		7	年間の収蔵庫への来館者数
		8	年間の博物館のウェブサイトのアクセス数
II 2.	博物館の活動： 常設展・展覧会・出版	1	収蔵資料のうち展示された資料の点数
		2	貸した文化財の点数
		3	借りた文化財の点数
		4	更新した常設展の数
		5	開催した展覧会の回数
		6	国内外で開催した国際展覧会の回数
		7	開催したヴァーチャル展覧会の回数
		8	博物館のコレクションを普及する出版物の出版点数
		9	年間に出版したその他の出版物の点数
III	博物館の職員	1	全職員数
		2	管理職員数
		3	専門職員数
		4	その他職員数
		5	研修に参加した職員数

分類番号		項目番号	分類
IV	敷地と収入	1	博物館の敷地面積（㎢）
		2	屋内の展示スペースの面積（㎢）
		3	野外の展示スペースの面積（ha）
		4	収蔵資料の保管庫の面積（㎢）
		5	建物の軒数
		6	貸し出された博物館の敷地面積（㎢）
		7	総収入額（€）
		8	設置主体からの収入額（€）
		9	その他収入額（€）

A
B
C
D
E
N
1
2
3
国立ギャラリー
杉原記念
桜公園
ネリス川
国会議事堂
国会図書館
ヴィタウタス・カシウリス美術館
グリンツェヴィチューテ記念博物館
「ベアトリチェの家」
Gedimino pr.
占領と自由への
戦いの博物館
V. クディルカ
広場
ヴィンツァス・クレヴェ＝
ミツケヴィチウス記念博物館
ヴェンスロヴァ
記念博物館
Tauro g.
タウラス
の丘
ホロコースト
展示施設
V.ミコライティス＝
プーティナス記念博物館
Jogailos g.
Vilniaus g.
Pylimo g.
Totorių g.
お金の博物館
ラドヴィラ宮殿
美術館
リトアニア演劇・
旧武器庫
新武器庫
大聖堂
広場
旧監獄
応用美術とデザインの
美術館
ゲディミナス城の塔
リトアニア大公宮殿
博物館
歴史の家
Pilies g.
Maironio g.
ベルナルディナイ
公園
教会遺産博物館
署名者の家

A 首都・ヴィリニュス
ミュージアムマップ
A. Vivulskio g.
T. Ševčenkos g.
Naugarduko g.
Švitrigailos g.
Mindaugo g.
Kauno g.
Pylimo g.
Vokiečių g.
Sodų g.
Mo 美術館
サミュエル・バク博物館
現代美術センター
カジス・ヴァルネリス邸博物館
ヴィリニュスの城壁
ギャラリー
夜明けの門
ハレス市場
バス
ターミナル
鉄道駅
4
5

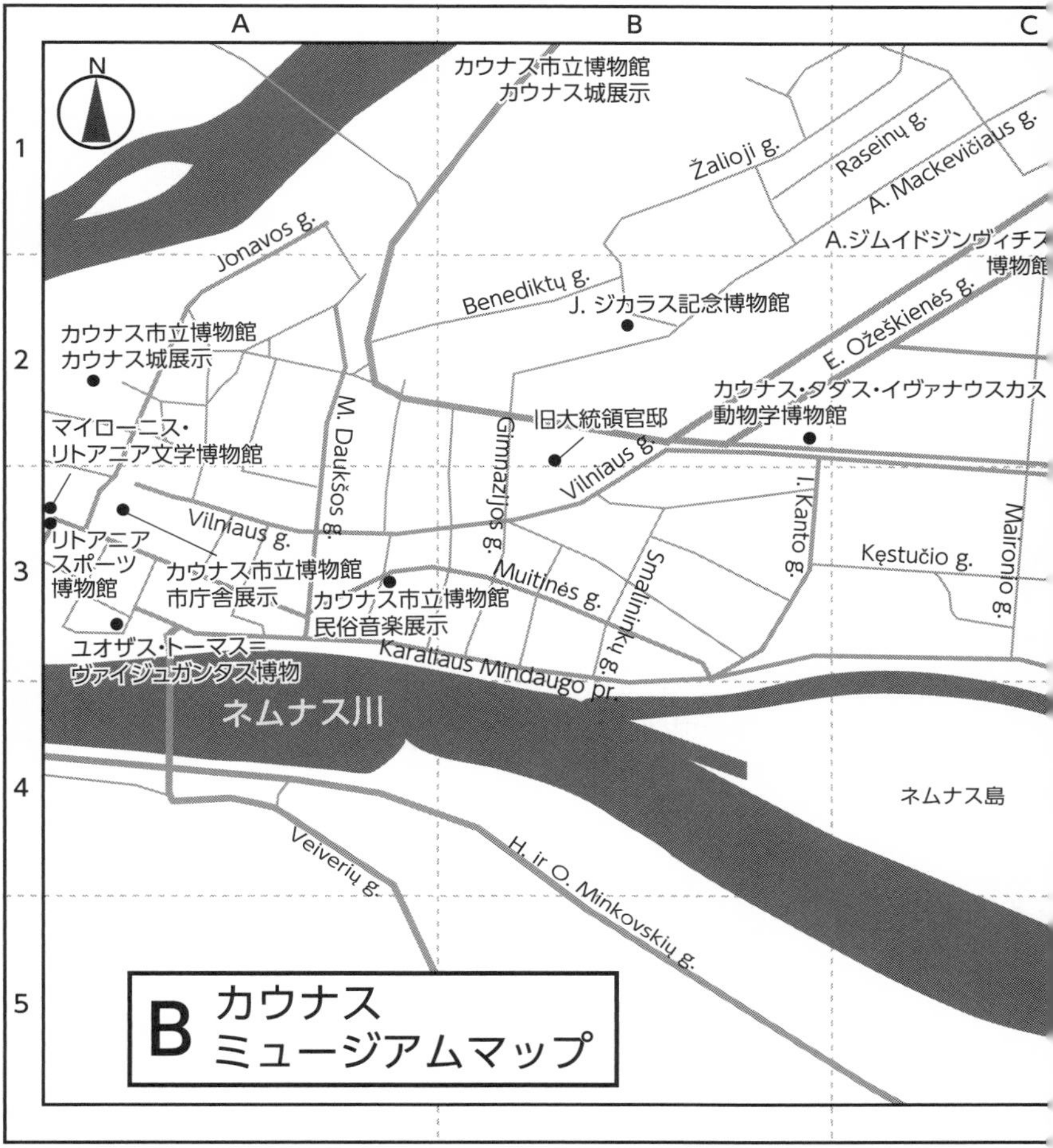

2023年9月18日、カウナス近代建築群はユネスコ世界文化遺産に登録されました。

D
E
Aušros g.
カウナス市立博物館
ペトラウスカス兄弟展示
K. Petrausko g.
ガラウネ
夫妻記念
博物館
V. Putvinskio g.
国立 M. K. チュルリョーニス美術館
ヴィータウタス大公戦争博物館
K. Donelaičio g.
カウナス絵画
ギャラリー
Parodos g.
児童文学
博物館
Laisvės al.
ヴィータウタス
公園
S. Daukanto g.
A. Mickevičiaus g.
Spaustuvininkų g.
M. ジリンスカス美術
ギャラリー
教育歴史
博物館
Gedimino g.
Vytauto pr.
Trakų g.
K. Būgos g.
杉原記念博物館
Vaižganto g.
L. トルイキスと
M. ラウスカイテ
記念博物館
Karaliaus Mindaugo pr.

索　引

木村文（きむら・あや）
1993年生まれ。帯広畜産大学人間科学研究部門人文社会学・言語科学分野准教授。お茶の水女子大学大学院人間文化創成科学研究科生活工学共同専攻博士後期課程修了。博士（学術）。広島大学大学院人間社会科学研究科研究員等を経て現職。専門は、博物館情報学、リトアニア地域研究。
主要論文に「ロックダウンと博物館――新型コロナウイルス感染症流行下のリトアニア共和国国立博物館のFacebook 利用動向の変遷」『博物館学雑誌』47巻1号（2021年）、訳書にユルガ・ヴィレ他『シベリアの俳句』（花伝社、2022年）などがある。

本研究はJSPS科研費23K12317の助成を受けたものです。

カバー／トビラ／表紙写真
Charles-Claude Bachelier; Albertas Vaitiekus Žametas; Jonas Kazimieras Vilčinskis. *Vilniaus senienų muziejaus salė*. 1857. The Lithuanian National Museum of Art. LNDM G 676.
https://www.limis.lt/api/valuables/e/805180/20000001419334/share?lang=lt

デジタル時代の博物館――リトアニアにおけるデジタル化の受容と実践の現場から

2023年11月5日　初版第1刷発行

著者 ――― 木村　文
発行者 ―― 平田　勝
発行 ――― 花伝社
発売 ――― 共栄書房
〒101-0065　東京都千代田区西神田2-5-11出版輸送ビル2F
電話　03-3263-3813
FAX　03-3239-8272
E-mail　info@kadensha.net
URL　https://www.kadensha.net
振替 ――― 00140-6-59661
装幀 ――― 北田雄一郎
印刷・製本―中央精版印刷株式会社

ISBN978-4-7634-2088-6 C3036